国外国防工业与
区域经济协同发展研究

胡 钰　丁莹莹 | 著

图书在版编目（CIP）数据

国外国防工业与区域经济协同发展研究／胡钰，丁莹莹著．—北京：中央编译出版社，2019.7
ISBN 978-7-5117-3702-1

Ⅰ.①国… Ⅱ.①胡…②丁… Ⅲ.①国防工业-关系-区域经济发展-研究-国外 Ⅳ.①F416.48②F113.4

中国版本图书馆CIP数据核字（2018）第296052号

国外国防工业与区域经济协同发展研究

出 版 人：葛海彦
出版统筹：贾宇琰
责任编辑：李易明
执行编辑：周　毅
责任印制：刘　慧
出版发行：中央编译出版社
地　　址：北京西城区车公庄大街乙5号鸿儒大厦B座（100044）
电　　话：（010）52612345（总编室）　　　（010）52612339（编辑室）
　　　　　（010）52612316（发行部）　　　（010）52612346（馆配部）
传　　真：（010）66515838
经　　销：全国新华书店
印　　刷：北京中兴印刷有限公司
开　　本：710毫米×1000毫米　1/16
字　　数：283千字
印　　张：18
版　　次：2019年7月第1版
印　　次：2019年7月第1次印刷
定　　价：70.00元

网　　址：www.cctphome.com　　　邮　　箱：cctp@cctphome.com
新浪微博：@中央编译出版社　　　　微　　信：中央编译出版社(ID: cctphome)
淘宝店铺：中央编译出版社直销店(http://shop108367160.taobao.com)
　　　　　（010）55626985

本社常年法律顾问：北京市吴栾赵阎律师事务所律师　闫军　梁勤
凡有印装质量问题，本社负责调换，电话：（010）55626985

序　言

国防工业和区域经济发展问题是世界各国学术界和社会所关注的重大实际问题和理论问题，是世界各国治国、治军的重大议题，也是一个历史性和全球性的课题。在全球、各地区范围内，发展和可持续发展是永恒的主题。在世界格局和发展模式处于多样性变化的背景下，在对国防工业和区域经济发展研究的重要性逐步达成共识的前提下，深入研究国防工业和区域经济之间的协同发展问题是非常必要的。

本书以国外国防工业与区域经济协同发展研究为切入点，主要从四个部分展开研究。一是介绍国外国防工业与区域经济协同发展的内涵及主要问题，包括基本条件、顶层管理计划、科技支撑和产业发展，并探讨了两者之间的支撑作用及重要机遇。二是重点论述了国外国防工业与区域经济协同发展的政策法规问题、管理机制问题、科技融合问题、产业融合问题和资本融合问题，其中，政策法规研究以美国、俄罗斯、英国、法国、日本及以色列为研究对象，探讨各国政策法规问题及相互效应分析。管理机制研究列举了美国、俄罗斯、英国、德国、日本和以色列等国家的管理机制，并进行了相应的效应分析。科技融合问题从资源共享研究、技术与科技成果转化研究出发，阐述了美国、俄罗斯、日本及其他典型国家的科技融合问题。产业融合问题研究从产业结构调整和军民融合产业集群视角出发对国外国防工业与区域经济的产业融合问题进行效应分析。资本融合问题以美国、日本、俄罗斯和欧洲为研究对象作出了资本融合效应分析。三是列举了国外国防工业与区域经济协同发展的典型案例，包括美国NASA艾姆斯研究园、美国DARPA、德国鲁尔工业区、欧洲宇航防务集团 EADS 等；四是国外国防工业与区域经济协同发展的经验。

本书的出版受到黑龙江省普通高等学校青年创新人才培养计划（UNPYSCT—2017202）的支持。由胡钰完成第一章、第二章、第八章和第九章，丁莹莹完成第三章、第四章、第五章、第六章和第七章。

《礼记·中庸》有云："博学之，审问之，慎思之，明辨之，笃行之"。希望这本书中所提供的丰富的资料以及一些有创见性的观点，能够为相关领域的决策制定提供有益的参考和借鉴，为本领域的深入研究提供很好的先导。由于笔者水平有限，书中难免有错误和不足之处，恳请各位专家、读者批评指正。

目 录

第一章 国防工业与区域经济协同发展的内涵及主要问题 ………… 1

  第一节 国防工业与区域经济协同发展的内涵及关系 ………… 1

    一、国防工业与区域经济协同发展的内涵 ……………………… 1

    二、国防工业与区域经济协同发展的关系与作用机理 ………… 3

  第二节 国防工业与区域经济协同发展的主要问题 ……………… 7

    一、国防工业与区域经济协同发展的基本条件 ………………… 7

    二、国防工业与区域经济协同发展的顶层管理计划 …………… 10

    三、国防工业与区域经济协同发展的科技支撑 ………………… 10

    四、国防工业与区域经济协同发展的产业发展 ………………… 11

第二章 国防工业与区域经济协同发展的相互作用 ………………… 15

  第一节 国防工业对区域经济的重要支撑作用 …………………… 16

    一、区域科技创新的辐射作用 …………………………………… 16

    二、产业升级与结构调整的带动作用 …………………………… 17

    三、对区域经济的效益产生的影响 ……………………………… 18

  第二节 区域经济对国防工业发展提供的重要机遇 ……………… 19

    一、区域科技对国防工业技术外溢的影响 ……………………… 20

    二、区域产业集群对国防工业产业关联的影响 ………………… 20

第三章 国外国防工业与区域经济协同发展的政策法规研究 …… 22
第一节 国外国防工业与区域经济协同发展的规划计划 ……… 23
一、美国的相关规划计划 ……………………………………… 23
二、俄罗斯的相关规划计划 …………………………………… 30
三、其他国家的相关规划计划 ………………………………… 34

第二节 国外国防工业与区域经济发展的政策法规 ………… 40
一、美国的相关政策法规 ……………………………………… 40
二、俄罗斯的相关政策法规 …………………………………… 44
三、英国的相关政策法规 ……………………………………… 47
四、法国的相关政策法规 ……………………………………… 49
五、日本的相关政策法规 ……………………………………… 51
六、以色列的相关政策法规 …………………………………… 54

第三节 国外国防工业与区域经济协同发展的政策法规效应分析 …… 56
一、健全的法律体系、法律制度为国防工业与区域经济协同发展奠定基础 ……………………………………………………… 56
二、相关配套政策的出台为国防工业与区域经济协同发展提供强力保障 ……………………………………………………… 58

第四章 国外国防工业与区域经济协同发展管理机制研究 …… 61
第一节 国外国防工业军民融合的顶层管理体制概述 ……… 61
第二节 国外国防工业与区域经济协同发展机制 …………… 62
一、政府投入机制 ……………………………………………… 62
二、产学研结合机制 …………………………………………… 67
三、市场机制 …………………………………………………… 70

第三节 国外国防工业与区域经济协同发展的管理机制效应分析 …… 72
一、经济效应 …………………………………………………… 72
二、技术效应 …………………………………………………… 73
三、科技文化效应 ……………………………………………… 76

四、社会效应 …………………………………………………………… 77

第五章　国外国防工业与区域经济的科技融合问题研究 …………… 80
　第一节　部分国外区域科技发展战略和计划 ………………………… 80
　　一、美国的部分相关战略和计划 ……………………………………… 80
　　二、俄罗斯的部分相关战略和计划 …………………………………… 87
　　三、欧洲国家的部分相关战略和计划 ………………………………… 90
　　四、日本的部分相关战略和计划 ……………………………………… 92
　第二节　国外国防工业对区域科技创新的支撑作用 ………………… 95
　　一、重点国家国防科技转化概况 ……………………………………… 95
　　二、各国国防工业带动区域科技创新的具体举措 …………………… 97
　　三、国外国防工业带动区域科技创新的作用方式 …………………… 103
　第三节　国外国防工业与区域发展的资源共享研究 ………………… 105
　　一、美国国防工业与区域发展的资源共享 …………………………… 105
　　二、俄罗斯国防工业与区域发展的资源共享 ………………………… 107
　　三、欧洲国家国防工业与区域发展的资源共享 ……………………… 109
　　四、日本国防工业与区域发展的资源共享 …………………………… 111
　第四节　国外国防工业与区域发展的技术与科技成果转化研究 …… 113
　　一、美国国防工业与区域发展的技术与科技成果转化 ……………… 113
　　二、俄罗斯国防工业与区域发展的技术与科技成果转化 …………… 119
　　三、欧洲国家国防工业与区域发展的技术与科技成果转化 ………… 123
　　四、日本国防工业与区域发展的技术与科技成果转化 ……………… 125
　　五、以色列国防工业与区域发展的技术与科技成果转化 …………… 129
　第五节　国外国防工业与区域经济的科技融合效应分析 …………… 130
　　一、美国国防工业与区域经济的科技融合效应 ……………………… 130
　　二、俄罗斯国防工业与区域经济的科技融合效应 …………………… 132
　　三、日本国防工业与区域经济的科技融合效应 ……………………… 134

第六章　国外国防工业与区域经济的产业融合问题研究·················136
第一节　国外区域经济和产业发展战略和计划······················136
一、美国的相关战略和计划································136
二、俄罗斯的相关战略和计划······························139
三、欧洲地区的相关战略和计划····························142
四、亚洲地区的相关战略和计划····························148
五、国外不同国家区域经济和产业发展战略和计划的比较分析········153
第二节　国外国防工业对区域产业发展和产业结构调整的支撑作用······156
一、有助于保障区域经济总量稳定··························156
二、提高区域技术创新水平······························157
三、增加区域产业集群化发展的集聚点······················158
四、扩大区域产业的就业吸纳能力··························159
五、强化区域工业产业的竞争优势··························160
第三节　国外国防工业与区域发展的产业结构调整研究··············160
一、国外国防工业结构调整的动因与趋势·····················161
二、国外国防工业产业结构调整的模式·······················163
三、国外国防工业产业结构调整的保障体系···················167
第四节　国外国防工业与区域发展的军民融合产业集群研究··········172
一、国外国防工业军民融合产业集群形成的路径选择············172
二、国外国防工业军民融合产业集群化发展的影响··············174
三、国外典型国防工业军民融合产业集群发展模式分析···········177
第五节　国外国防工业与区域经济的产业融合效应分析··············185
一、国外国防工业产业融合的路径及演进方式··················185
二、产业融合对国外国防工业与区域经济协同发展的影响效应
　　分析··189

第七章　国外国防工业与区域经济的资本融合问题研究···············194
第一节　国外国防工业与区域经济资本融合方式·················194

  一、美国国防工业与区域经济资本融合方式 …………………… 194
  二、俄罗斯国防工业与区域经济资本融合方式 ………………… 198
  三、欧洲国防工业与区域经济资本融合方式 …………………… 201
  四、日本国防工业与区域经济资本融合方式 …………………… 204
 第二节 国外军工企业兼并重组及股份制改造问题研究 …………… 207
  一、国外军工企业兼并重组的方式研究 ………………………… 207
  二、国外军工企业股份制改造的比较研究 ……………………… 214
 第三节 民营企业进入军工企业的现状分析 ………………………… 223
  一、国外民营企业进入军工企业的现状分析 …………………… 223
  二、国外民企参与军工企业的模式 ……………………………… 235
 第四节 国外国防工业与区域经济的资本融合效应分析 …………… 237
  一、军民两用技术的开发与应用 ………………………………… 237
  二、资本融合增加了国家之间的贸易与合作 …………………… 242

第八章 国外国防工业与区域经济协同发展的典型案例分析 …… 251
 第一节 美国 DARPA 与区域经济协同发展分析 …………………… 251
  一、DARPA 简介 …………………………………………………… 251
  二、DARPA 与国防工业协同发展的特点 ………………………… 251
  三、DARPA 与国防工业协同发展的路径 ………………………… 253
 第二节 美国 NASA 艾姆斯研究中心国防工业发展 ……………… 254
  一、NASA 艾姆斯研究中心概述 ………………………………… 254
  二、艾姆斯研究中心对国防工业发展的影响 …………………… 255
 第三节 德国鲁尔工业区与德国空中列车的协同发展 …………… 256
 第四节 欧洲宇航防务集团（EADS）带动国防工业与区域经济
     协同发展 ……………………………………………………… 258
  一、欧洲宇航防务集团（EADS）概况 ………………………… 258
  二、协同发展的类型 ……………………………………………… 258
  三、协同发展的主要策略 ………………………………………… 260

第九章　国外国防工业与区域经济协同发展的启示…………262

第一节　制定和实施推进协同发展的顶层设计……………262

第二节　建立健全促进协同发展的管理体制机制…………263

第三节　大力推进军民两用技术灵活转移，形成开放型的技术
　　　　产业链………………………………………………264

第四节　以新型工业化为契机促进产业融合发展…………264

第五节　拓宽市场准入渠道，培育开放的市场化环境……265

第六节　完善国防知识产权管理机制………………………266

第七节　依靠产业链拉动效应带动区域经济全面发展……266

参考文献……………………………………………………267

第一章　国防工业与区域经济协同发展的内涵及主要问题

国防工业是一项所需经费额度大、运行机制复杂、需要高素质人才参与的"高、精、尖"技术性工作,是国家安全和国民经济发展的重要保障。国防工业发展的首要目的是确保国家安全需要,其发展基础在于完善的国民经济体系。因此,国防工业实现现代化发展是国家经济实力提升和国民经济基础壮大的前提条件。同时,国防工业蓬勃发展又能够最大限度地带动地区经济的繁荣,可以在技术上为民用经济提供借鉴,在基础材料上为民用经济提供保障。进一步来说,无论是在和平时期,还是在战时,国防工业能够为区域经济中对应的产业带来技术上的支撑,同时还能将这种作用辐射到其他相关产业中,从而带动区域经济的发展;同时区域经济能够为国防产业在管理、经营等领域给予很大的支撑,进而提升国防工业技术进步的速度,所以说,两者协同发展意义重大。

第一节　国防工业与区域经济协同发展的内涵及关系

一、国防工业与区域经济协同发展的内涵

国防工业与区域经济协同发展意味着国防工业的进步会促进区域经济整体的优化和发展。与此同时,区域经济的繁荣也能够带动国防工业能力和竞争实

力的提升。

（一）国防工业与区域经济协同发展的描述

在特定的机制与外部环境等条件下，国防工业能够最大程度地推动区域经济的良性发展，区域经济能够极大程度地推动国防工业健康成长，二者是一个相互促进的关系。进一步来看，二者协同进步是国防工业体系和区域经济系统相互影响、相互作用的复杂机制。通过理论分析和论述来科学地揭示其作用机理和发展过程，有利于定量评价协同效果和发展程度，分析协同过程中的优势和不足，进而有针对性地制定和布局国防工业产业发展政策，并优化和促进区域经济发展。

协同发展需要从经济、科技、社会、政治、环境等多个维度去描述。针对经济这个维度来说，协同发展的那部分收益、区域产业的集群效应等都可以用于对其的描述。科技的共同发展，能够描述国防科技的高端技术在民用领域的应用状况。协同化下的科技发展，应该作为一个主要的衡量标准，其次是人才。社会稳定、就业等也能描述二者协同化之后的效应。总而言之，这种多维度下的描述，应该能够全面准确地刻画这种协同效应。

（二）国防工业与区域经济协同发展的表象与表征

表象是在外部环境影响的作用下，客观对象所呈现出的形象，具有直观性和概括性等特征。国防工业与区域经济协同发展的表象主要表现为两者的相互作用：一方面，国防工业可以确保在国家安全不受侵害和威胁的基础上，带动区域经济合理优化和科学发展，提升竞争力和综合实力；另一方面，区域经济为国防工业发展提供资金、技术和劳动力等支撑。

国防工业与区域经济协同发展的表征主要体现在两者的作用机制上，即两者的相互促进作用需要建立在相对稳定的制度环境和相对发达的经济条件下，在任何时期都能够实现二者的协调转换和协同发展。

（三）国防工业与区域经济协同发展的含义

一般来说，在同一区域的国防工业和地区经济是两个相对独立的系统，虽然如此，它们也在一个有限资源下参与了资源分配，这就使得两者之间存在着一定的交流。更进一步，它们在技术、管理、能源、信息等方面都存在着一定的相互影响，并能够实现二者的劣势和优势互补。近年来，国防工业和民用工业系统的互补作用主要体现在要素转移上，包括先进技术、高素质人才、前沿信息、综合生产能力等方面。这种要素转移是一种科学的、动态的、双向的作用机制。

如果能够实现国防工业与民用工业的深度融合发展，将优化军民两用资源配置、减少资源浪费、提高资源利用效率，同时在技术上可以实现双方共享、推动双方技术进步、提高竞争实力。因此，协调国防工业和区域经济和谐有序发展，特别是在国防工业集聚地区，将是未来发展的重大课题。

二、国防工业与区域经济协同发展的关系与作用机理

（一）国防工业对区域经济的作用

（1）技术外溢

技术外溢的概念内涵最先由德邦特界定，是指在知识或者技术的转移和扩散过程中，自愿地基于等价交换的原则，将自己的技术或知识与他人进行交换，从而扩大自己拥有知识存量的边界，或者是转移和扩散过程中，不可避免地将技术或知识透露给他人的转移效应。国防工业是高技术型、密集知识型的产业，通过产学研合作研发或内部研发等方式，掌握了大量的高端、前沿技术，在国防工业与区域经济的融合过程中，开放式创新环境下，二者的知识、技术边界愈加模糊，界限不断打破。这使得国防工业与区域经济的融合过程中，技术转移和外溢越来越成为可能。学者们通过实证研究发现，技术外溢效果与技术主体间的距离具有相关关系，当技术主体之间的空间距离较小时，主体间的技术外溢效果更加明显，而当技术主体之间的空间距离较大时，主体间的技术外溢效果不易显现，即技术外溢效应与主体间的空间距离存在着负相关关系。也就是说，在国防工业集聚地区，技术外溢效果更加明显，所以此地的区域经济也拥有了更大的可能性获得技术外溢的影响。国内学者刘

磊通过相关研究发现，国防工业的技术外溢主要有四种方式：一是通过民用工业与军用工业的深度融合发展的军转民项目来实现；二是通过国防工业的高端技术人才与民用工业的高素质人才之间的流动来实现；三是通过专利、技术等转让来实现；四是通过军用工业与民用工业相互之间的示范和学习来实现。通过国防工业转移的先进知识和技术，区域经济体可以实现自身技能的提升和整体实力的增强，实现"技术赶超"，进而在整体上促进技术进步和经济增长。

（2）资本转移

国防工业作为一项技术先进、知识丰富的密集型产业，为了实现其充分发展，必须投入足够的人力、物力和财力。在此过程中，国家需要给予最大限度的补贴。国家聚集大量的资金投入到国防工业发展的过程中，会有一部分通过购买生产资料和消费生活资料等基本经济活动扩散到民用企业、区域经济中，这无形中扩大了资本扩散的边界、加速了资本流转的速度。① 具体来看，转移过程可以分为两种路径：一是国防工业在发展过程中，需要购买大量的钢材、水泥等基本生产资料，以及饮食起居所需等基本生活资料。这其中很大一部分无法自己生产。因此，基于等价交换的原则，在购买的过程中，就促进了资金向区域经济中的聚集和流动。二是在发展国防工业时，会建造大量的基础设施设备，例如运输所用的铁路、机场、码头、公路，通讯所需的光缆、信号塔等设施。在非战时，这些设施设备会在政府推动或市场经济作用下，为民所用，为区域经济发展提供固定资产投资。

（3）产业关联

国防工业是一系列企业联系所构成的彼此关联的产业链，其中的企业主体间具有较高强度的关联，依照规模大小的不同、产业级别的不同和创新研发模式的不同，逐步形成了一个汇集各个层次、门类齐全、具有科研生产能力的国防工业体系。尽管国防工业依赖于国民经济基础，依赖于国家或区域经济发展，但是在传统的国防工业发展过程中，市场经济体制下军用工业和民用工业

---

① 刘磊、万迪昉、梁玲利、闫化海：《我国国防工业的技术外溢分析》，载《科学学与科学技术管理》，2005年第1期，第53—58页。

是相分离且封闭的。国防工业体系内部是一个自成体系的整体，不过在国家政府的大力推动下，国防工业越来越趋向于开放的产业链。同时，国防领域中大额的资金投入也使得国防工业不断扩张自己的生产规模和经营范围，使得军用工业和民用工业的技术和知识不断相互转化和转移，进一步拉动乘数效应。民用工业不断承担起国防工业中的较低层次的任务分工，国防工业的产业链不断向民用工业延伸和发展，进而促进二者的空间扩展，逐渐形成一个具有竞争实力和综合实力的产业集群。

（4）劳动力流动

国防工业的知识密集和高技术型的基本特征，使得其从业人员必须是具有高学历和科研能力强的尖端人才。开展国防工业和民用工业的合作过程中，必然会促进二者间人员的流动和转移，为其劳动者提供基本的交流和沟通的机会。无形中这就会促使二者的工作人员之间彼此交流经验和技术，让国防工业的管理人员学习区域经济中民用企业管理者的管理方式和经营经验，不断提高自身的业务素质；让区域经济中民用企业的员工学习国防工业体系中员工的坚韧意志力和业务能力，并从中挑选具有较高素质的员工参与到国防工业企业中去，为其解决就业问题，缓解就业压力。

（二）区域经济对国防工业的作用

区域经济对国防工业的作用主要体现在创造良好的发展环境和提供必要的发展要素等方面。

（1）区域经济为国防工业在此区域内发展创造了良好的外部环境，形成了良好的区域优势

所谓区域优势，是指在某一特定的区域内部客观存在的政治红利、经济稳定、自然优越的社会条件，可以为在此区域内发展的经济主体创造得天独厚的生产优势和科技优势。伴随着区域内部国防工业的不断强盛，便会吸引相关产业到此发展集聚，进而成为更具竞争实力的集群地带。

（2）区域经济发展为国防工业发展提供必要的生产要素

国防工业的发展有赖于国民经济，特别是基础工业的发展。区域经济发展

为国防工业提供了必要的条件，包括提供新的资金注入渠道、新科技创新、体制改革等。一是区域经济发展参与到国防工业产品的研发与生产；二是加强了国防工业的竞争力，有利于创造市场经济条件下公平合理的竞争平台和格局，提高国防工业在竞争中求生存谋发展的能力，进而提升其综合实力和效率；三是促进传统的军用企业根据发展形势更新管理理念和管理方式，建立利于可持续健康发展的现代型企业制度；四是摆脱国防工业完全依靠国家政策支持的局面，积极地吸收非公有制资金参与到国防工业的生产经营中来，在市场经济条件下，获得更大程度的生存能力；五是加强区域经济合作和产学研合作来提高技术创新能力，更大程度地发挥区域经济对国防工业的推动作用。

（三）国防工业与区域经济协同发展中的互动作用

国防工业与区域经济协同发展的互动主要表现为军民融合发展。军民融合是一项需要由国家战略牵头、政府推动的强综合性的复杂工程。军民融合发展的含义是指：军用企业与民用企业在技术层面上的相互借鉴和学习，进而寻找双赢的技术合作模式，促进军用企业发展的同时提高民用企业的竞争实力，在产业链条的每个环节都实现融合发展。在国防工业采买时，要注意更大程度上与民用企业合作，购买民用产品和服务；在行政管理方面，可以实行经理人制度等现代企业经营方式；在生产制度方面，可以实现技术或专利转让，找到可以共用的产品、技术等。军民融合区别于其他的合作共赢模式，它是一个典型的自组织系统，在其系统运行内部，各个要素之间彼此相辅相成、相互协作协

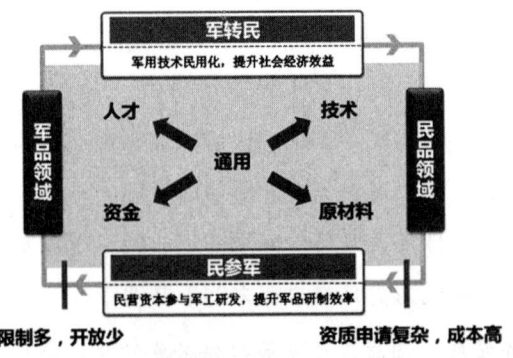

图1 军民融合协同发展关系图

同,可以在融合的过程中,整合和优化各个要素的空间位置和布局,形成最为有序、合理的结构。

世界主要国家的经济、工业、科研水平虽各有差异,但经过长期探索和实践,各国都认识到军民融合是实现国防建设和经济建设"最优发展"的必然,也是协调和统筹国防建设和经济建设的必然选择。因此,西方国家最终都选择了适合自身的军民融合发展道路。归纳起来,世界主要国家军民融合的发展模式主要有四种:第一种是以美国和欧盟为代表的军民一体化模式,第二种是以俄罗斯为代表的先军后民模式,第三种是以以色列为代表的以军代民模式,第四种是以日本为代表的以民掩军模式。

军民融合发展具备诸多优势:一是能够发挥国防工业的优势,促进区域产业结构的优化升级;二是直接利用军转民成果,不断培育新的经济增长点;三是依靠产业链拉动效应,带动地方经济的全面发展。

第二节 国防工业与区域经济协同发展的主要问题

一、国防工业与区域经济协同发展的基本条件

(一) 政策基础

健全的政策体系是支撑国防工业与区域经济协同发展的基础。一是要有军工主导产业与地方相关产业配套发展的产业政策,发挥国防工业的带动作用,优化区域产业结构,进而反作用于国防工业的发展。二是要有可持续的资源开发和利用政策,鼓励国防工业参与地方资源开发,促进地方经济发展水平的提升。三是要有必要的经济激励和支持政策,鼓励和提高国防工业参与区域经济发展。四是财政政策和金融政策。无论产业政策,还是科技政策,都需要以经济政策为手段,从经济上保证其落实,因而需要财政和金融政策的支持。五是要有鼓励技术创新和人才引进的政策,国防工业与区域的协同发展,技术和人

才是根本。

（二）技术进步

在一个国家内部，国防工业是国民经济的重要组成部分。国防工业是高技术型、知识密集型的产业，集中表现出了国家在总体方面最先进的科技等级和最强大的经济水平。提高和创新国防工业的技术水平，会引领着国家创新型产业的发展。在科技发展的历史进程中，我们可以看出，任何一项融合全国层面智慧和能力的成功技术，首先会被应用于军事领域，为国防工业实现价值，而后才会被推广到市场经济体制下的民用企业当中。在大量使用和研发新技术的同时，国防工业带来了技术外溢效应，促进了区域技术水平的提升，进而推动了区域经济的发展。然而，民用开发技术也有自身的独到之处，也有一些值得国防工业学习的地方。因此，需要加强军用科技与民用科技的横向联系。国防工业要保持在国际上的技术创新发展的先导和领先地位，必须要广泛开展与民用工业的合作，单单依靠自身的力量，很难在短时间内实现技术突破和技术创新，而民用科技在诸多领域比国防工业具有比较优势。因此，需要将两者紧密结合，实现科技兴军、寓军于民。

从本质上讲，技术外溢的结构、顺序、时机、强度等参数直接决定了国防工业与区域经济协同发展的效率。从经验上看，上述参数应该有一个最合理的答案，而具体的推算，则应该属于技术层面需要研究的重点问题之一。另外，这种技术外溢机制的设置，显然是非常重要的，也应该属于研究的重点内容之一。

（三）产业相似度

国防工业与区域经济的协同是建立在一定的联系基础上的，而相关产业则是连接两者的纽带。促进并实现国防工业与区域经济的协同发展，需要花费大力气来共同培育和发展更具竞争实力的高端新兴产业。在此过程中，能够有效地促进科技成果的转化和二次开发，通过产学研联合来鼓励和发展新兴产业，这对于促进军用工业转民用工业以及高新技术产业化具有重要的实践意义，也是推进国防工业带动地方经济发展的重要途径。

然而，国防工业与区域经济实现高效协同发展的一个重要条件是二者产业相似度应具备较高的标准。如果相似度低，则很难从人、财、物、技术、知识、信息等方面进行协同。这个问题必然存在一个下限。这个下限是多少，是非常关键的问题。进一步来说，产业相似度并非是一个数据那么简单，更应该被抽象成一个向量或矩阵，然后通过特征向量描述，则更加准确一些。

（四）资本体系

国防工业是高科技产业。最先产生和应用最先进的技术，武器装备追求领先，这一属性决定了国防工业崛起要以大量资金投入为先导。国防工业的高技术、高投入、高效益、高风险以及回报期长的特征，决定了国防工业发展必须依靠外部资金的支持，需要有政府的资金支持和社会金融组织的融资机制，需要将社会资金有序地导入国防工业，进而引入区域经济的发展，实现二者的协同。因此，建立一个支撑国防工业与区域经济协同可持续发展的现代金融体系是关键。

进一步来说，资本转移的数量、时机、性质、结构等都需要进行比较深入的研究，我们相信应该可以找到一个最合理的"点"，而这些问题有待于后续的研究。当且仅当这些临界值都得到了结论，资本转移才能够使得区域经济与国防工业协同发展。

（五）市场环境

国防工业与区域经济的协同发展需要有效利用两种资源和两个市场，要在充分发挥市场调节作用的同时发挥政府的主导作用，实现两者的有机结合。其中，较为重要的是构建有效市场竞争模式，要在推动区域经济竞争实力和新兴产业创新能力的基础上，充分发挥市场机制的重要作用，加快国防工业市场化进程，建设良好的发展环境。国防工业产品属于特殊商品，市场竞争不等同于一般商品市场的竞争。一方面，要将市场竞争机制引进来，特别是在科研生产领域，要最大程度地开展竞争活动，扩大竞争范围和程度；另一方面，要注意借助政府的推动力量，通过政府的资金支持和环境支持来维持和保护一定规模的军工生产能力。其中，开展国防工业的竞争活动是为了提高其生产和运营效率，但是也绝不能让其在市场竞争体系中简单地被优胜劣汰。因为军品的供应商数量较少，且进入的技术壁垒较高，如果在竞争中将失败的军品供应商直接淘汰出局，那么剩下的为数不多的竞争者很容易实现"一家独大"的垄断性竞争格局，进而无法再发挥市场机制的作用。

二、国防工业与区域经济协同发展的顶层管理计划

运用系统论的方法，从全局的角度看，实现国防工业与区域经济的协同发展，需要加强地方政府战略规划能力，实施科学合理的顶层管理计划，要从协同发展的要素中统筹规划，集中有效资源，高效快捷地实现发展目标。

加强国防工业与区域经济协同发展的顶层设计，要切实把握国防工业与区域经济协同发展的风向标，从战略规划层面入手，加强顶层设计，在其实施过程中，应着重注意以下三点：一是顶层决定性，是指在规划制定过程中，要从核心目标层面入手，将总体目标划分为中级目标，再由中级目标细分为可以直接开展的小目标，循序渐进地从低端层面向高端层面完成任务；二是整体关联性，由于协同发展是将国防工业与区域经济作为一个整体系统，所以在其实施过程中要注重各个内部组成部分和系统要素之间的关联联系和衔接匹配；三是实际可操作性，规划设计后是需要具体执行和实际操作的，因此要注意表述方式和设计内容的可理解性。以美国为代表的国外很多国家都从国防工业与区域经济协同合作发展过程中获得了经济利益和技术进步，因此两者的融合发展作为一项中长期规划被长久地制定下来。美国、俄罗斯、德国、以色列等国家都是在调研的基础上，首先确定出整套政策，然后坚决实施，从而使得军民协同发展得到极大程度的提高。

这种顶层管理计划主要应该包括目标、路径、阶段及每个阶段成功的表征，辅助计划等。计划不仅要可行，而且要符合国家的情况。对于这种研究来说，有很大的难度，但通过调研，以及相关计算实验的方式，就可以得到比较准确的结论。

三、国防工业与区域经济协同发展的科技支撑

国防工业的最突出特点就是其对技术先进性的特殊要求，正是这一特点，

使其与区域经济的协同发展需要有较强的科技支撑。为此，国外一些国家为实现国防工业与区域经济的协同发展，制订了科技支撑计划，有效促进了协同的实现与深化。科技支撑计划，一般而言，是根据经济内外部发展环境和经济发展状况以及社会实际需求，为了解决重大科技问题而制订的。因而，国防工业与区域经济的协同发展最为关键的是科技支撑。为此，一个国家或地区要实现两者的协同发展，可以以产业共性技术为依托，重点结合技术开发与实际应用规划，以国家重大工程项目为基点，引进国外先进技术，消化吸收过程中进行二次创新，重点解决重大技术问题，着力攻克一批关键技术，突破瓶颈制约，提升协同创新能力和区域经济发展竞争力。

从某种意义上讲，科技支撑是国防工业与区域经济协同的关键之一，涉及科技发展的目标、可行性、成本、资源配备，技术核心的可拓展性大小、可辐射的区域经济范围大小，协同后的直接利益与社会收益大小等问题，是决定科技计划的合理性、可靠性的重要要素。

四、国防工业与区域经济协同发展的产业发展

（一）产业协同发展的特征

每个区域只有通过区域内每个产业元素的互相协调作用，才能使产业更好地协同发展，同时也可以更加合理地布局总体区域内的产业。每个地区都有自己的产业特点，通过这些特点来确立产业的定位，并形成完善的产业链。产业链的优点在于每个部分互相关联、工作分布明确，使信息和技术等方面资源实现共用共享，依此带动整个区域内整体产业层次和产品质量的提升，构建现代化的产业协同机制。[①] 协同发展会产生一定效应，即对单个企业而言，在集群合作的外部环境下，企业本身可以拥有更多的发展机会，总体而言要比单独运作更为有利，即所谓的 1+1>2 的效果，进而形成竞争优势。产业协同发展具备以下特征：

---

① 王奕丹：《区域一体化视角下京津冀产业协同发展研究》，载《中小企业管理与科技（下旬刊）》，2018年第2期，第52—53页。

(1) 区域经济资源共享

在区域经济系统中实现主体间的协同发展，需要合理地转化资源优势和产业优势，为了最充分、最高效地利用资源，必须以现有资源为基础，合理优化分配资源，进而实现初级协同发展。在合理优化资源配置的过程中，会促进系统内部组成部分之间的联系和依赖，加强横向产业链和纵向产业链间的协同转化，进而实现高级协同发展。在协同发展条件下，容易形成产业集聚现象，进而形成地区产业优势，吸引更多同类型的企业在此集聚和发展，扩大产业合作边界，引导要素合理流动，进而形成协同效应。

(2) 区域发展环境共享

国防工业与区域经济的协同发展过程，实际上可以看成是一个开放型的经济系统，系统内外部经济往来密切，外部环境主要从政治稳定、社会资源、信息等方面对系统内部的各个经济要素发生作用，对区域经济系统发展产生影响；同时，根据开放式经济系统运行模式分析，系统内部也会对外部产生作用；对于区域内部来说，外部是其发展大环境，对于区域外部来说，内部各要素也会影响外部环境作用，二者在共性技术、资源共享等方面实现沟通交流，使得系统趋向于资源最优配置和经济效益最大化。国防工业与区域经济的独立运动和关联运动是同时存在和相互作用的，当外部作用足够大时，便会取代系统内部运作，进而成为系统中的主导运动，此时，高级协同发展现象产生，使得区域系统的优势增大，竞争力提高，综合实力增强。

(3) 协同经济效应涌现

一是结构优化效应，产业的协同发展既能体现出区域资源的禀赋优势，又能发挥出国防工业的资金优势、技术优势等，增强各个区域的产业优势互补作用，提高资源利用效率，优化产业结构；二是关联带动效应，主要体现为产业协同带动经济社会一体化发展，既可以提高区域市场化水平，优化配置区域内资源，又可以缩小区域居民收入差距，提高购买力水平；三是科技扩散效应，产业协同能促进区域内科技创新与合作，通过整合区域创新资源提高技术创新能力；四是社会环境效应，以区域统筹规划和互动协调作为基础，建立产业协同，因其合理地开发与使用，治理和保护区域资源，从而完成经济水平的提高和人口资源环境的协调，实现可持续发展。

（二）产业协同发展的影响因素

（1）政策因素

产业协同发展需要政府通过区域政策法规进行引导、扶持和监督，吸引资本、人力、技术等要素聚集。国防工业与区域经济有较好的协同发展质量，需要有强有力的政策予以支持，包括加速产业集聚和生产网络形成的产业发展政策、区域规划政策和建立公共服务平台的公共管理政策等。产业政策的制定要能够以主导产业为核心，注重扶持重点企业，促进产业集群形成，还要注重产业错位和优势互补，加强合作与互动；区域经济协同发展要进行科学合理的规划，突出孵化器功能、研发功能和产业开发功能，充分发挥国防工业的辐射效应、聚集效应和融合效应；公共政策的制定要保障生产要素的合理配置，促进资源自由流动，吸引高素质人才进入，促进信息、技术和先进理念的引入。然而，政策的制定需要综合考虑多种因素，如资源禀赋、区位条件和产业基础等。

（2）资源因素

一是资本的自由流动。资本的自由流动一方面加强了国防工业与区域经济之间的联系，增强了生产的紧密度；另一方面引导生产要素在区域内合理配置，促进产业结构调整升级。资本的"黏性"使得资源呈现汇聚作用，引导生产要素在不同产业进行配置，向优势企业和优势产业聚集，形成规模效应，促进协同发展。二是人力资源的自由流动。区域内人力资源沿着产业链向上下游延伸，加深了企业间的相互了解，有助于更好地开展合作，促进先进生产加工技术的传播，推动区域创新能力和竞争力提升，对国防工业与区域经济协同发展有促进作用。三是技术支撑。技术是产业协同发展的关键，生产技术通过技术学习和技术模仿的方式在产业内溢出，通过技术转让、产品模仿、技术合作、人力资源流动等形式在产业间溢出，进而提高区域创新能力和竞争力，提升协同主体质量。

(3) 产业链和产业集群的发育程度

产业协同需要完整的产业链支撑，需要具备一定竞争优势的产业集群，产业链和产业集群是产业协同的重要纽带，也是发挥协同效应的产业组织基础。产业链越完整，支撑国防工业和区域经济发展的相关产业就越强大和完整，产业协同的渠道就越多；基于国防工业的产业集群越是发达，与区域经济协同发展的作用就越明显。

（三）产业协同发展的演化过程

(1) 孕育阶段

在孕育阶段，国防工业与区域经济协同发展处于低级状态，国防工业企业开始在区域内开展分工合作，企业间联系加强，协同生产开始形成。但是企业间联系程度较弱，以国有企业基于产业链的合作为主。这一阶段，生产要素多在区域内部流动，与区域外的要素流动几乎不存在。同时，国防工业与区域经济的协同源于企业自发驱动力，即在市场条件下的简单分工合作。

(2) 发展阶段

在发展阶段，国防工业与区域经济协同处于中级协同状态，主要表现为：一是国防工业与区域经济协同增强，逐渐形成区域有机整体，开始与其他区域开展交流与合作，部分企业开始在其他区域寻找稳定的合作伙伴，区域内以国防工业为主导形成的生产体系具备一定规模；二是跨区域间的合作开始增强，彼此联系的渠道较为稳定，生产要素开始在区域间流动，区域协同主要依靠政府引导。政府和企业是协同发展的主要因素。

(3) 成熟阶段

在成熟阶段，国防工业与区域经济协同处于较高等级。随着区域之间的联系增多，企业开始拥有比较稳定的合作伙伴，跨区域的生产网络覆盖范围进一步扩大。跨区域的生产要素流动较多，流动平衡性增强，大部分生产要素的流动范围包含国防工业辐射区域。区域间具有种类丰富的稳定联系渠道，渠道本身的社会根植性增强。协同作用由多要素共同驱动。

第二章　国防工业与区域经济协同发展的相互作用

在国外,尤其是发达国家,国防工业与区域经济协同发展的程度很高,美国就是一个典型,我们通过2013年财政支出的数据就可以看出,用于国防产业与区域经济协同发展的情况比较均衡,按照投资的类型,其分配情况如图2所示:

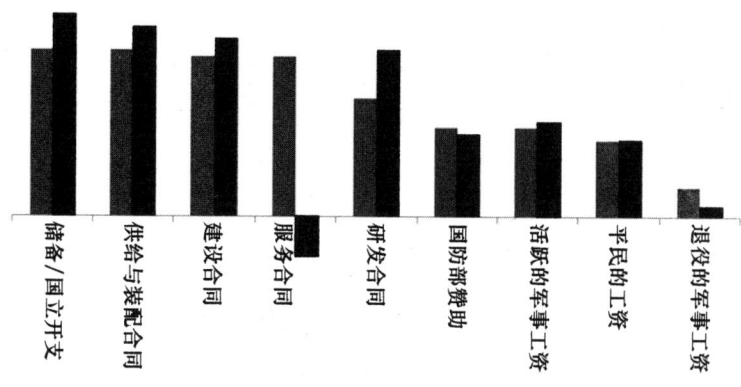

图2　投资分配

图2中,浅色部分表示用于国防工业发展方面的投资,而深色部分表示用于区域经济发展方面的投资。这个图显示出,虽然在服务合同中呈现出非常奇怪的现象,但在生产研发领域中二者费用大致一致,足以说明二者的发展效果具有较高的协同性能。其实,从总体上看美国的国防开支,其增长情况也能显示出美国对于国防工业的重视程度。而这种重视并非单纯地考虑国防工业,而

是将二者高度协同发展作为首要目标，如图3所示：

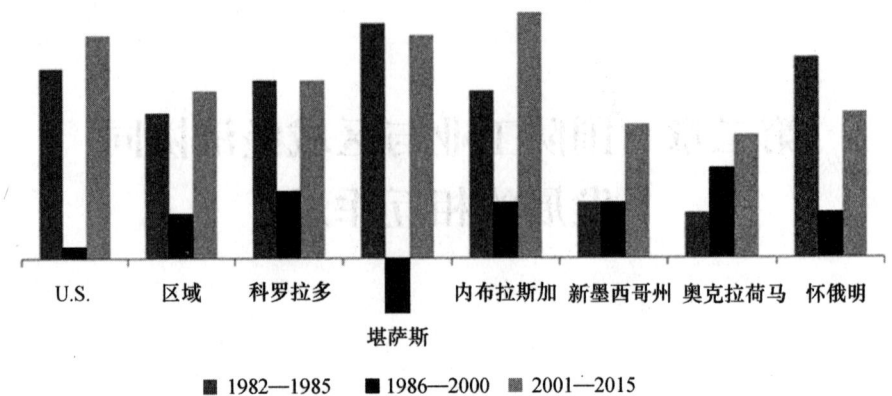

图3　美国国防开支

从图3中可以看出，除了堪萨斯州在1986年至2000年期间出现负增长，其他基本上都是正增长的。

总之，美国国防开支非常巨大，与美国现在的综合国力相对比，可以判断出他们能够将如此均衡的花费用于国防产业与区域经济协同发展这一领域，说明在国防产业与区域经济协同发展方面取得了双赢的效果。那么有一个问题就值得我们探索，这种协同性到底如何，内部运行机制到底如何，下面针对这一问题进行分析。

第一节　国防工业对区域经济的重要支撑作用

一、区域科技创新的辐射作用

（1）经济辐射

经济辐射是指发展水平较高的经济单元和现代化进程较快的经济单元与其相反的较为落后经济单元之间的要素流动。例如，发达地区将部分产业向发展中地区转移，发达地区扶持发展中地区经济发展，落后地区进行人才引进等，此类的资源转移和配置都在一定程度上改变了落后经济单元的发展状态。在国防工业与区域经济协同发展过程中，两者间不断进行着各种要素转换和信息交流，这在很大程度上促进了双方的合作共赢和协同发展。对于区域经济而言，国防工业拥有大量的资金支持和科技支撑，特别是技术创新，都会对区域经济的发展产生辐射作用。

（2）技术外溢

技术外溢是指在技术转移过程中，一方向另一方自愿地传授技术和知识，或者不可避免地告知另一方相应的技术和知识。国防工业在发展中具有巨大的作用，它是高科技知识的聚集体，大量的优秀人才会聚于此，其创新能力也非常强大，许多技术水平远超于其他产业。在开放型国防工业发展进程中，现代国防工业不断扩展产业边界和辐射范围，使得国防经济与国民经济的界限愈加模糊。在此过程中，知识转移不可避免，技术外溢进程不断加快。在技术外溢的作用下，民用企业不断消化吸收再创新，积累了更多的知识，使该地区科技水平飞速提升，经济水平也明显提高。

进一步而言，科技外溢水平的衡量除了通过科技合作数量以及技术转让的数量描述以外，人才的分布及其动态流动也是一个非常有效的描述方式。因为，技术与科学是由人来掌握的。在国外国防工业与区域经济高度协同化的地区，人才的流动非常频繁，这种流动促进了科技的交流与共享。正是人才在各个领域中的活动，给国防工业产业与区域经济协同发展提供了科技的保障。

二、产业升级与结构调整的带动作用

国防工业对区域经济的重要支撑作用首先体现在通过产业关联实现产业升级与结构调整上。国防工业是由众多彼此联系的企业构成的产业链，产业链的各个行业与外界具有十分强的关系。通过这种关系，国防工业与相关的产业之间存在着紧密的联系，这使得国防工业与区域经济存在较强的产业关联度。国防工业的生产规模会随着国防领域的资金投入增长而进一步加大，规模的增加则会使民用经济中的中上等产业进一步加大规模。这使得投资乘数效应产生作用，而让与国防工业相关的民用部门产业链继续增长，使得民用产业层次和民用产品在市场中占据更有利的地位。如果想要让所在区域国防工业在市场中占据更有利的地位，使它成为有着雄厚实力的产业集群，那么，民用部门的发展空间需要进一步扩张，并更多地利用区域社会民用资源，这样就会使区域更好地创新，从而进一步发展。

根据国内外环境与市场需求的变化，国防工业对军品科研生产结构和军民两大产业比例关系及其生产组织结构进行调整，进而会带动区域产业结构的优化升级。合理的产业结构是国防工业健康协调发展、国防效益、社会效益和经济效益不断提高的必要条件，关系到国家安全和国防建设，也关系到国民经济相关产业的发展。军品科研生产能力与结构的调整是国防工业产业结构调整的主体和主线，可细分为核、航天、航空、船舶、兵器、国防电子等产业；民品开发涉及国民经济所有产业领域，按不同时期的发展特点、生产能力、市场份额、经济比重等因素，国防工业内部的民用产品产业类型也可细分为主导民品产业、支柱民品产业或优势民品产业等。

和平时期，国防工业结构调整主要包括三方面的内容：一是对国防工业整体而言，军品科研生产能力在国民经济中的比重适度减小；二是核、航天、航空、船舶、兵器、国防电子等产业之间军品研制、生产能力的比例关系也要根据装备发展的需求进行调整；三是大力发展具有军民两用技术特征的主导产业和高新技术产业，改善和提升产品结构和产业组织结构。

三、对区域经济效益产生的影响

一般而言，国防工业与区域经济的协同发展更加侧重国防工业的辐射作用。

国防工业对区域经济发展的带动作用主要体现在国防工业经济与区域经济协同发展过程中的相互作用上，在此过程中，涉及的企业与机构较多。国防工业对区域经济的辐射是在基本的人才输送引进、经济往来等过程中实现的，涉及自身系统与区域经济系统的交互作用，机制较为复杂，主要表现在其既有带动作用，能够使产业规模边界扩张，覆盖范围加大，促进科技创新协同作用，以此来使区域内的经济水平得到提高；也具有扩散效应，表现在国防工业在产业扩张、创新合作等带动区域经济发展的过程中所呈现出的外在效果。进一步分析，辐射的实现需要通过其自身系统与区域经济系统的交互作用。从二者的关系来说，带动能力是国防工业本身的能力，或者是潜在的还未发掘出的能力；而扩散效应是发挥带动能力的一种外在表现。但是二者之间不一定成正比，由于某些外界条件的制约，从而具有一定的时滞关系。进一步而言，这种作用不仅仅局限于技术方面，可能对社会、生态等都有一定的价值。

国防工业的辐射作用对区域经济的发展产生正面影响。对于带动作用来说，为了使区域经济进一步发展，国防工业需要增大产业覆盖范围，增强研究技术，使管理运营更加完善。对于扩散效应来说，国防工业主要通过总量效应、产业效应和社会效应推动区域经济的发展。其中，可以从三个方面表现出总量效应，地区国内生产总值中工业所占的百分比、产业引导率、吸引的外部投资金额；从三个方面表现出产业效应，产业贡献百分比、增强传统工业的进步、促进第三产业的发展；从三个方面表现出社会效应、产值利税率、就业吸纳率和对区域生态环境的影响。

以马萨诸塞州为例，在雇佣人员方面，极大地促进了该州的就业问题，如下表1所示（2010年）：

表1 马萨诸塞州雇佣人员与GDP的关系

	直接	间接	相关	总量
产值	$14,144,624,027	$6,589,949,224	$5,252,023,002	$25,986,596,124
员工	47,738	32,765	35,060	115,563

第二节 区域经济对国防工业发展提供的重要机遇

区域经济对促进国防工业发展提供了重要的机遇，主要表现为区域优势的支持，为国防工业的进步提供了有利的环境。这里所讲的区域优势指的是某一地区存在的比较有利的条件（自然、经济、技术和社会等），这些科技和生产优势，是这个地区利用其他经济部门的合作形成的区域优势能够引起有关产品工业的注意，使这些企业和当地经济融合，最后使产品工业群体更加全面。因为国防工业产业的集群化，产品工业集团的构建和提升更是与当地的社会经济发展概况有着重要的关系，这使得区域优势相对显著的地区引发国防工业集群化，将区域内优势自然、经济、技术和社会等要素实行适当的分配和进一步优化整改。这使得隐藏优势与经济网络相结合，从中获得产品工业进一步发展的优势，促使产业集体的产生。

一、区域科技对国防工业技术外溢的影响

国防工业技术的实力强大且处于领先地位，坚持不懈地加强技术的革新能够给地区的经济发展带来经济增长点的提升，然而大多数的民用企业通过不断地市场竞争已经被磨炼得日益成熟，有丰富的市场经验。国防工业技术通过工业集群"技术+市场"的运作方式，极大地提高了国防工业技术，从而带动了地区经济的产业结构优化和产品附加值提高，同时也带动了国防工业的进一步市场化，并使其全面发展。为了能够让集群内的军民两用转化机制更加完善，要充分利用国防先进技术，例如集聚效应和辐射效应；利用科技园、工业园等多样的高新园区，让这一类地方成为吸收和发展"高""新""尖"技术和众多工业项目的摇篮。国防工业技术"外溢"时，应着重强调此转化过程应遵从相关法律，更要强调此过程的有序性。由于国防工业的特殊性，我们必须遵从此类规定。在充分利用我国国防先进技术的同时，还要注重公共科研教育机构，以促进国防工业和地区的知识进步。众多的国防工业集群就相当于集群内科技创新组成结构，不但能够以核心军工企业为基础，而且集群内相关经济主体也能通过组合，成为集群科技创新网络的基础，使集群的科技竞争优势更加明显。

二、区域产业集群对国防工业产业关联的影响

产业集群的出现使其区域内的企业生产率进一步提高，也使集群内资本的运行进一步加快，使投资和资源能够相辅相成。同时，区域经济的增长速度也在加快，这一系列的铺垫成为了国防工业发展的物质基础。国防工业的财政与产业集群有着巨大的关系，产业集群可以使区域经济发展得到更多的财力与相关政策的支持。中央财政转移支付账目的提升与国防工业投入的增加在大体上

相同，使其能得到更多的财政投入，同时也能在政策上得到支持。在产业集群的作用下，国防工业技术"外溢"得到加速。区域的对应领域的竞争力也有了提升。产业集群有许多的优点，例如高效率的学习与研发、极为先进的技术和知识、地区上相关机构和产业的协同合作等。这使技术与信息生成了积极的积累效应，带动了这一地区总体竞争能力提升，在一定程度上提高了国防技术外溢的效率，并增强了在这一集群内的产业的持续创新能力。

美国得克萨斯州以国防产业为核心产生了这种典型的集群效应，在基础设施和工业产业如航空航天、GPS/GIS及信息技术产业、医学、复合材料、制造业、汽车等行业上都出现了很大程度的聚集，而这些行业分别由若干企业与科研单位所控制。

总的来说，围绕着航空航天产业，物流运输、国防制造、国土安全、金融、工业品、相关服务公司、研发公司与大学、NASA、商业航运、通用航运等产业出现了很大程度的集群效应，这种集群效应给整个国防工业带来了很强的关联效应，使得每一个子系统都不独立，内部实现协同，从而产生更大的价值。

第三章　国外国防工业与区域经济协同发展的政策法规研究

在实现国防工业与区域经济共同发展这一目标过程中，以市场经济体系为基础建立的国防工业与区域经济协同发展的目标，需要极强的政策法规体系来保障其完善的运行，所以实现目标的一个基础环节就是政策法规建设。如果国防工业中每个等级的主体在国防科研中的权利和责任都有明晰的要求，推动协同发展的目标实现进程中的所有行为都有章法可以依照，出现新情况可以立即地补充到新的规则中，毫无疑问这些都对协同发展有着促进作用。国防工业需要政策法规提供较为明确的规定也有很多，例如，产权结构对于不同的层级应该如何选择；国防领域以何种要求和方法引进民营资产；设置协同发展的协调机制与创建协调机关；军用技术以何种规模和方式与民用技术互相转化；军用与民用一体技术的研发计划等。发达国家在促进国防工业与区域经济协同发展的方面起步较早，所以统一程度较高，而他们的基本经验和方式是，在保证国防安全的前提下，制订和实行促进协同发展的战略计划；在以增强有关制度创建为支持的前提下，规定和完善保证协同发展的政策法规；在以提高资源分配效率为核心的前提下，整改与完善推进协同发展的体制机制。这些成功的经验，对中国特色国防科技工业军民融合发展的研究有着相对的借鉴意义。

第一节　国外国防工业与区域经济协同发展的规划计划

国防工业资金、技术力量雄厚，在促进区域经济发展中具有重要作用。很多发达国家都制定了国家层面的发展战略，在多种不同的机制合作下，如产学研结合机制、政府政策投入机制等，区域经济在国防科技工业的"辐射"影响下飞速发展。与此同时，随着区域经济的飞速发展，国防科技工业水平也日益提高。国家层面的顶层设计对各级政府起着重要的作用，顶层设计使国防科技工业企业和地方企业进一步交流合作，相互参股，这样做也使军民结合产业集群化的进程进一步加快，让区域经济在产业链的带动作用下持续增长。

一、美国的相关规划计划

在冷战结束后，飞速发展的美国开始了对军民融合战略的探索和研究。当时也有许多缘由，可概括为两个方面。一方面是已经被削减的国防预算无法使原有的分离体系继续维持；另一方面军用技术已经被飞速发展的民用技术超越。这种军民分离状况主要有六方面原因。第一，由国防部门制定的专门的、仅面向国防领域的法规。第二，有相当一部分民用标准规范和军用标准规范并不兼容。第三，部分军方所需的产品和技术较为独特。第四，一些军用项目在民用市场并不受欢迎，且无大量的需求。第五，军方更注重所研发产品的性能而不注重成本。第六，有一些保密的项目和技术并不能公布于市场。

（一）小型企业技术创新研究计划

"小型企业技术创新研究计划"（Small Business Innovation Research Program，SBIR），是一个财政直接援助计划，该计划的目的是为了让更多的小型企业受益，能够推动技术创新发展。因此，美国政府对该计划十分重视。该计划从1983年正式开始实行，实行以来，数以万计的小型企业从中受益。该计划对于美国国防，卫生及环保，信息管理与数据管理各方面都有着显著的作用。

"小型企业创新研究计划"也让有关联邦机构从科技研发的资金中,拨出一部分来推动小型企业的创新活动。会议研究 SBIR 计划在实行时的管理工作应由联邦小型企业管理署技术办公室及有关部门负责。

(1) "小型企业创新研究计划"的首要任务是项目招标

按规定,各部委的公开招标每年至少应有一次。招标书应包含当前部门最需解决的科研课题。每个课题都应根据要求有详细的条款和规定。根据美国为小企业每季度所制定的"小型企业技术创新"预招声明,SBIR 项目的小企业的申请条件应包括:必须是美国企业且单独经营;企业不应出现亏损;从事重要工作的研究人员应从企业中雇佣;企业雇员须少于 500 人等。

如果一个企业想要加入 SBIR 项目,需按自己的情况,向 11 个联邦政府的管理部门递交申请。根据规定,每年一部分小型企业会得到由政府各部门提供的研究与发展基金的一部分。这 11 个部门包括:国防部、农业部、商业部、能源部、教育部、卫生部、运输部、宇航部、环境保护署、核控委员会、国家科学基金。

(2) "小型企业创新研究计划"的第二个目标是项目评估,根据四项内容(创新程度、企业质量、市场潜力、技术含量)进行评估

在项目投标书送到各部委 SBIR 办公室后,所有相关研究领域最权威的 5 位专家进行评估(5 位专家为大学的教授或者是在此方面有着深厚造诣的人,他们均无偿且有深厚的知识底蕴),这些专家按规定需承诺与受评估项目不存在利益关系,每个人都需签字声明。

经过 5 位专家的评估后。开始进入注资程序。该计划前后共分成三个阶段(完成当前阶段后,交由专家小组进行评估,方可进入下一阶段):

第一阶段:通常为 2.5 万—10 万美元的资助额,但有 6 个月的资助期限。第一阶段的首要任务是开发技术内涵,以此来完成可行性研究。经调查,在此阶段中有 10% ~15% 的企业能够入选。

第二阶段:共有两年的资助期限,有约为 20 万美元的资助金额,根据当时不同的情况有不同的资助额度,可提供的最高额资助能达到 75 万美元。第

二阶段的入选率达到40%～50%，进入第二阶段必须要通过第一阶段才有资格。

第三阶段：通常资助费用大于25万美元。但规定小企业管理局不对入选第三阶段的企业予以奖励。企业可以通过风险投资和其他私人资金来维持发展。一般地，第二阶段80%的获资助企业可在第三阶段继续获得资助。

需要注意的是，在"小型企业创新研究计划"的第一阶段和第二阶段中间应间隔6个月，在这6个月中，企业不会受到政府的资助，中间的这个阶段尤为重要。能否获取其他资金来源是一个企业能否正常运行的关键。这6个月的时间可用于判定第一阶段的成效，这样能通过第一阶段的效果来判定是否能继续进行第二阶段。

为了能够尽早发现哪些企业具有长期发展的潜力，该项目往往在第一阶段用少部分的资金资助尽可能多的企业和项目。第6个月后，大约只有一半的优秀项目能有资格进入到第二阶段并得到资助支持。而进入第三阶段后，有300万—600万美元的风险投资或其他私人投资进行继续资助。得到这些投资，就代表能通过科技成果转化的重要考验。想要成为一个成功的企业，关键在于能够获取私人的资本投资。SBIR有两个优点，一是可以为高薪、高风险提供他们所需要的启动资金，二是它是无须回馈的，正因如此，越来越多的投标方案希望参与其中。

SBIR项目为美国科技发展和科技成果转化作出了巨大的贡献，占美国联邦政府各部委研发经费2.5%的比例，为企业减少了不少的资金压力。

自SBIR项目启动至21世纪初，共发布了招标说明书268个，收到创新研究课题40万个，有65000个项目被资助，供给企业资金130亿美元，约20%的项目进入到第二阶段。在得到资金支持以后，它们继续进行科研发展。最终，它们在商业方面获得了成功。SBIR资助过许多的知名大企业，如微软、因特尔。在SBIR计划的资助下，美国的诸多领域研究成果如激光、生物医药、机器人等，都有了巨大的进步，因此，拥有着优良产品和技术的美国，在世界范围内处于领先地位。

（二）技术转移计划

美国希望小型企业与研究机构能够尽量发挥它们的优点，加快科技成果向现实生产力的转化速度，于是在1992年政府颁布了《加强小型企业研究与发展法》，在此之后又颁布了一个阶段性研究计划——"技术转移计划"，指出联邦机构应该从研究发展所需要的资金中拿出一部分支持小型企业公司与非盈利研究机构的技术转化。该计划的宗旨是把小型企业和非盈利研究机构联系在一起，使其互利共赢，从而加快先进技术向小型企业的转移速度。参与这一计划的企业需要具备以下条件，必须是美国企业且单独经营；企业不应存在亏损的趋势；从事重要工作的研究人员应从企业中雇佣；企业雇员需少于500人（非盈利的研究机构人员除外）等。

除此之外还有许多对非盈利研究机构的要求，学校应是不能够赚取资金的大专院校，同时也应是在美国国内的，以及在联邦政府支持下运作的非盈利研发中心。

有五个机构授权了技术转移计划，这五个机构每年需要拿出一定比例的研发基金来给予小型企业或非盈利性研究机关。技术转移计划共分为三步，第一步为启动阶段，有为期约一年的10万美元计划资金，这些资金重点用来帮助创新技术的技术可行性和商业性；第二步是有为期约二年的50万美元计划资金，其用途是扩展第一步骤的研究成果，开始研发工作，明确其商业方面未来发展成果，项目想要获得第二部分的计划资金，必须要得到第一部分的资金；第三步是研究成果从实验室迈向市场的一步，在这一步并没有计划资金的帮助，企业公司必须自己找到其他资金对其大量生产进行投资，例如私营金融部门的资金或联邦政府部门的其他非计划资金。

（三）技术再投资计划

冷战结束后，美国军方意识到军事技术的研发投入剧减而导致的诸多问题，于是重提军民两用技术问题，于1992年开始提出并于1993年开始执行"技术再投资计划"（Technology Reinvestment Project，TRP）。该计划是美国制订军民两用技术计划的重要里程碑，也是美国国防领域第一个以军民结合形式大规模推进军民两用技术研发的计划。

TRP 计划由国防部主管，国防部高级研究计划局（Advanced Research Project Agency of Department of Defense，DARPA）具体负责实施，DARPA 牵头成立的国防技术转移委员会（The Defense Technology Conversion Council，DTCC）具体负责该计划的运作，该计划的实施是基于 1992 年国会通过的《国防技术转轨、再投资和过渡法》等法律依据。实施 TRP 的具体策略是，开发能够制造新产品，形成新工艺的各种新技术；将现有技术推广到民用产品和军事装备的制造的工艺过程当中；促进军民两用技术在研究和生产过程中的协调统一等。

TRP 的项目分为三个领域，技术开发、技术推广及制造技术的教育与培训。其中技术开发包括三个方面涉及十一个领域，即军转民技术、军民两用技术、利用民用技术生产军事装备等三个方面，信息基础结构、电子设备的设计与制造、机械设计与制造、材料结构制造、医疗卫生技术、培训与教育技术、环境技术、航空技术、车辆技术、造船工业基础结构、先进电池技术等十一个领域。技术推广主要包括制造技术推广、建立联系网络、帮助承包商建立最佳的组织结构、建立有助于私营企业获得技术信息的渠道等四个方面。制造技术的教育与培训主要包括，进行跨学科的制造工程技术教育；让更多从事制造技术行业的人参加在职培训；对正在国防工业企业中工作的工程师，近期由于国家原因而无法在其任职单位任职的工程师进行教育培训，学习新的军民两用技术；积极采纳相关机构的前沿做法，促进工业界与大学之间的合作等内容。

对 TRP 计划的经费结构也有严格的界定和要求。1/2 的项目总经费应由中选项目承担，剩下的部分从当年国防预算费用中提供补足。此外，对每一具体项目，在项目刚开始实施的第一年，政府为其拨出的国防费用应小于项目总经费的一半，第二年应小于 40%，第三年及后续各年应小于 30%。由承担项目单位负责的经费可以由项目参加单位以及包括州政府、市政府、各种公司等在内的第三方共同出资。

历经三年、133 个项目的运作，美国通过该计划形成了军民两用技术的项目遴选、项目开发、技术转移、组织模式等方面的基本制度，其具体实践经验为军民两用技术计划的发展奠定了坚实的基础。

(四) 军民两用技术应用计划

美国国防部终止了"技术再投资计划"之后,制订了新的两用技术计划——"两用技术应用计划"(DUAP),并在1997年展开实行,该计划设置"COSSI"和"DUS&T"方案,COSSI既能够充分地使民用技术发挥作用,并且降低成本,也能让负责提供战斗保障资金的路径减少;而DUS&T是"两用科学技术计划",该计划依旧是为了开拓各军种优选出的两用技术(既可用于军事又可用在商务领域)。

美国国防部长办公室为了使"两用科学技术"(DUS&T)计划更好地实行,为两用项目选择最低要求制定了指导手册,其中包括技术一定要有两用性、军事利益、隐藏的商业价值、非联邦投资比重规定以及投资质量评判要求等。此计划实行之后,在1997财年之后的四个财年中,申报了737项项目,其中获批并且执行了军民两用技术项目272项,其中空军89项,海军69项,陆军114项,这四个财年投资总额达到了8.75亿美元,大致按照《国防授权法》要求实行,2001财年的两用技术分为8个技术领域,如可接受的传感器技术;先进的推进、动力和燃料效率技术;信息和通信技术;医疗和生物技术;分布式任务训练系统;武器系统保养;先进材料和制造技术;环境监控技术等,提出需批准的项目113项,其中有47项得到了批准,两用技术已使军事部门得到了利益,它们正通过与工业部门合作,增强两用技术科研领域,并启动了空军这种未列入两用科学技术计划之中的项目。

(五) 国防采购挑战计划

"国防采购挑战(DAC)计划"起源于2002年,美国国防部按照《美国联邦法案》的条例,确立并执行了DAC计划,其目的是为了让国防采购项目支持持续出现的创新技术并投资更适当的技术,DAC计划不仅为对采购项目有改进作用的技术进行投资支持还对产品试验和测评进行投资。

DAC计划是一种有连续性的、完整的民用技术军用计划,确立了部分规定和指挥计划执行的法律法规。另外,美国国防部还确立了负责这一计划的单位,并且对执行过程进行了详尽的安排,同时加入了若干项服务及咨询保障措施,以此来确定 DAC 计划的完整运行。

该计划的管理部门被划分为两级,第一级是由主管办公室来决定该计划的未来方向,主管办公室归属于美国国防部技术办公室,并主要监管 DAC 计划的执行;第二级为参加 DAC 计划的各军种有关负责单位。

该计划有十分周密的工作流程。每年 DAC 计划都会定期向外界发布公告,并把第二年的相关规定公布。其中主要包含的是再次吸收民用技术的行动,让有兴趣参加第二财年 DAC 计划的民办产业上交申请草案,上交完成申请草案后,由主管办公室组织、各军种提出采购计划的工程师和项目经理来执行审核。审核分为两轮,第一轮让经过审查的产业在其所规定的时间内继续完善修订申请草案,按时将所完成成品递交;第二轮把该申请交由美国国防部秘书办公室处理,该秘书办公室由许多相关领域的专家,在专家审查后可进行最终申请,决定出最后审查通过的项目。各个军种的项目经理都把第二轮评审所得的结果作为获得更多 DAC 计划经费的理由,之后,在项目办公室中最后确立该年的资金项目和最终分配。

(六) 联合研发协议

"联合研发协议 (CRADAs)"是依据《美国联邦法案》相关条例建立的一项美国国防部下属各单位与美国民营企业展开联合研究,并实行成果共有科技转移工作的规划计划。CRADAS 用法律合同为合作根本,让美国国防部下属各单位和民营企业在美国国防部下属各机构给定的通用技术方面或通用技术主题下展开联合研发。CRADAs 项目双方能够共享设备、器材、人员和资金,进而达到节约资金和缩短研发时间的目的,共同完成研发目标。[①]

CRADAs 的工作流程可以分为三个阶段,确定合作的内容,确定合作的意向和实际的执行。CRADAS 经过和各方面拥有优秀科技的企业合作,在巩固和增强自身实力的时候,也与这些走在各个领域前沿的企业打下了合作基础,还

---

① 许源:《美国国防部技术转移计划研究》,载《军民两用技术与产品》,2014 年第 14 期,第 11—13 页。

通过对企业实行专利许可得到了经济回报。① 企业在参加 CRADAs 工作的时候，在技术、费用等方面也获得许多回报，比如与合作的美国国防部单位做到了数据共享、信息交换、顶尖科研人员交流、高精度探讨设备共用、与美国国防部科学家一起发布作品与研究新的商业机遇等。作为 CRADAs 的发起者与监督者，美国的国防部曾在合作工作数量、合作盈利、专利许可数和专利许可收益等 4 个项目对 2001—2009 财年期间 CRADAs 所获得的成绩进行了量化分析。9 年间，美国国防部在 CRADAs 下共开展了约 22500 项互助活动，经过产品商业化和专利许可等活动做到获利 5.6 亿美元，其中对企业许可专利约 3450 项，获得专利许可费获利 8580 万美元左右。2010—2012 财年，国防部与各军种共同管制了 20 项技术转移方案，共计资助费用 79 亿美元，其中国防部部长办公室管制 8 项，资助经费 19 亿美元。各军种管制 14 项，资助经费 60 亿美元。②

二、俄罗斯的相关规划计划

苏联为了保持世界超级大国的地位，曾奉行国防工业与民用工业分离战略，优先发展国防工业，造成国民经济比例长期严重失调，民用技术的消费品生产落后，国防工业体系无法形成与民用工业的互动结合格局。俄罗斯独立后，怎样合理处理苏联遗留下的巨大国防工业，改进国防工业封闭发展的局面，促成军品、民品市场很好的对接体制，是俄罗斯独立之初迫切需要解决的问题。

面对这种局面，俄罗斯政府在很多方面都满足了人民的需求，如采取高科技的医疗科技、生态检测与保护科技，用科技进行研发来更好地帮助人们。利用科技手段，最大程度地保持工人数量参与生产，在俄罗斯经济最重要的方向上获得最大的利益。但是由于俄罗斯改革只有政府订立的空洞目标和指标，既无法律可循，又无有效管理，导致效益飞速下降的转产方式给军工产业的发展和进步带来了很多麻烦，更是让国防工业几乎陷入整体瘫痪的局势。这种状况

---

① 许源：《美国国防部技术转移计划研究》，载《军民两用技术与产品》，2014 年第 14 期，第 11—13 页。
② 许源：《美国国防部技术转移计划研究》，载《军民两用技术与产品》，2014 年第 14 期，第 11—13 页。

下，俄罗斯认识到有法可循和有效管理对推进军民融合深层次发展的至关重要性，自 1993 年起，进行了大量的立法，走上了通过法制推进军民融合良性发展之路。

（一）《1991—1995 年国防工业转产纲要》

《1991—1995 年国防工业转产纲要》于 1991 年发布，此纲要说明在民航、动力、原子能等 8 个方面内增加民品的比重，而且由政治家指导项目运行，对国家有直接的战略意义。1993 年俄制定了在军工企业中推广"军转民"的战略，希望在比较稳定的和平期间利用国防工业科研企业、生产企业和实验基地等长处研究和制造高科技民品，进一步推进"军转民"项目。[①]

1994 年 7 月，俄罗斯政府发布了"关于再压缩动员能力和动员储备"的法规，把军工动员准备限定在更小的重要军工企业之内，很多军工企业都可以随意使用原动员储备的军工设施生产民品。俄罗斯政府经过《俄联邦国防工业转产专项方案》更加确定了"军转民"项目的目标、任务和单位进行一系列重大两用科技项目，如技术再投资方案、两用技术应用项目、高新技术项目等。俄罗斯注重研发军民兼容技术，对巩固国防科技基础和加强国防科技能力有重大意义。[②]

（二）《1998—2000 年国防工业军转民和改组专项规划》

1998 年俄罗斯政府提出《1998—2000 年国防工业军转民和改组专项计划》，旨在进一步更新优化军工企业，让私有化股份制进入到非重要军工企业中，俄罗斯政府还提出了一系列想法，如在国防企业和结构做到纵向与横向联合的基础上，对国防工业的潜能达到集中；对于通过竞争分配实行国家国防订货的企业进行优化组合；在合适的地方将科技生产由连锁工作转为大型研究所与设计局负责下的试验性生产；把腾退出来的生产设备转产生产适合销售适当

[①] 范肇臻：《俄罗斯国防工业"军转民"政策视角研究》，载《边疆经济与文化》，2012 年第 4 期，第 10—11 页。

[②] 范肇臻：《俄罗斯国防工业"军转民"政策视角研究》，载《边疆经济与文化》，2012 年第 4 期，第 10—11 页。

的民用物品；为由军工生产方面减少下来的人员提供社会保证；对城市大型企业和非公开的地方行政机构推广有针对性的国家战略资助；发展市场基础设施，制造条件吸引估算外投入；利用两用科技深化联合生产，推进高技术含量、高技术产品、多样化经营工业基地建设，促进在技术上保障陆、海军调换装备和国防工业企业的平稳进步；将国有的军品公司、设计局与科研所从现在的1750个减少至700个以内，同时让私营的金融企业集团由30个增加至80个左右等。①

《1998—2000年国防工业军转民和改组专项计划》要求对军工企业进行优化改组，选出生产军品和军用科技的精英企业，让军工企业数量减少2/3，到2005再减少35%。据英国《航空通讯》1998年1月报道，俄罗斯经济部的部长雅科夫·乌林松表明，军工企业不应该仅仅是生产军品，还应该民用企业进军，双面发展。近年来，俄罗斯国防工业的私有化正处在一个不同于从前的阶段。私有化让企业经营自主权进一步提高，可以既加工军品也可加工民品的企业也换了新的管制模式。②

（三）其他相关的规划计划

《2000—2001年俄联邦政府社会策略和经济现代化方面的行动计划》规定，国防工业综合体改革的主要目的是在2000年开始之后的两年之内，合并国家国防订货资金、军技协同技能和多用技术的应用和开发；将军事研发和试验设计活动的经费放置在第一位；民用经济机构的研发高效利用国防综合体的研发能力，使军工转产企业得到不断的经济来源，维护其持续发展。

《2002—2006俄罗斯国防工业改革与发展规划》计划中，俄军工企业汇合为36家超大型国防科研综合体。这些综合体一定要由国家控股，在此基础上能够吸收民间资本。随着俄罗斯经济恢复和国防科技竞争力的增强，2006年担任俄罗斯经济部长的格里夫表示，要帮助俄罗斯国防工业企业在海外上市，

---

① 范肇臻：《俄罗斯国防工业"寓军于民"实践及对我国的启示》，载《东北亚论坛》，2011年第1期，第84—91页。

② 范肇臻：《俄罗斯国防工业"寓军于民"实践及对我国的启示》，载《东北亚论坛》，2011年第1期，第84—91页。

帮助其未来发展获得资金。普京政府时期进行的国内国防工业一体化，建设大型国防企业集团增强国际竞争力的计划，成为改进国防技术现况最有效的做法。①

2009年颁布的《俄联邦2020年前国家安全策略》规定了需要通过制定战略性文件并颁布相关法令，一起协调国家政府单位、国防资源、经济方面各企业乃至网络和交通等重要基础设备的工作，以保证国家安全策略目标的实现。

《俄联邦军事学说》在2010年指出，为了保障国防利益，在某些方面要实行军民研发生产一体化进步，在国家策略层面确定军民一体的重要性。

2011年，当时时任的俄罗斯总统梅德韦杰夫通过了在国防工业综合体发展会上所提出的《2011—2020年国防工业综合体改革联邦专项计划》，该计划为国防科技的研发争取到了更多的资金，以保证采购计划如期实行。俄罗斯还采取缩减税收、财政补贴、低息长期借贷、帮助开发军民两用技术等方法，增强国防工业的资金来源。加大力度增强国防采购实力，加快先进技术研讨开发。②

2012年，普京连任总统当日，即签署《关于实现俄联邦武装力量、其他军事组织建立与开展以及国防工业现代化规划》法令，明确提出保障高风险研究和基础科学的可持续进步，吸纳俄科学院、国家科学中心和大专院校进行国防；创立统一的科学研发和设计工作信息数据库，把军用与军民两用产品的科技资料收入数据库，来确定军民资源共享和军民技术双向转化活动。

通过20年的改革实践，俄罗斯军转民已获得一定的变革成果，关于国防工业方面的法律法规已成系统，大体能保证对军转民中发生的法律关系进行整改，俄罗斯也实现了国家的综合国力显著增长。

---

① 范肇臻：《俄罗斯国防工业"寓军于民"实践及对我国的启示》，载《东北亚论坛》，2011年第1期，第84—91页。
② 孙迁杰：《俄罗斯国防工业发展之路》，载《军事文摘》，2016年第11期，第17—20页。

三、其他国家的相关规划计划

（一）英国——后勤保障相关计划

让民营企业或民间力量参与到军队后勤保障，这种方式最直接地实现了"民技军用"。这种方法可以让军方使用民间资源、节约军用资金，同时减轻自身负担。"后勤民力增强计划"与"后勤保障承包商参与计划"在2003年开始的伊拉克战争中英国就已实施。民间力量在伊拉克由于能够提供后勤保障，因此它们被称为"后勤保证承包商"，它们通过三方面来帮助英国的参战部队，如提供特定的帐篷式营房给5000多名军人，对武器装备技术进行支援，对战损装备进行修复和维护，运输补给品，参与弹药、给养等物品的运送等。不过在英军眼中，必须对它们提供"武器保护"是让民间力量参与到战时部队后勤保障的最大阻碍，但总体来讲有利因素还是偏多的。

"全后勤部队计划"在经历了伊拉克战争的成功实验后被成功推出，"全后勤部队"由现役部队、民间后勤支援力量、预备役部队的后勤支援部队组建而成。作为"部署行动承包商"的KBR已经被英军选为"全后勤部队计划"的试点。作为英国防部后勤局局长的华尔贝也说明，"部署行动承包商"能否获取一定的运输方式是"全后勤部队计划"能否顺利进行的决定性因素，从而可以为作战部队在关键时刻及时地提供充足的补给品。

"民技军用"包括两个主体，一是作为需求方的军方，二是作为供给方的民企。军方在信息化建设的过程中，对高新技术有特别大的需求，特别是信息技术；民企为了得到可以持续发展的资金就需要把手上的高新技术卖给军方。在英国，有很多的民间军品行业协会扮演着"媒人"的角色。"媒人"必须在两方面前协商，让军民"联姻"，使民用技术可以迅速地转变为军用，以此建立起"军民两用"的良好通道。因此，英国政府十分重视这些行业协会。

在英国，这样的民间组织不止一家。例如航空航天制造商协会、国防制造商协会等。扮演军方需求、军方和工业领域的沟通媒介，把相关行业中可以担任一些任务的民营企业找出来，如军品研究和生产任务。让它们来帮助军方和政府部门，进行密切沟通是它们的主要任务。这些协会为了能够增加军方和民企交流的机会,会定期为它们举办活动,给它们"搭桥",让军方和民企相互了解彼此的军品研制能力,像座谈会、研讨会、论坛与情报通报会。在会议上,对于近年来的情况、未来战略的部署、已经处在世界前沿的技术等问题,来自军方政府部门、民间企业、学术界的代表均会提出观点,相互交流。

在最近几年中,英国民间行业协会举办的这种活动具备两个特征,分别是在电子战、信息战和电子信息技术方面英军的需要和民间企业的擅长方面有过多集中交流,在涉及一些有关于军事机密的武器和技术时,应防止消息外传,进行保密工作,也要对参加的人员有所限制。

(二)法国——军民通用重大技术计划

1960年以来,法国在高速铁路、航天、核电、航空等方面努力推广既包含军用技术又包含民用技术的主要技术计划,让其在世界始终领先,争取创立一个世界科技强国。

自1960年,法国政府对于国家重大计划已经开始制订,同时参加各种国际工业研究发展计划,法国政府在1987年,将国家科技计划与政府部门组织的重要专项组织纳入到11项"重大技术计划"中,将其与法国科研部统一管制,各个计划均设立了科学委员会,主要为了管理并规划领导工作。在1990年左右,法国减少了很多重大技术计划,甚至有些项目已经消失。像在法国电信公司私有化的情况下,电信重大计划便销声匿迹了;地位有所下滑的还有民用航天和核电方面的项目。法国政府在1991年重新发布了国家重大技术计划,如核能领域,以此保证高技术产业在国际上的领先地位,这其中,涉及的技术主要是军民两用技术,政府和科研机构共同支持发展。在1992年的时候,法国高达357亿法郎的投资都在重大技术计划上。

重大技术计划的出现,得力于法国的科技方针和管理机制。法国科技方针在历经戴高乐时代的重视,蓬皮杜时代对工业基础的关注,德斯坦时代科技和经济战略的完美结合下,逐步产生了一套完整的科技管理战略和机制。[1]

---

[1] 许嵩、陈瑾:《法国军民通用重大技术计划运行管理研究》,载《军民两用技术与产品》,2012年第4期,第14—17页。

近年来，法国培育出了十余位诺贝尔获奖者，核能、空中客车飞机、"阿丽亚娜"系列火箭、高速列车均是世界级科技水平的佳作。法国实施重大技术计划，在提高了法国科技水平，促进经济发展的同时，也在国防工业领域上未法国奠定了巩固的工业基础。①

（三）法国——未来投资计划

法国未来投资计划，原名大型国债计划，由萨科奇政府于2009年底提出，计划主要围绕科研、中小企业、培训、可持续发展和数字经济这五个优先领域展开，通过发行国债募资。②

1. 计划的提出

总统首先提出了此项计划的想法，同时宣布"大型国债委员会"专门为计划启动，以此来判断国家的需求量，确定计划优先领域和募资形式。经济学家、高级官员、科学家和企业家等22名成员组成了委员会，并由前总理于贝和罗卡尔主持。最后，委员会向总理上交"向未来投资"的研究结论报告，该报告中指出法国会发行共计350亿的国债，其中220亿通过金融市场募集和130亿为银行偿还经济危机时国家所给予的帮助。同时在报告中五大优先发展领域也被确定。在通过议会审议后，总统萨科齐在2009年12月正式宣布计划开始实施。估算借由350亿的"大型国债"带动私人投资，地方行政参与欧盟补助，以此让法国政府"投资未来"的范围达到700亿欧元。③

法国总理向内阁会议上交的计划实施公报中标明，到2012年4月为止，未来投资计划已经针对3000个投资项目进行了一百余次的公开招标；挑选出的近900个投资项目，需要投资250亿欧元；和中标方签订超过100亿欧元的项目协议；首批中标方中的4/5已经获取首批投资。④

---

① 许嵩、陈瑾：《法国军民通用重大技术计划运行管理研究》，载《军民两用技术与产品》，2012年第4期，第14—17页。
② 陈晓怡：《法国重大科技计划》，载《科技政策与发展战略》，2013年第6期，第5—9页。
③ 陈晓怡：《法国重大科技计划》，载《科技政策与发展战略》，2013年第6期，第5—9页。
④ 陈晓怡：《法国重大科技计划》，载《科技政策与发展战略》，2013年第6期，第5—9页。

2. 实施与管理

未来投资计划设立专门机构进行管理，创办了由法国总理直接领导的投资总专员和监督委员会负责计划的管理和实施。准备需要的文件和材料，维护政府和实施主体之间的关系、编写计划实施的年度报告等均是投资总专员的职责所在；于贝和罗卡尔主持会议，组成成员是议会代表与总理制定的专家，他们主要负责向总理和议会汇报年度实施和评估报告。①

（1）提出财政法案确定预算

未来投资计划由政府内阁会议提出专门的财政法案，内容主要包括资金的筹措和投资的具体实施方法。通过审议后在2010年形成了法国财政预算法案，明确了5个优先领域的投资总数，计划实施和执行相关法律均由预算部长严格监控。委员会建议，将大额国债所发行的60%的资金变为股票证券，为尽可能地避免错误，选用参股形式和资本转化的形式。②

（2）专业机构实施项目遴选

未来投资计划的子计划，一共被分为两个部分。第一部分是包括航空航天、核能、空间等方面的专项计划。这一类专项计划应由计划与项目执行机关在协商谈判后共拟一份协议，通过审核后获得资金。第二部分是高等教育与研究部共同为公开竞争性计划拟定一份招标书，如果此招标书能够在总理府召开的部级联席会议得到认可，法国公共科研资助机构就将会为其公开招标。

法国国家科研署，法国环境与能源署、法国创新署等主要的公共研究机关与科研机关的职能就是对未来投资计划进行规划。在这些机构中，法国国家科研署极为重要，公开竞争项目的遴选是其主要负责的内容。在2011年，法国国家科研署为了进一步促进未来投资计划，对其进行了第二次招标与项目的选择。被划分出重点的有卓越中心分类下的卓越实验室、卓越设备、医学教学中心、卓越举措（高等教育研究集群）等机构，此外还有在健康－生物分类下的纳米微生物技术、国家生物技术健康基础设施等方案，以及在转移、转化领

---

① 陈晓怡：《法国重大科技计划》，载《科技政策与发展战略》，2013年第6期，第5—9页。
② 陈晓怡：《法国重大科技计划》，载《科技政策与发展战略》，2013年第6期，第5—9页。

域的技术研究院,加快技术转移公司和脱碳能源卓越研究院等科研院所。①

(3) 监督与评估机制多元

未来投资计划的试验和发展由投资专员和监督委员会进行监督与评价。他们每年都会向总理汇报。法国预算部按照预定计划使用其资金。评估局的选择则依从法国议会的科学技术咨询评议机构。它们通过举行听证会来为未来投资计划收集更多的意见和建议。2012年5月,OPECST颁布公告:《未来投资计划:法国科研的新跨越》。此计划在增强国家资金的利用效率、整改法国工业领域格局与增进各科研主体协调方面的作用得到了这一报告的高度认可,并期望未来在三个方面进行改善,即采取持续跟踪与定期评估机制,通过这两个方法来确保项目进度,并通过阶段报告及时调控项目的发展方向;强化资金管理经费的合理使用。未来投资计划拨款需专款专用,并严格控制管理费等成本费用的盲目增加;加强科技成果转移转化机构的协调作用等。②

(四) 德国——中小企业创新能力促进计划 (PROINNO)

(1) 项目目标

受到美国小型企业技术创新研究计划(SBIR)的影响,德国也制订了相应的计划。PROINNO计划是为了让企业能够推出更多新产品,使它们的各项技能能够更好地适应经济技术全球化,也为了能够让这些企业尽快了解不断变化着的市场需求的一项计划。其主要职能就是用资金去促进中小企业的科研开发项目顺利进行,通过与其他科研机构共同研究,进行更多的发展活动,进一步使企业的创新能力得到提升,使其技术资金也随之提高。补贴的原则依然适用于此项目,而且可以尽可能地帮助这些项目,减少所需的经济费用,降低风险,让越来越多的企业参与到科研活动中来。同时,通过调查企业的发展和就业情况所作的支持,也可以判定企业成功与否。

(2) 项目范围

一是合作项目。即企业与企业或与科研机构开展的合作项目。它们之间协

---

① 陈晓怡:《法国重大科技计划》,载《科技政策与发展战略》,2013年第6期,第5—9页。
② 陈晓怡:《法国重大科技计划》,载《科技政策与发展战略》,2013年第6期,第5—9页。

第三章　国外国防工业与区域经济协同发展的政策法规研究

同合作以开发出新的项目。企业会将研究开发的项目委托给负责科研开发的机构。25%~50%的项目总费用由企业承担，这样也可以把此开发项目作为自己的项目。① 二是起步项目。通常将第一次进行项目开展或是距离上次项目开展时间间隔为五年而又重新开始科研的项目以及新物品流入市场的创新计划作为起步项目。企业与企业或研究院所开展的短期交流或人员与人员进行的短期工作交流，称为人员交流。

（3）资助对象

只有在德国的中小型工业企业才能作为新的研究开发项目的主体，才可成为资助对象；在开发活动完成后，由工业企业将其成果推入到市场的计划；在德国境内，德国的中小型工业企业之类的合作伙伴的科研机构，并且它们不能作为合同承担者。

（4）资助条件

该项目存在一定的技术风险；这些新的研究开发功能能够提升该企业现有的功能，同时能促进新产品及新技术的开发；企业竞争力可以依从其创新水平而提高；可让企业能力进一步加强的创新活动；包含德国本土及国外一同开展的科技研究活动，德国企业委托给外部的合同也包含在内；资助也同样可以帮助到对新领域进行科研开发的项目，以及一些人员交流项目也可获得资助。

（5）资助方式、范围、额度与期限

一是被资助方不需偿还项目资助经费。二是资助比例设定。如果项目申请者为企业，则资助上限为项目经费的35%（东部为45%）；如果项目申请者系科研机构，则项目经费支出的60%~70%可作为计算资助的基数；如果科研机构以合同承担者的身份参与合作项目，则资助额可占到企业项目支出的45%。三是两个项目是企业可申请的上限，这两个项目分别为起步项目与合作项目，也可以是两个合作项目。② 四是规定企业受助项目的最大金额为60万

---

① 夏迅鸽：《德国中小企业创新能力促进计划》，载《中国民营科技与经济》，2001年第8期，第35—36页。

② 夏迅鸽：《德国中小企业创新能力促进计划》，载《中国民营科技与经济》，2001年第8期，第35—36页。

马克,同时,科研机构所能接受资助的最大金额为 25 万马克。

(6) 申请程序

德国工业研究所联合工作委员会(AIF)主要负责的是免费提供申请表格和软件,各个项目在通过德国工业研究所联合工作委员会的审查后,由德国经济部决定其资助建议是否通过。整个提交申请的最后日期为 2003 年 12 月 31 日。①

第二节　国外国防工业与区域经济发展的政策法规

一、美国的相关政策法规

(一) 放松管制,扩大民品采购

20 世纪 90 年代以来,美国国会颁布了大量法律法规,放松军品生产的管制,扩大民品采购的份额,重点对中小型企业尤其是创新型中小企业进行扶持,如《国防授权法》《联邦采办精简法案》《国防工业技术转轨再投资和转移法》《联邦技术转移法》《国家工业储备法》《国防采办系统》以及《联邦采办改革法》《国防拨款法》《国防生产法》等。在这之中,《国防授权法》是年度性质的,而《联邦采办改革法》则是基本的,需要长期执行。《1990 年国防授权法》用以指导民品采购的改革法规,并为民用产品设立和实施一种简单统一的合同;《1991 年国防授权法》指示国防部在签订国防部专用产品合同之前,首先确定非研制项目在满足需求方面的可用性和适用性;《1993 年国防授权法》明确提出军民一体化,指示国防部修改其采办政策,以鼓励军事和民用工业基础一体化;《1996 年国防授权法》规定对竞争性的商品采购,免除承包商上报成本或定价资料义务。近年来,美国国防授权法的新动向是为扩

---

① 夏迅鸽:《德国中小企业创新能力促进计划》,载《中国民营科技与经济》,2001 年第 8 期,第 35—36 页。

大民品采购增加免税事项，以推进军民融合。如《2008 年国防授权法案》第 804 节为大部分商用现货（COTS）物品添加了一项新免税法案。

1993 年颁布的《1994 年联邦采办改革法》，是在美国开展军民一体化后有着重大意义的法律，不但确立了在冷战之后采办改革的方向，而且还细化了军民一体化进一步提升的采办程序。这其中包括，有些军用标准可由民用标准替代，国防部可在合理的情况下，尽可能地采购商业物品；将简化处理政府合同的提升限额（2.5 万—10 万），积极促进电子商务的发展；对部分项目依从商业化形式进行管理，国防部法规不对其进行限制等。2009 年 5 月，美国总统奥巴马签署了《2009 年武器系统采办改革法》，该法案规定，在武器系统技术开发阶段必须要有两个或更多竞争主体提供竞争机制。据美国国防部小企业办公室信息披露，2010—2015 年，美国国防部采购订单中平均为小企业预留了 22.18% 的主合同目标市场份额（见表 2）。

表 2　美国国防部为小企业预留的国防采购总包份额（%）

项目		2010 年	2011 年	2012 年	2013 年	2014 年	平均
总包合同	目标比例	22.28	22.28	22.50	21.35	22.18	22.18
	实际比例	20.94	19.80	20.40	21.09	——	35.90

数据来源：美国国防部小企业项目办公室。

（二）适度融入，确保核心保障能力

冷战开始以后，由于装备采购任务大量的减少，承包商所承受的压力也随之增大。美国为了解决这个问题，通过立法来进一步推行维修保障的军民一体化，把原来由军队维修机构承担的大量任务移交承包商。美国法典第 10 卷 2460 节明确承包商负责"大修、升级或重建零件、部件或子部件的装备维护或修理"。但是，考虑到国家安全的特殊要求，美国始终把确保军队核心保障能力作为军民一体化的底线。美国法典第 10 卷 2464 节对军队核心保障能力的范围作出了明确规定；《1998 年国防授权法》规定军队必须形成主要装备自主大修能力，并将地方承担的大修任务严格控制在 50% 以下，以保证关键军事任务的顺利完成。

（三）提高素质，加强采办队伍建设

实践军民一体化，对于美军采办来说既是技术革命，又是极为重要的管理革命。因此，装备采办人员也会有一定的压力，他们需高标准地完成各项任务。美国的这支采办队伍虽然精良，但拿出来与工业界的队伍相比较时，这支队伍实力的不足就会显现出来。为强化装备采办人员的素质，美国国会1990年通过了《国防采办队伍加强法》，规定了国防采办人员的职务分类、等级标准等；1991年，通过了《装备采办队伍素质改进法》，明确了装备采办人员必须掌握的知识与技能。

（四）强化采购竞争，发挥市场配置基础作用

2009年5月，美国总统奥巴马签署了《2009年武器系统采办改革法》，该法案提出了推动"竞争最大化"的要求，进一步加强项目分系统层次的竞争，主承包商在开展分系统竞争时应公平对待对其他子承包商，不得限制其他子承包商参与竞争，军方要对分系统的自行研制或转包计划进行审查监督，避免主承包商对重大项目的所有工作"通吃"。

（五）保护中小企业，维持国防科技创新活力

美国国防部提出，中小型企业是历来革命创新的重要发起部分，中小企业对于国防领域尤为重要，他们能够进一步加强国防工业基础，提出更多的创新计划。近年来，美国国会先后颁布了三十余部关于中小企业的法律，主要包括《小企业投资改进法》《小企业国家委员会法》《小企业投资公司技术更新法》《小企业出口扩大法》《退伍军人与小企业发展法》等，明确提出了主承包商必须同中小企业合作且转包金额不低于3%，要求国防部制订小企业创新计划等事项，为中小企业的发展提供了良好的基础。美国《小企业法》自1953年实施已有六十余年历史，至今仍不断有适用于各行业（包括军工行业）小企业促进法案出台。美国参议院与众议院下设"小企业委员会"常设机构，不断听证、审议促进小企业发展的议案。美国国防采购体系与全国小企业促进体系融为一体，促进法律体系完善。美国小企业管理局遍布全国1100多个网点，

实施行政便民化服务,包括服务于军民一体化型的小企业。可见,美国已建立起促进军民一体化型小企业发展的综合政策及服务体系,成为其发展重要支撑。

(六)坚持军方主导,推动国防技术有序转移

推进协同发展,涉及军地多个部门的利益,必须加强国家层面的统筹协调。为此,美国依据《1993 国防授权法》第 4212 节成立了"国防技术与工业基础委员会"以及"国防部技术转移办公室",负责部门层次军民科技协调工作,改进对国家科技工业基础的采办政策,国内技术转移计划,制定技术转让和两用技术政策,协调技术转让相关的科技信息的收集和传播,向国会提交国防部技术转移工作年度报告等工作。

美国国防部拥有联邦政府科技投入一半左右的资源,积累了大量为民服务的资源。因此,坚持军方主导,积极推动国防技术转移成为美国军民一体化的重要内容。美国也尤为重视组织机构建设以及实施专项计划的立法,《1993 年国防部授权法案》指出了应该建设研究与工程署和国防部技术转移办公室,该机构可以负责和承担多方面的工作,它的首要任务就是国防部的国内技术转移计划,技术转移和两用技术的政策制定也在它们的负责范围内,也同时负责收集和传播相关科技信息。美国国会 1992 年制定了《国防技术转轨、再投资和过渡法》,据此,开始实施了"技术再投资计划",推动军用技术转民用,要求发展军民两用技术;1997 年通过了《1998 年国防授权法》,据此实施了"两用科学技术计划"等;2000 年通过《技术转移商业方案》,规范了联邦实验室向商业成果转化等事宜。

(七)为国防工业进行技术转移提供资金支持

近些年来,由于自动减赤制度的影响,美国国防研发预算面临较大的削减压力,在此背景下,美国国防部通过不懈努力仍然保持国防基础科技经费稳定投入,2012 财年起一直保持在 120 亿美元左右,2015 年 4 月提交的 2016 财年预算达到 123 亿美元。各类国防技术转移与转化专项计划近年来同样保持稳定支持,个别计划上升较快。如快速反应基金(QRF)2014 财年预算为 6950 万

美元，2016 财年预算甚至达到了 9050 万美元，是 2010—2012 财年平均水平的 4 倍多；联合能力技术演示（JCTD）与快速创新基金（RIF）2014—2016 财年预算与 2010—2012 财年的平均水平相当，充分体现了国防部对技术转移计划的持续重视。

二、俄罗斯的相关政策法规

（一）出台大量顶层政策鼓励推进"军转民"

俄罗斯协同发展的重点内容是"军转民"，其法规建设紧紧围绕"军转民"中心任务进行，为推进"军转民"提供法规保障。俄罗斯独立后，迫切需要改变国防工业组织结构，实行"军转民"战略，以期解决国防工业生存和发展等问题，并形成"以民促军""以军带民"的经济发展模式。这一阶段，俄罗斯制定了一系列基础性政策法规，以积极推进"军转民"。例如，《俄罗斯联邦宪法》《服过役和在内务机关服过务的人员及其家属退休（抚恤）金保障法》及《修改与补充法》《老战士法》《军人地位法》《军人、应召参加军事集训公民、俄罗斯联邦内务机关普通工作人员和主管人员、联邦税务警察机关工作人员生命与健康国家义务保险法》《兵役义务与服役法》《国防法》《民防法》等。

（二）出台相关法律对国防工业采购模式进行改革

俄罗斯政府在 1995 年通过的《俄联邦国家国防订货法》指出，在新技术的生产或者研发计划得到军方的认可后，政府可以进入选择承包商环节，各个承包商应通过公平竞争后由各个订货主体来决定，在签订合同后则应继续管理。竞争是必须经历的过程，如果订货承包商有完成国防订货任务的许可证，那么他们就有平等的机会成为国防订货的承包商。[①]

[①] 范肇臻：《俄罗斯国防工业"寓军于民"实践及对我国的启示》，载《东北亚论坛》，2011 年第 1 期，第 84—91 页。

（三）出台相关计划对闲置装备企业进行转产改造

俄罗斯在 1995 年 12 月出台的《1995—1997 年国防工业改革计划》中，提出了把闲置、无用的生产设备转化为有利用价值的民用产品的决议。这样做既可以让军工企业的失业人员有新的就业岗位，又可以让越来越多的人把目光从进口产品转向国内产品。正因如此，俄联邦负责此项目的机构决定，由直接干预的管理模式转化为间接干预的管理模式，更多地让地方权力机构参与管理。各联邦主体与俄罗斯政府就军转民方面的权力签订了划分协议。俄罗斯在 1996 年 4 月组建了俄联邦军工企业私有化委员会。截至 1997 年，俄罗斯防工业企业大致可以分为三类，2/5 的人属于国有制，剩下的股份制和未参股的企业各一半。国有大企业依然负责完成国防订货，但改革结果不尽人意，把 1992 年生产量和 1996 年相比较，几乎只剩下原来的 1/6，军工产品亦相应减少，与此同时，员工也无法承受待遇的下降而离开工作岗位，工资在 1993 年下滑了约 1/3，优秀的科研人员也大幅度地减少了。

（四）出台相关立法促进"军民一体化"

2000 年以后，俄罗斯协同发展在整体上呈现"军民一体化"发展，表现在国防工业上从生产调整向体制改革迈进，推行"寓军于民"发展模式；在科学技术上推行"以民促军、以军带民"的军民融合双向发展模式。《俄联邦国防工业综合体至 2010 年及远景发展的基本政策》和《俄罗斯联邦工业综合体 2002—2006 年改革及发展》这两个政策成为了俄罗斯新一轮改革的标志性文件。这两项文件表明，应加强对国防企业的管理，进行资源整合并稳定结构，增加对国防的控股力度，强调把国家军事订货设为主体，从而促进军转民发展。

（五）出台相关鼓励措施和政策法规，保证"军转民"资金充足

俄罗斯认为，"军转民"是改变经济军事化格局的途径。[1] 政府在此期间

---

[1] 范肇臻：《俄罗斯国防工业"寓军于民"实践及对我国的启示》，载《东北亚论坛》，2011 年第 1 期，第 84—91 页。

依旧面临着许多困难，比如管理不周全、缺少解决问题的资金等。但政府依旧在种种难题中完成"军转民"工作，使军民结合的步调进一步加快。1993年11月发布的《关于稳定国防工业企事业单位竞技状态和国家国防订货措施》中的1850号总统令，规定在1993年12月1日前需完成的"军转民"计划，有关部门会依从相关企业的经济和盈利状况来为其发放专项贷款。同时，要求俄罗斯的联邦政府和银行能直接拨款给"军转民"计划相关单位。① 随着俄政府机制和政策体系的不断完善，"军转民"计划逐渐加快。国防工业的"军转民"政策在1997年再次更改，由"以武器出口促进军转民"替代了原来的"军转民"，这样的更改可以更好地让俄罗斯在国防科研技术上的优点展示出来。这样优缺互补，工业订货量小的劣势也会被尽可能地减少，国防工业的科研生产能力也会有显著的提升。

1998年3月俄政府通过了《俄联邦国防工业军转民法》，规定"军转民"所需资金由联邦和地方预算资金支持，保留一定的军工生产能力和生产线，避免军工企业在"军转民"过程中破产。② 由俄总统签署的《1998—2000年重组国防工业法》发布后，俄罗斯的国防工业开始了新一轮的改革。俄政府为了使该计划能够更好地实行，还专门建成了国防工业组织金融改革委员会。有关"军转民"的资金保障的立法规定主要体现在《军转民法》中的第8条，该条以及相关法律只是规定了国家及相关机构有为国防工业企业提供资金支持的义务，但当这种提供资金支持的义务没有履行或难以履行时，由此产生的法律责任应如何承担、由谁承担没有规定，也没有规定相应的补救措施。俄罗斯若想在国防工业改革中取得更大的进展，从法律上严格规定资金保障问题是必不可少的。

由政府在2006年所颁布的《2015年前国家纲要》中，为了能让45%的现有装备得到升级，俄政府共发放49.6亿卢布，这49.6亿卢布中的一多半被用来新型武器的买入，这一纲要使得俄罗斯在当年向工业投入增长了5.6%。《2007—2010年及至2015年国防工业发展联邦专项纲要》更是为其用来投入

---

① 范肇臻：《俄罗斯国防工业"寓军于民"实践及对我国的启示》，载《东北亚论坛》，2011年第1期，第84—91页。

② 赖婷、李秋实、张宗法：《国内外科技军民融合经验及对广东的启示》，载《科技创新发展战略研究》，2017年第2期，第29—34页。

的预算资金提供保障,这些受保障的预算资金被用于设备的研发和调整。

三、英国的相关政策法规

(一)构建国防工业体系,促进民用技术向军用转化

2001年,在英国国防部所发表的《面向21世纪的国防科技和创新战略》中表明英国应该提高本国的科技竞争力,同时也应升级武器装备。而想要达成目的最关键的就是实现军民一体的国防科技创新体系。2002年出台的《国防工业政策》白皮书要求加速推动军民合作并完善军民一体的国防科技创新体系。无论是军方、工业界的未来发展,还是英国本土的科学研发,相关法律法规都可以为这些研发项目提供强有力的支持,从而促进军队采用民营企业的先进技术,即"民技军用"。

(二)建立高效低耗的精明采办制度

英国国防部1998年7月颁布的《精明采办战略》强调必须调整武器装备采办体制,对相关组织机构采办程序、审批决策、项目筹划经费管理等进行全面改革,特别是要加强与工业界的关系,建立民用技术转为军用的顺畅渠道。2012年2月,英国政府发布的《防务与安全工业政策》白皮书强调,规定除了核、复杂武器系统、赛博和隐身领域外,其他大部分领域应不再按行业布局管理。

同时,建立了具体化的国防合同管理制度。英国国防部对国防合同的相关事项通过法规逐步进行了细化。《需特别注意的承包商名单》列举了未能履约的承包商,这些承包商一般不再承担军品生产任务。《国防工业政策》白皮书强调,维护国防工业的开放性和竞争性,倡导开展国内和国外两个军品市场的竞争。为防止垄断和其他不正当行为,英国对不正当竞争的行为进行了界定,并规定承包商有权对竞争中存在的争议进行申诉,由政府审计部门和法院进行仲裁和判决[①],这对于英国军民融合法规体系的执行应用有着重要的意义。

---

① 倪新雨:《加强装备管理,提高装备发展的军事经济效益》,载《技术经济与管理研究》,2007年第2期,第79—82页。

(三) 鼓励民营企业发展两用技术

英国国防部制订了《民企科技研究资助计划》《非国防部门科技研究支持计划》和《探索者军民两用技术计划》等，鼓励资助民营企业发展军民两用技术。英国国防部单独成立了 5 个军民两用技术中心，还同英国航空航天公司合作建立了军民两用技术中心网。2008 年《国防支持集团贸易基金法案》规定，依据 1973 年政府贸易基金法案，国防支持集团（DSG）由陆军基地维修组织（ABRO）和国防航空维修机构（国防部电子产品和大型航空器业务单位）合并而成，作为一个国防后勤和工程保障的联合组织，其基金由公共资金来支持。

(四) 建立国防科学技术军转民的激励制度

英国政府在 1993 年发表《运用我们的潜力：科学、工程和技术战略》白皮书，此书强调了军民转化的重要性，使军事成果经调整可以走入到民用领域中去。[①] 2003 年 9 月，英国国防部发布的《国防部知识产权指南》为国防内部提供知识产权法律和实践指导。在国防知识产权方面，英国还改革了专利许可证管理办法，鼓励向民用部门转让军事科研成果。《开拓者计划》和《战略联盟计划》是英国对于军民两用技术支持的法规文件，之所以提出这两个计划，是为了促进政府和工业界更好地结合，把国防研究经费的作用最大限度地发挥出来。

2005 年，在国防部所发表的《国防部知识产权指南》中，详细地说明了国防部知识产权基本政策，其内容主要为，如果国防部所拨款的公共机构开展研究产生的知识产权不能被确定为对商业开发有好处，那么该机构就没有其所有权；如果其对商业有好处，国防部也对其拥有免费的使用权。这个政策既能让国防部从中获得利益，同时私营承包商会更主动地参与到科研生产中来，又使军民两用技术转化的效率飞速提升。

---

① 卓倬、战玉萍：《英国预见计划运行管理研究》，载《军民两用技术与产品》，2012 年第 4 期，第 12—14 页。

（五）统一标准促进军民一体化

为消除军民技术壁垒，英国推进军用标准改革，使越来越多的民用企业加入到军工科研生产中来。从20世纪90年代以来，国防部一直在进行全面深化改革，把无用的标准都清理掉，同时，重点鼓励把民用标准变为军用标准，并在不矛盾的情况下优先使用民用标准。

同时，英国根据历史上战争动员的经验，建立了民用资源征用制度，制定了《后备役动员法》《紧急状态权力法》《防务法》《民航法》《民航公司法》《运输法》等一系列的法规。通过立法来保证在政府和军队需要时，它们有权利使用民用的交通工具来完成任务，企业是否能将运输工具销往国外在必要时也由政府和军队决定。《陆军法》中规定，国防部及国防大臣有权利针对民房征用标准、民用交通设施和工具的建造和使用标准以及相关租金等方面予以立法，而陆军有权利在特定情况下征用民房和民用交通设施、工具。如果在总动员中需要动员民用交通工具等非军事资源，则由女王或国防部颁布《动员令》，发布《动员通知书》，并由政府、军队、企业和雇主各方合作完成。

四、法国的相关政策法规

（一）出台相关法律完善国防工业采购体系

法国的武器采购计划，是以法律形式出现的，称为计划法。国防部首先根据军事需求制定国防规划（15年）、国防计划法（5年）和预算（1年），其中国防计划法是武器系统采办的依据。

与政府采购相关的立法分为五个方面：第一，《政府采购法》可以约束政府规范，合理地进行采购；第二，《政府关于价格的管理指令》包括了绝大多数的法国价格立法，同时，对采购价格也有了一定的标准设定；第三，《行政法规汇编》，它把政府关于此方面需注意的法规总结到了一起；第四，《审计条例汇编》，为审计政府采购给出了管理办法；第五，《综合条例》主要针对的是探究产品是否存在问题。《政府采购法》是法国调整政府采购行为的基本法，国防设施采购合同、民用设施和军民两用设施采购合同均适用该法。法国国防部在2004年还颁布了《国防采购政策》用于规范具体国防采购行为。

（二）构建军民一体化的交通运输体系

《铁路中央机构及下层机构法》《全国机车：车辆的组织、调用与运行法》《战时为国防服务的民航公司机构法》《交通委员会的职能、组成与机构法》《军事交通过境法》《铁路军交处组织法》组成了以《军事交通法》为核心的军事交通运输法律体系。《军事交通法》阐明了建立军事交通运输体制的各项事宜，规定如国家有需要则有权利使用民用及军用交通工具，这些军事运输的管理任务则交给交通部长。关于平时和战时公路交通安排与协调的法律法令有1959年的《59—147号组织防务修正令》、1980年的《80—1096号国防公路交通法令》和1988年实行的《国防公路交通条例》。

（三）鼓励国民志愿服兵役，促进军民融合

为了提高全体国民的国防意识和军事能力，有利于战时民众的军事能力实现，法国实行普遍的国民国防教育制度。1997年《兵役法》中首次明确规定，自1998年起，中学开始设立国防教育课，进一步让学生的国防意识提高，年龄在16—18岁的男孩（女性从2001年起）应参加名为"国防准备日"的活动，了解相应的国防知识，从而强化青少年与国防之间的联系。在法国所发表的《劳工法》中，对于预备役人员有着明确的规定，当他们应军队需求开展及参与人道主义活动时，不但工资和待遇正常发放，训练时间还可以被计算为工龄。

同时，为掌握后备兵源的有效情况，实行常态的兵役登记制度。《兵役法》规定，法国青年在18—25岁之间均有义务服兵役。《总动员法》还规定：参加预备役的人员除了在正常情况下进行训练外，在非常时期，应遵从军队安排，去完成相应的任务，进行人道主义行动。《民防法》规定，法国民防实行中央和地方两级组织指挥体制。[①] 在中央一级，内政部所属的民防与民事安全

[①] 徐顺鑫：《民防部门参与城市应急管理研究——以常州为例》，苏州大学2014年硕士学位论文。

局是全国民防工作的最高行政领导机构,在地方一级,民防工作分防务区、大区和省三级管理实施。

同时,为了保持军队战斗力水平,法国建立了一系列激励军人参军和退出现役的福利保障制度。2004年修订的《国防法》规定:保障军人的公民权利和政治权利,准许军人参与普通的社会生活。根据《平民和军人退休金法规》,军人退役后可以领取退休金,作为对其在退役前所服兵役的报酬,其死后可由法定的权益继承人代领该退休金。

(四) 紧急状态下政府职责权限的转换制度

《总动员法》规定:政府负责国防,根据国防最高会议的决定行事。战时国家可以利用一切有效资源,通过内阁总理的批准,并与国防部长的管理下,由各部部长准备与执行动员行动。内阁总理或国防部长负责协调陆海空三军的动员行动。《防务总组织法》规定,内政部长在本国领土内与军事当局一起开展工作,同时,还要保证军事当局能够行动自由。这些规定目的在于加强军事和民用资源互助互补,最大化地确保国防需求。

五、日本的相关政策法规

(一) 构建完善的"寓军于民"法律法规体系

由于日本作为"二战"战败国被限制发展军事力量,日本基于自身的国情,选择了"寓军于民"的军事力量发展模式,日本许多发展军事力量的法规并不像其他国家那样直接以军事法规的形式出现,而是隐藏在普通法律之中。例如,为保障军事力量发展的基础,日本出台了一系列的如《航空工业振兴法》《飞机制造事业法》《特定船舶制造业安全事业协会法》等行业性扶持法规,这些法规表面上看是对民用工业的扶持,但实际上却是扶持核心行业发展军事力量。再如,日本在发展武器装备科研生产过程中,为激励企业积极从事武器装备科研生产工作,设立了"国防工业相关税制",但这种制度并没有直接的法律依据,而是援引《事业革新法》的相关规定。日本的这种军民融合法规建设方式,既保证了日本军事力量建设发展的基础能力和发展潜力,又能避免其他国家对日本发展军事力量的担忧，大大降低了国际政治博弈成本。

迄今为止，日本已经基本建立了相对健全的军民融合法规体系，其中，军事色彩较为显著的有：《日本自卫队法》《防卫省设置法》《安全保障会议设置法》《应对武力攻击事态法》《关于武力攻击等事态下国民保护措施法》《国防装备和生产的基本政策》《武器装备生产开发基本方针》《武器装备研究开发振兴方针》《野战条例》《装备维修规则》《防卫计划大纲》及配套的《中期防卫力量发展计划》等；民事特征较为明显的有：《灾害对策基本法》《中小企业基本法》《中小企业开拓新领域协调法》《产业竞争力强化法》《电子工业振兴临时措施法》《航空工业振兴法》《飞机制造事业法》《特定船舶制造业稳定经营临时措施法》《大学技术转移法》及《事业革新法》等这一系列法规的颁布施行，极大地促进了日本军民融合的发展和进步。同时，日本还根据外部环境的变化及军民融合发展的情形对军民融合法规体系进行经常性的修订和更新。

（二）明确军民融合主题之间相关职责

日本军民融合法规建设中，对军民融合活动中主体、主体的职责权限及其相互之间的转化规定得十分清晰。例如，《日本宪法》中明确了国防安全领域中军民活动的主体是包括自卫队、行政机关、社会团体和普通公民的全体国民；《应对武力攻击事态法》中明确规定了国家、地方公共团体、公共机构及国民都是应对武力攻击事态活动的主体。此外，日本还通过军民融合法规将军民融合活动中主体的职责权限归属及使用界限明确予以确定，保证不同职能之间的顺畅转化。《灾害对策基本法》第64条中确定自卫队官员在法定的条件下可以行使政府官员的征用权，但是必须及时向政府官员报告，以防止权力的滥用；《应对武力攻击事态法》第3条中对国民自由与权利的保护条款，强调了应对武力攻击事态时对国民的尊重与保护，划定了军事权力使用的边界。《自卫队法》第78条中规定了日本军事力量可以在履行法律规定的程序后顺利加入到原本由地方政府负责的地方治安管理之中，保障了军事职能向行政职能的顺利转化。

(三) 出台相关政策依托民间企业进行军事装备生产

在第二次世界大战过后,日本的军力发展受到限制,为了让其军事工业得到发展,他们采取"先民后军,以民掩军,寓军于民"的方法。把国防科技和装备交由民企生产,日本的大部分武器装备研制和生产任务都是由民企负责承担和具体实施的。日本出台了一系列的政策法规促进国防军工领域的军民融合。

在日本提出的《国防装备和生产的基本政策》中,主要是积极鼓励民用企业继续发展,提高它们的各项指标,并让企业与企业之间存在竞争关系,使本国制造装备的能力得到提高,国家则会提高工业和技术能力来进一步鼓励民用企业,这是新的军工生产方针,以法律文件的形式将"以民代军"的战略思想固定下来。此后,日本先后颁布了《武器装备生产开发基本方针》和《武器装备研究开发振兴方针》,以规范国防军工科研生产,促进国防军工科研生产中的军民融合。为保证国防军工科研生产能力,还制定了许多行业性的扶持政策与法规,对涉及军事领域的行业从政策和资金上大力支持和援助。例如,日本政府为扶持航空电子工业发展制定了诸多相关法令,其中最主要的法令有《电子工业振兴临时措施法》《航空工业振兴法》和《飞机制造事业法》等。

(四) 构建"军事—工业—大学"联合培养的教育体系

日本工业化教育铸造了"军事—工业—大学"联合体系,培养了军用船舶与民用船舶两用工程师。[①] 2006 年发布的《中期防卫力量发展计划(2006—2009 年)》提出,积极吸收产学研三方面的先进技术,发展和利用民用产品和民用技术;加强军民技术开发部门间的沟通和协作,推进科研成果军民领域的相互转化。2014 年,《国家安全保障战略》《2014 年度以后的防卫计划大纲》提出,要重点发展海空装备、太空、网络等新型作战域装备,开展前沿军事技

---

① 钟庭宽、许嵩:《浅析发达国家政府促进军民两用技术转移的机构职能及作用方式》,载《国防科技》,2012 年第 1 期,第 14—19、34 页。

术研究，制定装备中长期研发规划，与产业界和学界合作，促进先进民用技术转民用，以及军民两用技术的研发。

六、以色列的相关政策法规

（一）独立自主的国防工业政策

以色列近年来国家状况不稳定，战事不断，而其他国家又不能提供充足的武器装备。因此，他们决定自给自足，开始走自己的国产道路。他们也认识到自身的实力，因此重点强调发展中小型自主创新能力，从而建立了完善的国防科研机构。以色列国土虽小，且地理条件也不占优势，但却十分专注于发展国防科技。以色列的军事武器十分先进，由他们率先部署的弹道导弹防御系统，把国防工业作为产业的重点，把更多的军工技术投入到其他领域中去，使其得到充分利用，把一些军工企业转为民营。同时，未来充分利用国防投资，助力其他企业制造民品，把"战时为战，平时出口"作为方针，让更多的军品走出国门，用出口所赚得的资金使更多的人获得更多的工作岗位，使国民经济进一步增强，同时也助推国防工业水平稳定提升。

在政府的政策领导下，国家的自主开发能力进一步提升，在许多军事方面（无人机、中小型侦察机、空战态势分析系统、电子设备歼击机等）都名列前茅。以色列在装备建设方面，以发展本国为主，大部分装备都靠自给自足。

（二）促进国防工业国际化战略政策

以色列在军事技术研发和武器装备的生产上，十分注重学习和吸纳国外先进技术发展思路并积极开展国际合作。通过学习非本国技术或以国际合作的形式来加快军事技术开发和武器装备的生产速度，如果缺少了军事发展所需的资金，则可通过国外贷款来提供支持，购买专利，从外国寻找优秀人才，引进他国的优良装备也可为缺少的技术资金提供支持。"箭"式反战术导弹计划，是一个以色列与多国合作的项目，其中，美国提供了73%的经费。

"军品必须打入国际市场"，是以色列在军事贸易方面所提出的基本政策，因为出口可以使以色列获得一定的发展资金,所以政府为鼓励出口而专门提出了《鼓励出口的投资激励政策》。"促使海外市场活动资金"便是专门为鼓励出口而设立的资金,海外出口量增大则会使国家获得大量的资金,而这些资金又被应用于新武器装备的研发。因此,超过70%的武器装备都被销往海外,在海外也有大量的客户。

(三)"以军带民",促进军民协调发展政策

"以军带民"可以使军民协调发展政策得到进一步发展,其意义在于让飞速发展的国防科技与国民经济共同发展,这样的政策为以色列的许多大规模军民两用企业发展提供了平台和机会。从此,以色列跻身全球高科技创新先进国家行列,同时也成为了中东地区经济和军事的强国。企业结构的改变和国防工业的调整,使得国家更适应外部环境,更促进了国家科学技术和国民经济的飞速发展。

随着以色列在国防工业中的进一步发展,他们对知识分子的需求量也进一步增多。国家为鼓励更多的知识、技术型人才为国家奋斗,也出台了一系列的政策。不仅仅是国内,以色列也从国外网罗了大量的人才,不断地引进国外具有先进技术的人才,把他们安排在所需求的部门,使国家先进武器的研制速度加快。

(四)国防工业结构重组与私有化政策

以色列政府通过对企业的结构重组,扩增业务范围,从而走向国际,与其他国家展开合作。例如,在结构重组后的以色列军事工业公司中,添加了董事会、监督检查机构等新元素。下属集团在通过整改后,能更好地融入到市场中去,在集团开始运作后,优中选优,员工数和工厂数也都降低了。

21世纪初,国有企业私有化政策被以色列政府广泛的推行,不断促进着国有军工企业私有化改革,对能力相对弱的私有化企业,将各个零散的军工企业合并成为一个具有竞争力、能在国际中立足的军工集团。

(五)公平竞争和企业投资激励政策

以色列在刚进入1991年时,整改了国防部所属机构和企业,开始推行以

国有军工企业自主经营,自负盈亏为宗旨的政策。① 为了鼓励和吸引更多的投资,以色列专门颁布政策,主要目的就是通过多种形式来让更多的企业参与投资。以色列政府的《工业研发鼓励法》中指出,政府可以为企业提供资金支持和承担风险,但应同时获得企业日后的专利权使用费。另一方面,《工业研发鼓励法》为了能让更多的企业参与其中,政府可以为其资助或者减免税。《工业(税收)鼓励法》指出应该鼓励那些可以使国防经济增长的投资。《鼓励出口的投资激励政策》表明了政府希望企业通过出口军事技术或者设备来为国家继续发展作贡献,这样可以形成往复循环来继续推动武器装备的研制和发展。

近年来,以色列在全球军火贸易中已经超过了意大利、加拿大和瑞典等国家,主要出口对象是印度。以色列也认清了知识分子对于国防发展的重要性,因此发布了一系列有利于知识分子的政策,无论是由政府资助学习的人才,还是非本国人才,政府都十分关注。通过招纳更多的本国和外来的人才,把拥有高技术、高能力的专业人才安排在关键领域相关部门,以加快先进武器的研发和生产进度。

第三节 国外国防工业与区域经济协同发展的政策法规效应分析

一、健全的法律体系、法律制度为国防工业与区域经济协同发展奠定基础

国防工业与区域经济协同发展是个系统工程,无论是国家还是军队都十分重视,其涉及领域广泛,程序多,其发展又展现出国家的意志,因此从制定法律法规制度情况可窥见一个国家对国防工业与区域经济协同发展的大体思路和重点方向。从法律效力上看,各个国家军民融合法律体系包含三个层次,按照

---

① 李其飞:《以色列推进国防工业军民融合的主要做法》,载《国防》,2014年第5期,第10—12页。

第三章　国外国防工业与区域经济协同发展的政策法规研究

效力大小依次为宪法、法律和法令。国防政策与其他工业、经济和社会政策是同时考虑的，国防工业计划是政府在国防部武器装备部同经济与财政部、工业与外贸部以及交通运输与住房部等部门之间综合而形成的，从而能保证其国防与区域经济协同发展成为一项长期战略。

（一）政策法规建设引导国防工业与区域经济协同发展的总顶层规划

美、俄、日、英、法等国家都认识到了协同发展的重要性，因而制定了协同发展具体战略，同时也规定了发展方向。无论是美国国会、总统国家科学技术委员会，还是总统科技政策局，通过制定众多的制度措施，如《国防授权法》《联邦采办条例》等法，来辅助协同发展，同时表明要让国家工业基础"无缝"。[1] 在俄所发表的《1993—1995 年俄联邦国防工业"军转民"计划》中指出，应尽量地保留人力资本和科技潜力，这样才能使国家经济持续发展。1998 年 3 月俄政府通过了《俄联邦国防工业军转民法》，规定"军转民"所需资金由联邦和地方预算资金支持，避免军工企业在"军转民"过程中破产，保障其生产能力。英国政府也颁布了相关策略，用来促进协同发展，在 2001 年所发布的《面向 21 世纪的国防科技和创新战略》中指出，协同发展的进一步达成可以提升英国的科技水平和国际竞争力[2]，日本所发表的《国防装备和生产的基本政策》指出应凭借自己国家的工业和技术能力，尽可能地激发民间企业的实力，同时引入竞争而使发展速度加快，以法律文件的形式将"以民代军"的战略思想固定下来。[3]

近年来，各政府都十分注重国防军备科研生产和装备采购，并在政府的积极推动下不断完善顶层政策设计，从而进一步支持国防工业发展。从两方面而使得法律机制更加完善。首先，鼓励一些军用产品或技术为民所用，用国防技术的发展带动经济发展。其次，让更多的民用企业与军用企业融合，让民用资

---

[1] 张新吉：《西方发达国家军民融合式发展的主要经验及启示》，载《军事经济研究》，2011 年第 7 期，第 71—74 页。
[2] 张新吉：《西方发达国家军民融合式发展的主要经验及启示》，载《军事经济研究》，2011 年第 7 期，第 71—74 页。
[3] 王宏伟：《"寓军于民"：日本军工业发展模式》，载《科学决策》，2004 年第 5 期，第 24—29 页。

源对军用资源起到保护作用，使国防建设和经济建设合作发展。

（二）政策法规建设促使国家建立统筹规划、合理分工的管理体系

发达国家注重加强对协同发展的集中统一领导，通过相应的政策法规，促使国家成立相应精干组织机构，负责制订军民融合计划并实施管理。例如，美国政府通过国防采办制度改革，将美国国防部现行的3.1万个军用规范进行重新调整，同时把军用标准降低，从此使越来越多的民用企业融入到军工生产中。在美国所发表的《1993国防授权法》中，根据其颁布的内容建成了"国防技术与工业基础委员会"，这个委员会的主要职能是协调各部门的工作，使得国家的科技工业进一步发展，尽快达到国家安全目标，同时改善国家科技工业基础的采办政策，在国防需求的拉动下使国家科技工业水平进一步提高。

二、相关配套政策的出台为国防工业与区域经济协同发展提供强力保障

（一）出台相关政策，完善市场机制，为国防工业与区域经济协调发展提供有利的成长环境

在促进协同发展过程中，各国政府制定了大量的规范性文件，指导、规范、扶持军工企业进入市场，并在知识产权保护、融资、生产设备更新、技术创新、民资进入国防工业等领域出台相关法律法规，对协同发展给予积极支持。比如说限制俄罗斯国防工业军转民，制定相应法规政策、千方百计为军工企业筹措转制资金，这方面的法规政策包括财政拨款、对军民结合项目予以资助、为企业自筹资金和私人投资国防工业提供法制基础进行鼓励、引导、支持等。俄罗斯大量运用规范性文件推进军民融合的做法值得我国参考，特别是在依靠法规规范、保障军事工业融资方面的做法值得借鉴。大多数国家的政府都在法律层面进行了适当调整，充分发挥政府规范性文件的指导、规范与扶持作用，为国防工业企业的融资创造有利的法制条件，有效地协助国防工业企业进行重组活动，为军工企业整合提供开放的成长环境和坚实的支撑平台。

（二）推进科学合理的政府财政投入来源立法，为国防工业与区域经济协调发展提供充足的金融资本

融资是专门为支付数额大于现金数额所出现的购贷款，也是一种集资而获得资产的货币交易手段。融资也对协同发展有着一定的影响，因此，要重视融资问题，挖掘融资途径，政策融资也应该增多对民间资本与军民融合的合作支持。同时，政府应引导一些十分重要的国家军事战略项目，使政府的投资和融资机制更加完善，同时保证资金的安全，让项目能够顺利发展。推进政策性担保资金来源立法，并为担保政策目标及操作规程立法。军民融合融资会随着民间资本的加入而增多，随着融合途径的增多，也有越来越多的中小企业得到了帮助，很多世界享有盛名的军工企业都是私人资本与政府合作而成功的好例子，例如美国洛克希德·马丁公司、英国航空航天系统公司等。

（三）助力科学合理的军民一体化标准体系建设，促进军用标准和民用标准的有机统一

在协同发展的问题上一个重要的问题就是运输基础设施的保障能力，英国在马岛战争、海湾战争中的主动权都受益于其航运基础设施的军民通用程度。所以相关制度和法律政策的出台，把政府、社会和其他一切运力纳入战时保障体系，设置军地协同转换的权利与义务和利益分配，为港口、机场、公路、码头等基础设施设置军用标准，使这些平战转换时的硬件既有利于地方经济建设，又符合军事要求实现一体化建设，既能为平时又能为战时服务。对于产品和技术的标准，军品和民品标准的交互与趋同带来的好处是双赢，军方不断降低通用产品的成本，使得地方企业能够提高效益。

军用和民用的技术标准存在着差异，给各国协同发展造成了不小的麻烦。为了加快协同发展以及军民转化，我们首先要做的就是使这种差异减小，军民两用技术得到进一步的发展，在此方面，美国有着一定的经验，他们是让军事领域接受民用标准，进一步加快军民转化的进度。俄罗斯应对的方法则是在民用生产的领域中投入军事技术。"扶持"是日本的做法，一边用资金和人力支持军民两用技术发展，一边购买民品为军队所用。经过比较，英美做法差异不

大，都是一边支持加大投入，一边组建公司而进一步推进技术转移进程，科技是第一生产力，协同发展能否成功，取决于军民两用技术能否快速发展。

军用民用生产在较长的一段时间内无法融合，让国家浪费了很多有用的资源。推进协同发展的军民融合政策正式实行以后，统一军用和民用产品使原有的军民分离体系被打破，在此之后，军工企业的生产和科研与国民经济发展战略的优惠政策逐步统一，民用和军用两种资源开始共享，让军品和民品的技术标准体系更加完善，也使技术转移的速度得到提升，使技术转移趋于法制化。在一些民用行业所涉及的范围中，如基础设施建设、食品生产检验等，他们都可与军工企业的优秀技术和成果相结合，从而使其得到进一步的发展，优良民用企业的技术也可用于服装生产、人力资源管理、交通运输和后勤保障，从局部到全面，从初级到高级，一点点地让军用和民用技术标准体系融合。

第四章 国外国防工业与区域经济协同发展管理机制研究

第一节 国外国防工业军民融合的顶层管理体制概述

国防工业与区域经济的协同，首先是国防与经济国家顶层战略的协同，在军民融合发展的顶层管理机制方面，国外主要发达国家都积极协调国家战略的决策与实施，在国家发展战略的制定、军民融合机构的设置、政策法规的制定与实施方面都进行了有效的尝试。

如美国成立安全计划局，主要职责之一是向美国国防安全委员会提出国家高技术产业"民转军"的建议。美国国防部专门成立了高级计划研究局，以加强对军民两用技术发展的指导。同时，美国政府出台《国家安全科学技术战略》，明确了军事高技术产业政策以及军事高技术转移原则和方向。出台并实施了一系列基于军民两用技术的政府和企业伙伴计划，以促进高新技术产业发展，明确要求在武器系统中大量采用民用技术和产品。

俄罗斯在国防产业与区域经济协同发展的过程中，对其国防产业的管理部门进行了一定的改革，大力调整国防工业管理体制，撤并部门，并将各职能部门管理国防工业的职能集中起来，实行总统领导下的纵向管理模式。

英国在国防工业机构的设置和运行上体现了军民融合管理和服务模式。自20世纪末以来，英国加大了国有国防工业的私有化改革力度，调整与改革科研与生产经营布局，逐步形成科研以政府为主（承担2/3的国防科研任务）、生产经营以企业为主的格局，较好地兼顾了军民两种力量、国家安全与经济效益两个目标。

日本在"二战"结束后，由于战败国的地位限制军工产业的发展，奉行寓军于民的军工发展策略，使民用生产中蕴含着巨大的军事生产能力。民间企业既是武器装备科研生产实体，又是民用产品的生产实体。近年来，日本政府制定和实施了以发展军民两用技术为重点的军民融合发展战略规划，扩大对民用或两用先进技术的采购，旨在减少国家投资的风险、降低武器装备的成本，且有利于军工企业自身的稳定发展。

以色列长期以来采取以国防高科技为立国之本的战略方针，在发展高科技的基础上，用先进的国防高科技产业带动国民经济的发展，形成了国防建设与经济建设协调发展的良性循环机制。以色列政府对国防高科技产业的结构调整采取了一系列相关政策，将国防部下属的企业公司化，积极鼓励国有公司和私营公司平等参与国防装备的项目竞争，推动国防高技术公司挂牌上市。

第二节　国外国防工业与区域经济协同发展机制

一、政府投入机制

政府投入机制的本质是以市场为核心，政治与企业关联，目的是通过政府策略的引领和支持，高效地运用市场条件，利用军工企业之间的市场行为，形成和发展国防产业集群的"自下而上"为主、"自上而下"为辅的方式，其中美国是具有代表性的国家。起初，美国以防务产业为核心的企业对大中型企业中较小的防务机构或部门开展收购，或以防务为核心的大企业互相收购其次要业务，例如福特公司将空间部门售给洛拉尔公司，洛克希德·马丁公司收购通用动力公司的战术飞机商务，休斯公司将防务电子业务售给雷神公司等，在度过了起初的缩小和放弃防务产业领域等方式的改革后,产生了各有特色、差异不大的巨型承包商,此后经过国防事业的陆续合作,形成了波音公司与麦道公司合作产生的航空工业群,并随着相关零件供应商、研发单位与科技公司的快速响应,通过产业链横纵拓展,最终生成一批有关产业以军工企业为重心在某一地区聚集发展的国防产业集群。

(一) 政府资源投入

(1) 能力资源投入

自从冷战停止开始,美国政府对于国防运行的低效问题进行思考,对运行体系与国防工业的管治体系实行了一系列的整改与变革。美国国防部同时又形成了跨部门的联合协同机制,以此来实现各个军政部门之间的协同,以及各方能力的互补,在1991年成立"技术转移办公室"(OTT),来协调如商务部和能源部等军民两用科技部门的业务活动,并在之后建立两个可协调国防部和能源部,以及国防部和NASA之间问题的机构,分别为核管理委员会和航空航天技术委员会。政府还对国防采办制度进行了大力度改革,其中包括降低数万个军用规范标准,以使民用企业更容易达到军工生产的门槛。

(2) 技术资源投入

随着21世纪国际环境新变化的出现,英国、法国将军民融合设立为国防工业新的发展方向,针对其相关的战略计划也及时地制订并执行。2001年英国的国防部颁发了新的《国防科技与创新方案》,直接表明要吸收世界领域内的拥有高新科技的民用单位参与国防工业的研究和制造中,还制订了"一个工业根本"的国家进步方案。英国政府这些措施都说明既要加强国防工业与民用工业统一,又要加强国防工业的军民融合在全世界的开拓。法国政府则在2003—2008年军事计划法等有关法规之中直接加入了推进国防工业军民融合战略计划,着重指出国防科研的核心技术基础之一是优先发展军民两用技术,增强国防科技的研发。

(3) 信息资源投入

信息是国防产业优势技术，在与区域经济融合的过程中，这些信息资源都得到了很大的发挥，既满足了国防产业中的需要，又在保证安全的前提下，确保了民用需求。

在信息系统方面，德国建立了极其完整的市场信用和服务系统，来帮助国防工业与军备采购市场化运输模式的贯彻执行。该系统几乎遍布了各大州府和大城市，系统中的数据信息执行面很广泛，涉及所有有关国防工业和军备采购信息的材料全部在该系统中免费提供，并且时刻与各个国防项目相关的企业和公司保持密切联系，为其解答各种相应难题。

同时，在采购方面，德国将军备采购根据地区划分为国际采购和国内采购两部分，通过市场化运作统筹军备采购项目。国内采购只限于指定的16个联邦德国州的采购，该类采购需遵守有关条款；如果有超过联邦德国国际采购的部分，必须要遵守欧盟指定的"供货和服务业条款"和世贸组织的相关"政府采购"的协议。不论国际还是国内采购都需采取"公示"制度，意思就是通过有关的机构和媒体来公布采购的数量、品名和质量要求，其主要目的是为了使所有企业都能够得到对等的信息。该"公示"制度杜绝了采购武器时的"暗箱"操作等非市场化方式，正是由于"公示"制度的存在，德国相较于其他西方国家的政府官员丑闻较为稀少，这其中的原因不只是因为德国公民的法制化观念普遍较强、企业与公民间的功德诚信度相对较高，这种信息对等的公开市场运转模式也起着至关重要的作用。

(4) 财政资源投入

融资或许会引发国家机密泄露的风险，这是国防科技领域投资需要考虑的特殊点。为了安全保密，针对牵涉国家机密的程度对国防科技投资项目进行分类设立投资方式。对有关国家重要秘密的融资项目，应以国家直接投资为主的投资模式来执行；对国家安全影响不大的投资项目，可运用市场化的投资方法（股票和贷款与债券等金融工具）；两者之中的投资项目可向国有银行进行贷款，或者严格审批融资主体的模式执行市场化投资。

同时，按照武器设施使用期限的周期，可分层次实行不同的投资模式。在武器设备寿命期中，各个层次的危险程度、需要的经费程度都不相同，在不同时期采用不同的投资模式。在预研阶段，通常都是风险程度高、投资规模大、适合以争取国家资金投资和产业自筹资金为重点；设计定型时期，产品需求量通常比较稳定，投资方法适合以国家的贷款与产业自筹钱款作为重点，并适当引用风险投资；在生产阶段，鉴于固定成本的投资额度大，风险较小，所以可以贷款、发行债券、股票等方法来投资。

此外，从人均军费支出也可以看出各个国家在支持军民两用技术发展方面的差异，同时，体现出国家财政支持对军民融合发展的重要性。

（二）政府政策导向

（1）扶持先进民企发展军品

民间企业生产军品是日本的重要生产方式，政府构建国防工业军民结合体系的核心是保护民间企业的进步。政府将军品产值超过企业总产值10%的产业加入军工核心企业（如三菱重工和川崎重工等），并配套建立有关的方案和规定用以维持其发展。如针对造船工业的研发经费，政府每年按照倾斜政策，提供高达10亿美元的资金支持；制定策略法规来增进有关军工产业的优化组合，支持产业之间的共同研发与制造，以此提高竞争性；对一些民间中小型能够生产军品的产业，政府提供优惠政策，并给予相应的资金支持，以帮助这些产业主动承担和开展军品技术开发工作，避免国家减少装备采购费让产业产生困难。这些做法不仅保障了日本企业拥有军事与民用科技优势，而且加快了军民科技的互相转变，提高了军工产业的竞争能力。

（2）适当减免税收

军民两用技术的开发利用受到税收优惠政策大力的赞助扶持。近年来，军民融合产业发展的重要方向是切合实际推动国防关键技术的创新和发展。据国外统计资料显示，接近85%的现代军事核心技术和民用关键性技术是同体的，有八成以上的民用关键性技术是直接可以投入到军事中的。美国等通过在军民融合产业基地退出财税优惠政策等举措切实减少企业包袱，不仅发挥了经济杠杆作用，同时也呈现出实际的拳头效应，使军民融合产业基地享受税收优惠，纳税主体相对较为集中，纳税情况所需的税收行政成本较低等这些好处凸显。

(3) 提供政策条件

美国国防工业军民融合发展营造政策环境的决策权主要是国家政府和政府内阁负责，其后才会交给有关部门去制定和实施具体的细节与战略的整体规划，政府内阁的专职机构人员们去进行内部的运营，其中还包括国防部负责科学和技术的副部长助理、国防部技术转移办公室、国防高级研究计划局以负责先进系统与概念的副部长助理等。20世纪末至今，在政策环境和决策机构的影响下，美国陆续制定并实行了《国防转轨策略》《国家安全科学科技策略》《国防科学技术策略》和《国防工业根本转型路线图》等策略，不仅明确了国防工业军民共同开发的策略目标，还给出了详细的可实行的策略规划。政府的相关机构还特别为更好地实行策略提出了许多方案，如再投资规划（TRP）、军民两用科学科技方案（DUS&T）、小型企业科技开发方案（SBIR）等。

(4) 完善体制架构

为了实现协同发展，很多国家都在完善体制上进行了大量的工作，其中最主要的是各个部门之间的协调。以美国为例，政府部门之间的协同工作情况非常普遍，我们以美国2013年的调查结果为例说明政府部门之间的协同运作特点。从表3中可以看出，国防工业与区域经济之间的协同管理工作受到了较大的重视，几乎国家的所有职能部门都设有机构协调委员会和政府协调委员会，在关键的基础设施行业还设有交互委员会，在政府层面拥有联邦、州、地方、部门、领域等级别的领导、管理协调委员会，面向行业、机构和地区，还设有区域联合的协调委员会。由此可见，在多年前，美国便探索具有协同管理特点的体制架构，以期为协同发展创造良好的环境和条件。

第四章 国外国防工业与区域经济协同发展管理机制研究

表3 美国关键基础设施行业机构协同管理情况

关键基础设施行业	专业机构	关键基础设施合作咨询委员会			区域联盟
		机构协调委员会	政府协调委员会		
化工	国土安全部	√	√	关键基础设施行业交互委员会	区域联合协调委员会
通讯		√	√		
关键制造		√	√		
水坝		√	√		
应急服务		√	√		
信息技术		√	√		
原子反应原料与浪费		√	√		
食品与农业	农业部、卫生与人力服务部	√	√	联邦优先领导协调	
国防工业基础	国防部	√	√		
能源	能源部	√	√		
健康与公共卫生	卫生与人力服务部	√			
金融服务	财政部	采用分离协调实体	√	州、地方、部门、领域管理协调委员会	
水与废水系统	环境保护代理	√	√		
政府设施	国土安全部、总务管理局	没有协调委员会	√		
运输系统	国土安全部、交通部	按照运输模式以及子产业变换协调委员会	√ √		

二、产学研结合机制

产学研结合机制的本质是科技的带动、点面结合。凭借地理优势来培养先进龙头,以龙头牵引产业,通过有关配套产业的增加,来提高产品研发的速度，使科技不断升级。技术研发的牵头、相关的产业是"点"，相互关联形成技术与企业发展的网络是"面"，地方企业集群的进步用点面结合来做到。①英法等欧洲国家实现国防工业集群化就是通过这样的路径，在欧洲国防工业一体化的过程中，一些大的跨国军工企业以科研联合为基础出现的。

（一）产学研结合平台

对美国来讲，军民一体化就是将"国防工业基础"和"民用科技工业基础"合而为一的"国家科技工业基础"。美国实行寓军于民、军民一体化的过程分三个部分：一是扩增采用民用品；二是将科研、生产、检修和服务融为一体；三是将军民一体化的改革与执行重心放在那些军民分离的国防工业基础上。这三个部分密不可分，一同促进军民一体化。美国采取多种方案来保证这一目标的完成。起初，美国在 1993 年设立促进军民一体化改革的跨部门的"国防技术转轨委员会"。该机构领导由国防研究计划局的国防科学委员会主席担任，成员由国家科学基金会、国家航天航空局、国家标准与技术研究院、商务部能源部、运输部派的人员构成，致力于加快国防科技转轨、寓军于民的整改。

发达国家中的国防工业管治单位更主动地开展外部创新。美国的国防部在 2015 年陆续颁布了国防创新方案等，帮助使用商业方面的创新科技，使军事技术一直保持优势。美国国防部在硅谷创立国防创新试验单元，把国防技术创新和硅谷的先进生态体系结合，提高国防工业体系由高科技企业学习创新前沿科技的能力与速率。美国国家航空航天局（NASA）实行"新兴 NASA"项目，可将获得 NASA 专利科技许可的机会无偿提供给新兴企业，使应用技术商业化的速度获得提高。2015 年，日本防卫省为了正式为高校从事军用技术研发活动提供支持，而加快了"军学共同研究"这一项目的进展，审批了来自高等院校的 9 个国防研究与发展项目意见书，日本防卫省对其进行了资金支持。近年来，发达国家的国防工业管治机构持续加深对工业界与学术界的互动讨论，

---

① 赖琼玲：《论国防工业集群化与区域经济发展》，载《军事经济研究》，2007 年第 2 期，第 27—30 页。

共同致力于加快创新速度,这也在一定程度上启发了我国国防科技的创新技术研发。

(二) 产学研人才储备与发展机制

作为一项关键载体,人才资源无疑是科学技术进步过程中最重要的要素投入。人才的储备与发展机制是一个系统性的复杂工程,包括人才培养、人才吸引、人才使用和人才保障等内容。美国拥有成熟的科技人才储备与发展体制机制,这为美国稳定全球领先地位提供了坚实的人力资本支撑。

在人才吸引方面,美国为保证军事优势在21世纪处于绝对领先的地位,重点指出"依靠民用经济里产生的先进科技爆发来完成国防技术的大跨步进步",还在《科技与国家的利益》中,首次指明军民工业根本统一的现象,认为美国"没有办法持续军用与民用分离的工业基础",并一定要生成一个军民两用的工业基础,直接说明要做到一个军民结合的"国家科技和工业根本",最后能够做到"一个资源、两种能力"。① 美国国防部于2003年2月在《国防工业基础转型路线图》里面,明确指出了创造"在作战成果的国防工业之上"变革性的成绩,不再按产品属性来区分国防工业,例如造船业、航天制造业等,而变成5个以作战效果为基础的企业领域,这样的区分目的是为了支持和吸纳越来越多的中小企业向国防经济方面进军,提升两用科技进步速度,这也为人才资源的"民参军"创造了十分有利的条件。

在人才使用方面,在美国国防工业领域,美国防务公司拥有优秀的科学家和工程师,这些防务公司在许多核心技术方面保持着绝对的领先优势,为了研发出更先进的武器,研究先进武器系统以及有关基础和应用,一些大型军工企业用尽浑身解数,竞争国防部的武器合约,提升武器体系的能力,例如波音集团和洛克希德·马丁集团竞争JSF等。国防工业的持续进步也促进了军技民用化,并增强了军民互补作用。大量国防工业军民生产共同实行,越来越多的军民领域高新技术几乎一起产生,并广泛应用在军品和民品中,寓军于民、军民

---

① 王宝坤:《国外国防工业军民融合的主要做法》,载《国防科技工业》,2007年第12期,第70—73页。

一体的政策，也培养出大量的高科技产业群和产业带，例如由国防部到大学再到工业联盟衍生出的"硅谷"。现如今，国防工业走出的科学家全部流入硅谷，提供了大量高技术人员给硅谷一带，持续不断地研发出高新技术，而美国为强大军队，政府则不断从这里购买需要的技术。近年来，由于硅谷的繁荣和先进，又衍生出和硅谷相似的"硅原""硅沙漠""硅山"等。

三、市场机制

（一）注重合理竞争

俄罗斯的国防工业自苏联时期起就十分注重集中分布，伏尔加河沿岸联邦区、中央联邦区为主要的俄罗斯国防工业地区，其比例占总数的80%、职工数的76%、产值的64%。俄罗斯为加快产业集群化的进程，在市场机构作用的根本上实行积极带领，进一步增加了这些区位集中的国防工业的一体竞争性，建立的纵向产业链集体化和横向"研究—教育—生产"一条链的国防工业集合体也获取了政府的大力帮助。《国防工业集合体转变和进步重点（2002—2006）》显示俄罗斯政府调动大量资金综合改造38家国防重点工业，还针对每个条款，制定了《俄罗斯联邦国防工业综合体重组和发展纲要（2002—2006）》等文件。

德国在国防工业管理和军备采购中，把竞争定义为制定全部法规的基本原则。国防项目的发标、应标、公布一定要服从三个根本原则，即过程透明；过程必须接受监控；所有厂家必须接受平等的待遇，而不是一味按照军方的需求去判定厂家。为了使整体的军备购买过程更加的规范、平等竞争、有序、合适且效率高，德国制定了具体方针，一方面，包含军备购买的特殊性并把含有全部联邦财政运行规则的状况详细化，这样不仅能保障财政措施的大众性，而且符合国防工业特殊性的有关措施，进而保证国防费用的透明、平等、有效地加以利用；另一方面，能够明确地把欧盟对相关军事设施的方案政策通过有关条款的方式来体现。

（二）企业所有制改造

俄罗斯为形成大型企业集团，制订了"2002—2006年国防改革和发展"计划，通过重铸国防生产体系的方式来促进经济发展。计划在2006年左右发展10个专业领域，形成41—55家企业集团，进而对国防工业生产体系分散的问题有一定的解决。该计划促进了国防工业企业按市场经济规律办事，逐步走向股份化、市场化、私有化，优胜劣汰，改造大部分国有国防工业企业为股份公司，外资、私人资本进入国防工业领域获得允许，并以出口导向型企业为基础建立控股公司，计划合并私人的投资、外资和国家的投资，将部分企业改为股份化，股份公司由原来的957家缩减至247家。俄罗斯的国防工业在整体的国民经济中是举足轻重的，国防工业企业的发展水平是至关重要的，它影响经济领域重要部门的技术更新如运输业、无线电通讯、燃料动力综合体和卫生保健等。

（三）资本运作手段

美国利用财政补贴、研发拨款、税收等经济方法对国防工业实行整改。美国国防工业以私有化和市场经济为基础，但美国政府也以国防预算支出方式，将国家资金投入到国防工业，并通过军民一体化的传导机制，推动美国国防工业发展。特别是在"9·11"事件后，一方面，美国政府通过增加国防开支方式加大投入，根据《俄罗斯报》的报道，美国2015年的国防开支为5960亿美元，占全球国防开支的比重达到了1/3；另一方面，国家对军事科研给予大力支持，2006年美国年度科研经费达1100亿美元，近一半的资金用于发展军事技术，一般而言，联邦政府投资给美国国防工业2/3的科研资金，科研拨款的80%应用于军事目的，研制军事有关项目新产品的基金主要来自企业研究经费。

同时，美国支持私营军工企业包揽武器设施的制造和生产工作，政府提供生产设施，给予科研资金的1%至3%的补贴，还对私营军火企业提供各种名目的财政补贴。美国政府还通过政府采购方式支持军工企业，美国《国防生产法》规定，国防采购属于优先项目。美国政府利用国家消费的手段，特别是军事购买的手段,不仅仅给大型军火集团提供了稳定的市场,同时还保证了丰厚的利润。从某种意义上讲,对区域经济的发展起到了促进作用,国防工业与区域经济的协同性有所体现。可见,国防工业作为一种特别的公共领域,国家必须大力投入,而且在无法商业化运作的先进科研方面,只能依靠财政资金才能更好发展。

第三节　国外国防工业与区域经济协同发展的管理机制效应分析

一、经济效应

(一)直接经济效应

国家对国防工业投入大量资金的过程可以看作是一个"资本积累"的过程,很大一部分资金是通过生产交换和消费生活资料流向民间经济领域的,它实现了国防工业对区域经济"资本扩散"的过程,这个过程将增加区域经济发展独有的资本份额,并加速区域经济循环货币流通速度。其转移方式是:区域民间领域为国防工业生产和建设提供生产资料而产生的资金纳入区域经济资金流通;国防工业领域人员,包括国防研究和生产领域以及军装领域的人员的生活和消费资料,应从区域民政领域采购,国防资金可以流入区域经济。此外,在和平时期,部分国防工业的剩余生产能力加上军民融合的生产能力或全部转化生产民品,一些国防工业设施如道路、机场、码头、电信设备全部或部分用于民用,而固定资产投资是振兴地区经济发展的关键。[①]

(二)经济乘数效应

国防工业与区域经济的协同发展,既有直接的经济效应,也有间接的经济

---

① 邵帅:《国防工业对区域经济辐射力评价体系及评价模型》,载《广西经济管理干部学院学报》,2008年第4期,第18—23页。

效应。其中，间接的经济效应主要是通过经济乘数效应发挥出来。在宏观经济学领域，乘数效应是一种宏观经济控制手段，主要通过经济活动中某一变量的增减，而对经济总量变化产生的连锁反应程度来体现。国防工业与区域经济的协同，主要的作用发挥机制就是经济乘数效应。综合国内外国防工业发展的历程以及取得的成绩看，政府的财政支持都是必要的，也都是不可或缺的，大量的国防支出投入被用于研发和生产。国防工业的财政投入使其通过财政政策乘数效应传导对区域经济的影响，进而促进区域经济的发展，这种作用传导机制体现为：国防工业通过产业关联和区域关联对周围地区发生示范、组织、带动作用，财政资金的投入通过循环和因果积累作用不断强化放大、不断扩大影响，并形成连锁反应。

进一步分析国防工业的经济乘数效应，还体现在投资乘数效应上。投资乘数效应主要是指国防工业投资量的变化数与区域经济变化数的比率，它表明国防工业的投资变动将会引起区域经济若干倍的变动。[1] 国防工业之所以具备投资乘数效应，主要是因为国防工业与区域经济各部门间相互关联，国防工业的每一笔投资不仅会增加国防工业的收入，而且会在区域经济各部门间引起连锁反应，增加区域经济各部门的投资与收入，最终使区域经济增长。

二、技术效应

（一）技术外溢效应

技术外溢，可以解释为技术或者知识主动地交换与被动地流出。国防工业是典型的技术密集型产业，科研能力强是其突出特点，该产业拥有大量的高新技术和先进手段工具。但当代国防工业的生产有一部分是开放的，通过执行"军转民"等国防工业发展战略，使国防与国民经济进一步融合，让国防工业技术更有机会外溢到区域经济。研究表明，技术外溢效

---

[1] 邵帅：《国防工业对区域经济辐射力评价体系及评价模型》，载《广西经济管理干部学院学报》，2008年第4期，第18—23页。

应与空间距离呈反比,所以国防工业技术外溢最受益的就是国防工业所在区域。

(二) 产业关联效应

国防工业是由众多彼此联系的企业互相依赖发展,沟通联系所构成的产业链,具有较强的系统性和产业关联度。[①] 从军用和民用工业的合作方面来看,国防工业生产不断扩张的同时,国防领域资金投入不断加大,使得相关的民用经济也产生了相应的规模扩张,尤其是生产领域的中下游产业,从而使国防投资产生显著的乘数效应。在此过程中,国防工业与民用工业结合而成的产业链也得到了一定程度的延伸,产业规模加大,竞争力增强,进而促进企业向产业链内部转移,增强产业集聚效应,促进国防工业的综合实力和创新能力的提高,以及区域经济的发展。

(三) 产业集群效应

国防产业对区域经济有很大的共赢作用,其中一项结果就是对区域经济的集群效用。在国防工业集群化过程中,因为军品的研制,生产和交易比较特殊,并且对国家利益非常重要,所以突然出现"市场失灵"的现象,国家管制政策极大程度地影响着国防工业的发展。正是因为国防工业规模化和集团化的生产,当地社会经济状况直接关系到国防产业集群的形成与发展,所以国防工业集群化只在区域优势领先的地区发生。[②] 实际来说,集群化为区域经济发展争取了更多的财政投资和政策支持,扩大了国防工业的财政优势,实现了国防工业产业链的拉动效应,推动地方经济全面发展。集群化使国防工业技术外溢速度更快,对区域总体竞争力的提升更有利。

美国得克萨斯州以国防产业为核心就产生了这种典型的集群效应,在基础设施和工业产业如航空航天、GPS/GIS 及信息技术产业、医学、复合材料、制

---

① 邵帅:《国防工业对区域经济辐射力评价体系及评价模型》,载《广西经济管理干部学院学报》,2008 年第 4 期,第 18—23 页。
② 赖琼玲:《论国防工业集群化与区域经济发展》,载《军事经济研究》,2007 年第 2 期,第 27—30 页。

第四章 国外国防工业与区域经济协同发展管理机制研究

造业、汽车等行业上都出现了很大程度的聚集效应，分别由若干企业与科研单位所控制。

表4 得克萨斯州产业集群特征及其比较

区域	产业群特性	基础设施
圣安东尼奥市和得克萨斯州中部	强大的公司影响力——KellyUSA，波音公司、洛克希德·马丁（美国航空航天公司）、普惠公司、通用电气公司、美国克罗马罗依（Chromalloy）公司、Mooney飞机公司和标准航空公司（Standard Aero）。 GPS GIS与信息技术、国土安全实体、军事机构和政府机构。 各学院和大学课程均致力于满足航空航天与安防产业群体的需求。	机场、军事基地、飞机库和铁路。市场准入政策下的集中选址。阿拉莫（Alamo）社区学院学区、圣安东尼奥得克萨斯大学（UT-SA）和南得克萨斯研究院。 圣安东尼奥经济发展航空理事会、美国国家安全局。 保养、维修与大修（MRO）产业群。
休斯敦和墨西哥湾沿岸地区	强劲的经济发展战略规划，发展代表性航空和航空产业群。纳米技术、医学科学、机器人技术和复合材料。航天、航空和国防技术研发实验室。 原始设备生产商（OEM）和中型公司。联合太空联盟、波音公司、洛克希德·马丁（美国航空航天公司）、美国空间作战和Barrios技术。	技术、IT和通信基础设施投资。美国太空总署约翰逊宇航中心（NASA' Johnson Space Center），航天、航空和国防研究实验室和专业技术。强大的学术力量注重培养航空、航天、国防及其他市场相关领域之间通用技术型劳动力，Rice，美国得克萨斯州立大学医学院。休斯顿大学。得克萨斯州圣哈辛托社区学院航空航天学院。埃林顿菲尔德机场。
里奥格兰德河流域和南得克萨斯州	美墨联营工厂接受经济适用型劳动力。原始设备生产商。保养、维修与大修、研发和制造。宇航中心。国土安全、边境管制、雷达和防御。劳斯莱斯股份有限公司、洛克希德·马丁（美国航空航天公司）、通用电气（GE）公司和雷神公司（Raytheon）。	靠近墨西哥。准入北美自由贸易区（NAFTA）、通过海运、空运和陆运进入中国—东盟自由贸易区（CAFTA）走廊。面向劳动力培训大学和大学课程，得克萨斯大学泛美分校和得克萨斯州立技术学院（TSTC）。利哈伊谷国际机场和哈林根机场。

(续表)

区域	产业群特性	基础设施
达拉斯/沃思堡市和北得克萨斯州	得克萨斯州后勤规划能力委员会。得克萨斯州国土安全联盟。技术雄厚的原始设备生产商（OEM）和技术协会。纳米技术、医学科学、复合材料、无线—GPS/GIS。传感器，跟踪装置和机器人技术。美国日内瓦航宇公司、雷神公司（Raytheon）、沃特飞机工业公司、洛克希德·马丁（美国航空航天公司）、Dallas Airmotive、L-3、BAE、通用动力、庞巴迪公司和贝尔直升机公司。	功能强大的IT和电信基础设施，以全面开展业务。机场、飞机跑道和物流枢纽。机场包括达福（DFW）国际机场、达拉斯爱田机场（Love Field）、Alliance机场、Meachum机场和小区域机场。得州大学达拉斯分校（UTD）、得州大学阿灵顿分校（UTA）、得克萨斯基督教大学（TCU）、北得克萨斯州大学（UNT）和南方卫理公会大学（SMU）。达拉斯和塔兰特国家社区学院。强大的军事影响力。

三、科技文化效应

国防工业对于一个区域的科技文化具有高度的协同作用，美国得克萨斯州以航空航天为核心形成了一个产业集群，1990—2003年，该区域由于协同效应而涌现出来一批新发明专利，如表5所示。可见，在美国及其他国家，随着国防工业与区域经济不断进行协同化的过程涌现出的集群区域中，专利开发的速度、质量都得到大大的提升和改善，从而推动着该区域科学文化的进步和发展。

表5 1990—2003年美国得克萨斯州国防工业新发明专利情况

子种类	专利数	所占比例
飞机	110	16.3%
飞机发动机	54	8.0%
直升机	22	3.3%
导航/GPS	164	24.4%
其他航空航天	64	9.5%
武器/火器	259	38.5%
总量	673	100.0%

四、社会效应

国防工业在基本建设和科研生产领域有着许多的高素质的科研和管理人员，国防工业与区域民用工业领域的共同协作，为国防工业与区域经济的劳动者之间的交流与流动制造了机会，这便成为了可以提升区域中劳动者的技术管理素质的一种快捷方式，而国防工业人员拥有的知识技术存量转化为区域经济生产力与技术进步。另外，国防工业还为与其相关的区域民用产业提供了许多的就业机会，进而使区域内的就业压力得到某些程度的缓解。

仍然以美国得克萨斯州的事件为例，这种集群效应具有很强的次级效应，具体表现在劳动力、教育、企业家精神与商业化、区域资源等领域具有一定的辐射效果。如表6所示：

表6　产业集群效应的次级效应

劳动力	教育
大型公司雇佣最优秀的人才，而小公司在人才竞争上稍显逊色。 勾勒劳动力技术蓝图是势在必行的举措，为各个行业提供劳动力技术路线图（包括行业所需技术）。 鼓励学生积极投身于航空航天事业。 从数据不断变化的人口统计资料中可以看出，英语能力有限及母语为非英语的人口数量逐渐上升。 行业需要制定战略，将经验型人才掌握的知识向下一代工人转移。 技术发展趋势日新月异，行业和学术机构时刻保持与时俱进。 行业标准认证需求增加（例如，机身制造、电厂）。	加强行业与高校间协作，以提高工艺、商业化和研发力量。 行业需要在劳动力技术蓝图过程中发挥重要作用，确定所需元素（例如，技术、毕业生数量）。 在初级学生之间建立有关特殊职业的良好通信渠道，向他们提供优势以实现事业目标。 增设贸易学校、实习和培训课程。

(续表)

创业和商业化	区域资源和国家资源
加强出台鼓励机制和制订战略性经济计划，鼓励公司涉足航空航天市场。 促进供应商/提供商渠道协调机制，面向整个产业群建立竞争机制。 构建新型商业化机制。 大力支持得州新兴科技基金会（TETF）。 国家支持建立孵化器和全国性的创业体制。 提供基础设施以在美国航空航天局（NASA）及其他联邦机构资助计划的支持下建立新兴公司子公司。 学术机构必须与行业互动以重新设计商业化过程。	创造全州范围内的营销计划，促进技术和区域产业集群优势。 构建资源库，允许公司获取有关资本、补助和激励计划的信息，造福于初创公司及致力于商业化产品的公司。 区域性机场系统投资。 得克萨斯州需要确保航空航天行业的优先权。 制订全国经济发展计划，着重行业人才招募和储备。

对于该地区，我们对其进行了 SWOT 分析，其结果如表 7 所示。通过分析可以看出其产业聚集效应的各种情况及其特征。总体上讲，优势给其带来的益处远远大于不足带来的威胁，需要在运营过程中对不足和威胁给予足够的关注。

表 7   SWOT 分析结果

优势	弱势
产业群中原始设备生产商（OEM）的影响力波及整个得克萨斯州。 保养、维修与大修（MRO）公司的影响力稳步上升。 得克萨斯州的供应商大部分是初创企业和中型企业。行业就业率增长使这些公司迅速扩大。 得克萨斯州航空航天行业的发展历史、长期的合作合同及美国国家航空航天局（NASA）的支持促进了行业稳步发展。 安防市场的发展促进了合作，增加了国土安全、边境管制及移民局的就业率。 成功创新无人机、子母飞机与材料。 不动产闲置，为企业提供广阔空间。朝向"马上动工区"（为新住房提供直接便利）转移，极大地提高了发展机遇。 国土安防市场充分抓住了史无前例的创新优势。 国家与行业间协作，促进了得克萨斯州的政策制定及行业发展。 美国国家航空航天局（NASA）的基础设施，以及太空站及机场系统。 得州州长办公室经济旅游发展部、航空航天局 2005—2009 航空航天战略目标办公室	制造厂和实验室通常需要新设备以加速创新并缩短产品上市时间。为了节省成本，企业可能会决定不升级设备。 技术型劳动力短缺，包括焊工、机械工、航空电子技术工人及电子技术人员，企业竞争激烈。 行业发展不平衡，小型公司为发展合作依赖于原始设备生产商，因此商业机会下行。例如，DoD 与美国国家航空航天局（NASA）合作。 市场恶性循环，劳动力需求基于合作，招募和储备技术型人才的市场趋势不容乐观，由此造成了生产力降低，失业率升高。 超过 70% 的供应商设在境外，可能对得州企业的滞留率造成威胁。 加强政府、行业和学术机构间的合作，打造未来劳动力发展蓝图。 美国国家航空航天局（NASA）间歇式合作使美元流向合作公司。小型公司依赖于这些合作机制。如果得州不支持美国国家航空航天局（NASA）计划，恐怕造成公司和就业率损失。 国家供应商外流，一级企业招募受阻。 BRAC 需要政府积极回应。 企业环境威胁，日益升高的健康维护成本、财产税和库存设备税。

(续表)

机遇	威胁
企业合作最大化利用分销渠道——机场、道路、航空和铁路缩短产品上市时间。 充分利用国家和联邦政府的关系，影响行业利益团体的政策，从而吸引、稳定和利用政府合作。 充分与其他市场对接，例如，先进材料、纳米技术和生物技术，从而发展技术。 建立得州航天局。 打造创业计划，协助新公司成长，使NASA流失人员创造就业。 发展顶级行业，倾向于制造、研发和零件供应商。 支持材料科学和轻型飞机的开发。 投资机场系统，从全球市场、"空中巴士服务"市场获利，发展私营和商业旅游业。 发展全国航空航天和安防市场标准化认证计划。 打造小型公司的创业精神，促进创新。 通过税收政策、供应链降低固定成本，激励企业发展。 国土安全——产品开发、联邦资源和合作。	需解决知识产权流向全球竞争对手的问题。 人才流失——毕业生和专家转移到具有更高收入和机会的区域和国家。 商业气候不景气和外包发展趋势，造成大量设备、生产地及就业率损失。与其他州对比，得州的企业是否能够维持和发展制造业、研发及保养、维修与大修（MRO）行业？ BRAC缺少劳动力技术人员。由于社会、技术和经济趋势，使相关行业劳动力短缺。特别注重K-12教育系统毕业人才储备。 保护有关飞机外销至国外政府及非得州本地企业的销售税豁免政策。 人口统计——得州目前劳动力人口老龄化，移民人口不断增长，9—12年级辍学率偏高。 减少国防开支。 缺乏全国性的营销策略，不能鼓励学生投身于航空、航天和国防事业。

第五章　国外国防工业与区域经济的科技融合问题研究

第一节　部分国外区域科技发展战略和计划

科技作为第一生产力,是提高人民生活条件的基础,更是推动国民经济发展的必要条件。因此,国家战略中必须有科技发展战略,以指导科技创新途径,规划科技体制、制度与司法保障的创新。

一、美国的部分相关战略和计划

毫无疑问,美国在科研发展上一直处于领先地位,是一个科技强国,这与美国在"二战"后执行科技发展战略密切相关。美国通过曼哈顿工程的成功充分意识到科学与国家利益的结合是十分重要的,这使得美国在国家层级上以积极乐观的状态与从未有过的热情来对待科技。"美国政府将科技看做无尽的前沿与资源,开拓这个前沿并探索承载我们的宇宙,更利于满足我们的冒险精神与发现热情。"

(一)《国家先进制造战略》

(1) 相关介绍

美国国家科学与技术委员会在 2012 年 2 月颁布《国家先进制造战略》,其中明确指出,先进制造是保持美国经济优势和国家安全的重要基础,该《战略》研讨了美国现有的先进制造模式,在未来的整体趋势,以及将会面临的机遇与挑战,针对这些提出了五个战略目标。该战略计划指出,美国先进制造研发在2013财年的预算为22亿美元,美国能源部、国家标准与技术研究院、美国科学基金会以及其他机构的预算增长超过一倍。①

(2) 战略目标

《国家先进制造战略》,提出了五个相互关联领域的战略目标,这五个目标起着相互带动作用,其中一个方面的提升会带动其他方面的提升,想要完成这五大战略目标离不开众多联邦政府机构和国家科学技术委员会的统筹协调作用。

一是,联邦机构通过早期执行对前沿产品的采集以及其他相关措施,提高了联邦职能和设备的使用率,增加了对先进制造技术研究和中小制造企业的投入。这一计划将促使美国的制造企业,尤其是中小企业,取得技术生命周期的商业化和扩大规模阶段的成功。

二是,增强教育和培训机构的目的性,提高技能劳动者的数量,制造商对先进技术的投入越高,对人员制造能力的要求也越高。因此该战略的关键就是提高先进制造所需的全部能力,并教育和培训未来所需的技术人才。②

三是,增强公司合作,促进政府、工业、学术界三者的合作,对先进制造技术的投入与使用更充分。美国当前的创新系统机构还有许多的能力缺陷需要修复,修补后便会提高先进制造速度。工业研究人员需要与学术界展开更有效的交流。先进制造技术和技能领域的投资一定要在联邦、州、地方和民间协调好,只有各个参与部门的全力合作,才能弥补能力的缺陷。

四是,通过投资组合进行研究和调整,使联邦政府各机关对先进制造投资的优化变成现实,美国先进制造的利益都或多或少地受联邦机构的研究、开发和部署投入影响。各机关通常独立开展这些投资。通过把这些投资当成一个投资组合来看待,调整投资策略,可扩大投资收益。

五是,扩充先进制造研发的公共和私人投资总量。各级别的政府机构和公

---

① 王巍、刘雅轩、李爽:《美国〈国家先进制造战略规划〉》,载《中国集成电路》,2012年第8期,第26—30页。

② 王巍、刘雅轩、李爽:《美国〈国家先进制造战略规划〉》,载《中国集成电路》,2012年第8期,第26—30页。

共机构开展合作,推动和协调联邦投资是目标1—4的要求。除此之外,国家还必须增加对研发的投入,以此来达成目标。①

(二) 国家纳米技术计划

美国国家纳米技术计划(NNI)是美国政府于2001年实施的一项研发计划,推出该计划是希望从纳米尺度上理解和控制物质,促进新一轮的技术和工业革命并造福社会,其目标是使美国的纳米技术一直处于领先地位,有力地支持国家经济竞争力的提高。

自该计划公布之后,美国政府出资建立了6个纳米科学与工程中心,开展新的研究领域并帮助纳米技术劳动力队伍的建立。美国在2002年增强了对国家纳米计划的投入,并规划了新的战略目标,计划在未来的8年内培养出80万的纳米科技专业人才,并且要对美国的国民生产总值作出贡献,达到1万亿美元。2003年该计划在《21世纪纳米技术研究与发展法案》中获得授权,涉及20个联邦部门、独立机构和委员会,在国家科学技术委员会框架内运作。美国国家科学技术委员会(NSTC)还为此专门设立了纳米科学、工程和技术分委会(NSET)机构,该机构负责制订、执行、评判和协调该计划。

随着形势的不断改变,该计划也几经调整。经过不断地更迭,2016年该计划的发展目标更新为,推进世界一流的纳米技术研发项目;促进新技术成果商业化;维持和发展教育资源、劳动力,推动建立纳米技术动态基础设施;支持并对纳米技术的发展负责。根据NNI历年的经费分布,95%以上的经费流向商务部国家标准与技术研究院(NIST)、国防部(DOD)、国家自然科学基金(NSF)、国家卫生研究院(NIH)和能源部(DOE)这五大机构。

(三) 国防科技战略体系

(1) 国防科技战略管理机构及其职能

国防科技战略管理工作涉及的机构可分为三个层次:战略管理领导机构、

---

① 王巍、刘雅轩、李爽:《美国〈国家先进制造战略规划〉》,载《中国集成电路》,2012年第8期,第26—30页。

第五章 国外国防工业与区域经济的科技融合问题研究

战略管理执行机构、战略管理协调与咨询机构。

战略管理领导机构。负责研究与工程的助理国防部长办公室（前身是国防研究与工程署）是美国国防科学技术战略管理的主体责任部门，牵头组织国防部直属部门、各军种、各业务局等部门共同制定国防科技战略及相关科学技术规划和指南文件，并对编制过程进行监督和指导；负责国防科技战略的总体方向、内容和质量；颁布最终的战略规划文件。该部门最早可追溯到1947年国防部成立之初就设立的国防研究与发展委员会，1958年正式更名为国防研究与工程署，2011年升格为负责研究与工程的助理国防部长办公室，统筹整个国防部国防科技工作。尽管经历了几次改革，但该部门制定国防科技战略和规划的核心职能一直未变；其地位也相对稳固，可直接向负责采办、技术和后勤的副部长汇报。

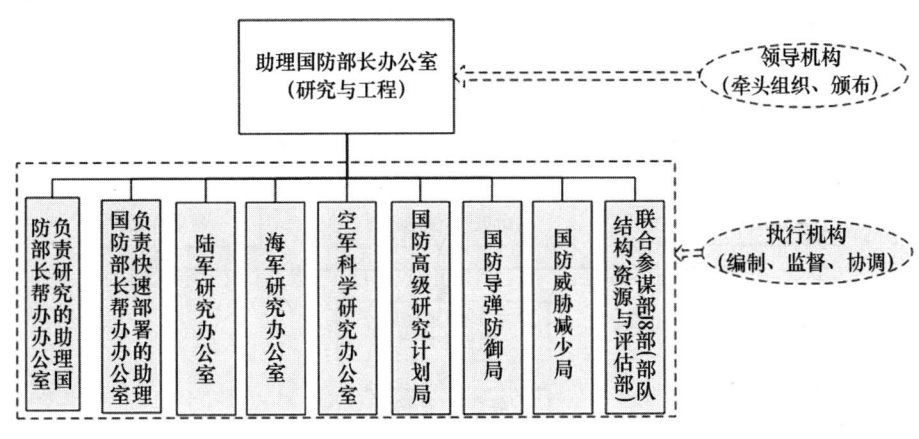

图4 美国国防科技战略管理机构构成图

战略管理执行机构。科技执行委员会（原国防科学技术顾问团）负责具体指导和监督战略及规划文件的编制，协调各部门利益，防止出现不必要的重复，向国防部负责研究的助理国防部长提供意见和建议。该委员会由负责研究与工程的助理国防部长担任主席，成员包括国防部负责研究的副部长助理、负责快速部署的副部长助理等，各军种科技执行部门主管，各业务局（国防高级研究计划局、国防导弹防御局、国防威胁减少局）副局长，联合参谋部J8

负责资源与采办的副主任等。负责快速部署的助理国防部长办公室具体落实《联合作战科技计划》的编制，负责研究的助理国防部长办公室具体落实《基础研究计划》《国防技术领域计划》的编制。

（2）国防科技战略管理的内涵

美国通过国防部研究与工程署制定国防科技战略等体系文件，对未来一定时期内的国防科技发展方向进行系统把握，其核心目标是保持美国的技术领先优势，指导国防科研体系的活动。

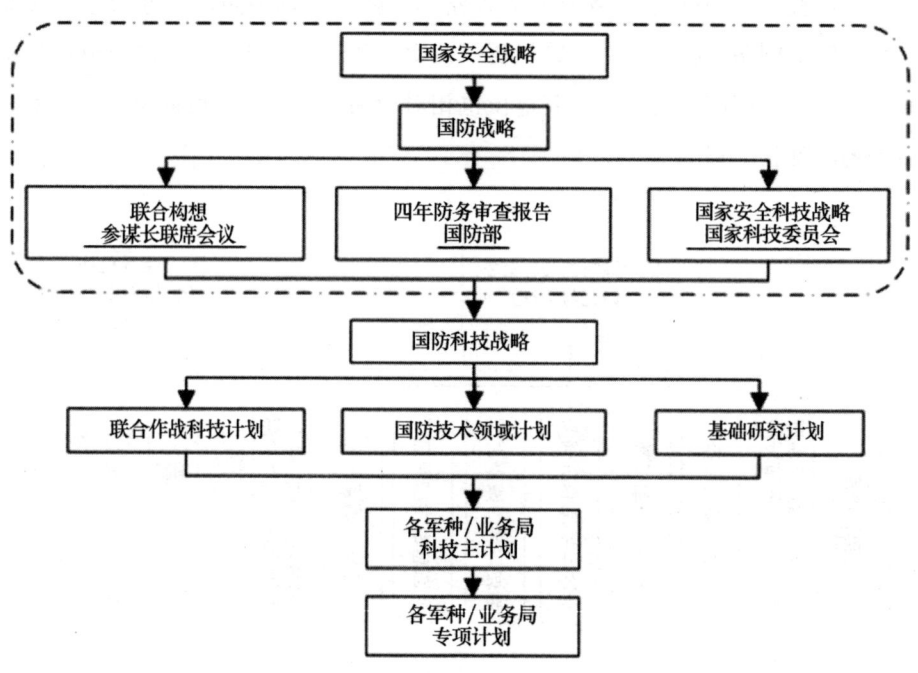

图5　美国国防科技战略构成体系图

国防科技战略体系具体分为四个层次：第一个层次是《国防科技战略》，该战略基于国家安全战略、国防战略、联合构想、四年防务审查报告和国家安全科技战略等顶层文件制定并逐步调整；第二个层次是支撑《国防科技战略》的三类跨军种计划，即《基础研究计划》《国防技术领域计划》和《联合作战科技计划》；第三个层次是依据前两个层面制订的各军种和国防部各业务局的科技主计划，如《美国海军科学技术战略规划》《陆军科学技术主计划》等；

第四个层次是依据以上顶层战略或规划，各军种和国防部各业务局制订的专项计划。

(3) 国防科技战略的发展演变

一是逐步形成集中高效的国防科技统筹管理，科技战略牵引作用凸显（1947—1991年）。美国的国防科技发展战略从萌芽、孕育到诞生，经过"一战""二战"的催化和冷战的推动，同时，伴随着"曼哈顿工程"等一系列科技计划的实施，美国意识到保持国防技术优势是取得战争优势、占领未来制高点的关键要素。20世纪40年代，时任美国国家科学研究发展局主任的布什博士经罗斯福总统授意，发表《科学——永无止境的前沿》报告，提议建立国防科技统筹管理部门，此举也标志着国防科技战略已成为国家战略中重要的组成部分并得到充分重视。20世纪50年代，美国提出"新面貌"，即"第一次抵消战略"，利用美国在核武器、远程轰炸机、弹道导弹方面的技术优势，第一次实现了对苏联威慑的抵消，也使美国第一次在实践中体会到科技力量对作战取胜的关键作用。1958年，作为针对苏联的核试验和人造卫星两项重大技术突破所作出的直接回应，美国加紧部署并调整组织机构，成立DARPA、NASA、研究与工程署等业务局，逐步落实对国防科技的专业化集中管理，为美军的技术优势提供保障。在成功实践第一次抵消战略，20世纪70年代，美国在面临冷战高峰和军备竞赛愈演愈烈的形势下，利用精确制导武器、隐身飞机等，实现了对华沙条约集团在欧洲数量优势的抵消，第二次利用"抵消战略"赢得了竞争胜利。20世纪70年代中期至20世纪末，美国的战略几经调整，国防经费几次压缩，但国防部利用内容广泛的"科学技术计划"，持续推动着国防高技术的稳步发展，不断努力谋求实现全面的技术优势。

二是推进国防科技战略体系化建设，全面统筹和引领国防科技发展（1992—2006年）。1992年7月，美国国防研究与工程署在分析冷战结束后国际战略新形势的基础上，首次制定了《国防科技战略》及其支撑性计划，明确聚焦军事作战需求和国防关键技术的双轨发展，推动形成国防科技战略的体系化构建思路。1994年9月，依据海湾战争的经验和美国当时面临的国内外严峻威胁，美国国防研究与工程署公布了第二版《国防科技战略》及其支撑性计划,引导国防科技的军事应用能力提升。1996年5月,基于1995年版《国家安全科学技术战略》,以及1996年版《联合构想2010》等顶层文件的具体要求,美国国防研究与工程署制定并公布第三版《国防科技战略》及其支撑性计划,引导国防科技发展重视战略投资、经济可承受性和技术两用性等重点方向,并为各军种及国防部各业务局的科技发展战略、指南和计划制订提供方向建议和思考借鉴。2000年5月,依据1996年版《联合构想2010》对未来联合作战需求的设置和1997年版《四年防务审查报告》对四年来美国国防形势的评估,美国国防研究与工程署制定并公布第四版《国防科技战略》及其支撑性计划,重申经济可承受性和技术两用性的重要度,强调加速技术转移和加强技术基础的新要求,依战略重点的调整为国防科技发展把控方向,同时在国防科技战略体系不断完善的过程中,为国防科技的战略性发展与转型提供支持。

三是国防科技战略更为务实高效,追求新的科技与军事优势(2007年至今)。小布什执政期间,由于"9·11"事件之后国内国际形势的深刻变化,美国国防研究与工程署基于2000年版《联合构想2020》、2002年版《美国国家安全战略》、2005年版《国防战略》、2006年《四年防务审查报告》对美军现状和防务态势的剖析,于2007年发布已更名的国防科技战略,即《国防研究与工程战略计划》,在重视科技发展的前提下,明确实践中应遵循的战略科技优先顺序,关注军事能力需求牵引及其支持性技术研发。

奥巴马政府上台之后,由于金融危机的影响,美国国防预算逐步紧缩,加之其他国家国防科技的快速发展逐渐与美国缩短差距,美国意识到在信息系统、隐身、精确打击等核心军事技术领域难以维持绝对领先地位,开始对如何维持未来军事优势开展了较为广泛的讨论和研究。

2012年1月,美国发布新版国防战略指南《维持美国的全球领导地位:21世纪的国防重点》,对国防科技发展提出更高要求。2014年2月,美国国防研究与工程署发布《2014年研究与工程战略:改变的概念》报告及相关文件,提出新形势下美国国防科技发展的顶层思路。2016年9月,时任国防部长得哈格尔提出实施"第三次抵消战略",主张追求并建立新的技术优势,以确保美国的军事优势,同时,对近年的国防科技战略文件进行深入思考与完善,研究促进国防科技创新发展的措施,更加全面、系统地指导国防科技向对抗新兴威胁,支撑装备发展的经济可承受性,重视颠覆性国防技术的发展和应用,重视国防科研的内部协同与国际合作。

二、俄罗斯的部分相关战略和计划

(一)《2020年前俄罗斯联邦创新发展战略》

为推进俄罗斯从资源依赖型经济向创新导向型经济发展,扩大创新在经济空间发展中的位置。2011年12月,俄联邦政府批准第227-P号令《2020年前俄罗斯联邦创新发展战略》,以增加研发投入占比,培养创新人才,培育和扶持创新型企业。

《2020年前俄联邦创新发展战略》是具有重要战略意义的指导性文件。该文件分13个部分,分别是总则、俄联邦创新发展的现状与问题、战略规划体系中的创新战略、战略目标与任务及实施阶段、创新活动的范围、创新商业活动、效率科学、创新国家、创新基础设施、参与世界创新体系、创新区域、俄联邦完善立法的基本方向和财政保障等。

该战略的目标是:扩大实现技术创新的工业企业份额,2020年前总数不低于40%~50%;提高俄罗斯高新技术产品和服务在世界市场上销售额在同类产品中所占的比重,2020年前5—7个领域(航天、武器和军事技术、核技术、造船软件、教育服务、航空服务和导弹航空技术生产)的份额增长到5%~10%;2020年前将创新领域在国民生产总值中的总附加值提高到17%~20%;2020年前俄罗斯高新技术产品在世界高新技术产品总出口的份额提高到2%;2020年前创新产品在工业产品总量中的份额增加到25%~35%;2020年使国内研发支出占国民生产总值的2.5%~3%,其中超过半数由私有部门承担;2020年前俄罗斯科技人员在世界学术期刊上发表论文的份额提高到3%,2020年前俄罗斯科技人员的论文在"科学网"(Web of Science)数据库的单篇文章引用率增加到4次;增加俄罗斯进入世界排名前200位的大学数量,2020年前为4所;提高俄罗斯法人和自然人在欧盟、美国和日本专利局登记的专利数量，2020 年前达到 2500—3000 件；将研发经费在俄罗斯各类重点大学经费结构中的份额增至 25%。①

（二）《俄联邦 2013—2020 年科学与技术发展国家纲要》

2012 年 12 月，俄政府通过《俄联邦 2013—2020 年科学与技术发展国家纲要》（以下简称《纲要》），旨在推动俄罗斯联邦科技的全面振兴，保证人才和资源集中在优先发展方向，建立科技储备，满足经济部门的需求，使俄罗斯进入专利活跃度领先国家，有效推动科研、教育和创新活动一体化。

（1）主要任务

俄罗斯《纲要》主要涉及四大任务：发展基础科学研究，在优先发展的科技领域培养领先科技实力；加强研发部门制度建设，完善其结构、管理和资金体系，加快科学和教育的融合；建设科研部门的现代化物质技术基础；保证俄罗斯科研部门与世界科技领域接轨。②

（2）优先发展方向

俄罗斯《纲要》优先发展方向主要有 4 项：支持俄罗斯高科技产业（核能、航空航天等）的发展；为发展俄罗斯技术密集型经济打好技术基础；为各经济部门（医疗、农业、交通、能源、建造等）在发展自身的过程中对科技创新（归根结底是对科研）需求提供支撑；解决国家安全问题，包括防止突发事件和消除其不良后果。③

（三）《2007—2012 年俄罗斯按照科学技术综合发展方向研究与开发》

《2007—2012 年俄罗斯按照科学技术综合优先发展方向研究与开发》是在 2006 年 10 月俄联邦政府颁布并得以批准的第 613 号令，是俄罗斯的又一区域

---

① 田涛、王兰：《俄罗斯科技创新体系发展战略研究与启示》，载《资源开发与市场》，2015 年第 8 期，第 1007—1010 页。

② 覃甫政：《俄罗斯保障国家经济安全立法研究》，载《经济法研究》，2016 年第 1 期，第 143—179 页。

③ 覃甫政：《俄罗斯保障国家经济安全立法研究》，载《经济法研究》，2016 年第 1 期，第 143—179 页。

科技发展战略。①

(1) 主要内容

《2007—2012年俄罗斯按照科学技术综合优先发展方向研究与开发》主要任务是，根据俄联邦关键技术目录，凭借科学、工艺、技术发展的优先方向快速发展，以此来保证俄联邦科学技术潜力的开展；通过激励个体商户、改革企业科研订购和科研成果转化途径来推广应用国家与个人的合作体制模式，促进有效资源向具有前景的科技方向集聚；在实施工艺产业化重大方案的基础上，形成俄联邦科学、技术、工艺发展的优先方向；保证年轻专家流向研究和开发领域；发展主流科学学派；开展高等学校研究活动；在科技领域中，帮助小型企业成长，并能够加入到科技合作制的一体化建设之中；发展主导基础和应用研究，培养具有竞争力的科学组织，如高等学校的科学仪器基地等。②

(2) 主要特点

该规划在继承以往科技发展规划、计划和政策主要发展思路和指导思想的基础上，对实践的主要目的和优先发展的方向领域进行优化调整，克服原有文件中的短板和不足，针对时下出现的新情况和新问题，进一步强调要发挥科技这一手段的经济、社会、文化等突出功能，制定新的、合理的配套措施，体现出如下特点：以订货方式确定国家与《规划》项目研发主体间的关系；体现出科技研发明确的方向性和明显的综合性；体现出商业团体参与科技创新、科技创新服务于国计民生的理念；体现人道主义色彩；具有国际化视野。

实现对俄罗斯国家"大国崛起"设想的科技支撑，加强科技优先发展方向的发展，是《2007—2012年俄罗斯按照科学技术综合优先发展方向研究与

---

① 翟翠霞、郑文范：《当前俄罗斯科技发展战略特点及分析——〈2007—2012年俄罗斯按照科学技术综合优先发展方向研究与开发〉联邦专项规划解读》，载《科技成果纵横》，2008年第3期，第46—47页。

② 翟翠霞、郑文范：《当前俄罗斯科技发展战略特点及分析——〈2007—2012年俄罗斯按照科学技术综合优先发展方向研究与开发〉联邦专项规划解读》，载《科技成果纵横》，2008年第3期，第46—47页。

开发》联邦专项规划的目标所在，更是对原有宗旨的深度强化。①

三、欧洲国家的部分相关战略和计划

（一）英国——《面向2021的国防科技和创新战略》

表8　1990年以来英国的主要创新战略与规划

年份	战略与规划
1992	《实现我们的潜能——科学、工程与技术战略》
1998	《我们竞争的未来：建造知识驱动的经济》
2000	《卓越与机遇：21世纪科学与创新政策》
2001	《企业、技能与创新》和《科学与创新战略》
2002	《对创新投资》
2003	《在全球经济下竞争：创新挑战》
2004	《英国科学与创新10年投资框架计划（2004—2014）》
2004	《从知识中创造价值》
2008	《创新国家》
2011	《政府创新与研究战略》

《面向2021的国防科技和创新战略》是英国国防部在2014年末发布的。此项战略的中心思想认为，站在国防科技长远发展的立场上来看，国防部一定要吸引世界领域内的技术超前的民用部门来参与到国防开发的项目中，以此达到加快武器装备更新升级的目的，同时为武装部队提供经济上可承受、质量和性能高于潜在对手的武器装备，促进构建军民组合、寓军于民的国防科技创新体系。②③

（二）法国——国家科研与创新战略

根据法国工业部2013年发布的《新工业法国》报告，法国科技实力排名

---

① 翟翠霞、郑文范：《当前俄罗斯科技发展战略特点及分析——〈2007—2012年俄罗斯按照科学技术综合优先发展方向研究与开发〉联邦专项规划解读》，载《科技成果纵横》，2008年第3期，第46—47页。

② 陈强、余伟：《英国创新驱动发展的路径与特征分析》，载《中国科技论坛》，2013年第12期，第148页。

③ 宋彦：《甘肃省军民融合式发展问题研究》，兰州大学2013年硕士学位论文。

世界第五，国内生产总值位居世界第六，但由于受到金融危机的冲击，2002—2012年间，法国减少了75万个产业就业岗位，国内工业生产总值减少了4个百分点，贸易赤字甚至高达600亿欧元，与曾经辉煌的工业历史形成了强烈反差。

面对这种挑战，奥朗德政府致力于从科技创新、高等教育和研究人才培养、产业复兴等方面振兴国家。在战略规划方面，制订了一系列关于创新和工业发展的国家战略、工业计划、创新投资计划等，如《法国—欧洲2020：研究、技术转移和创新的战略议程》《34个新工业计划》《未来工业计划》《未来投资计划》等①。

综上所述，各个国家积极制定科技发展战略和计划，是清楚地认识到了科技战略对于区域经济发展和国家硬实力提高的重要性。伴随着时代的进步，针对各个国家发展的不同阶段，各个国家也在不断进行着科技发展战略和计划的更新，其中包括国防科技战略、高新技术战略等。虽然各个国家所颁布的科技战略和计划侧重的领域大有不同，但最终都对区域经济的发展起到了良好的鼓励和促进作用。

（三）德国——《高科技战略》

2006年，联邦政府首次发布《高科技战略》报告，继续加大特别是17个创新领域的投入，既立足于德国国内的发展需要，又面向国际市场需求，以确保德国未来在世界上的竞争力和技术领先地位。② 2010年7月，德国发布的《高新科技2020战略》则注重强调将科技创新的效益更多地惠及大众，对把握后危机时代的发展前景更加重视，对战略实施的可操作性进行了进一步的巩固，把国防工业转型战略的重要措施定为发展军民两用技术，使国家军用和民用工业的持续发展得到有效支持。该《战略》同时也明确了联邦实验项目和具体的发展规划，分别是环境保护和能源开发、医疗卫生和饮食营养、物流交通和航空航天、公共安全和防灾减灾、信息通讯和网络领域等。德国政府还通

---

① 吕月珍：《各国创新创业政策及发展经验速递》，载《杭州科技》，2016年第6期，第60—64页。

② 张明妍：《德国科技发展轨迹及创新战略》，载《今日科苑》，2017年第12期，第1—14页。

过支持中小企业发展高新科技、标准化制定和知识产权保护、高新科技的采购和市场营销、科技创新与社会进步相结合等主要措施大力发展高新科技。①

2013年4月,德国"工业4.0工作组"发表《保障德国制造业的未来:关于实施"工业4.0"战略的建议》的报告,并于同年12月由德国电气电子和信息技术协会将该报告中的内容细化为"工业4.0"标准化路线图。近年来,德国面向2020年高科技方针的十大目标之一是"工业4.0",该目标同时也提升为德国的国家战略。②

四、日本的部分相关战略和计划

(一)科学技术基本计划

(1)第一期科学技术基本计划(1996—2000年)

《第一期科学技术基本计划》是日本政府在1996年7月提出的。建立一个以科技创造力为基础的日本,为国家科技发展制定全面、系统的政府则是该计划的目的所在。日本政府在第一次计划的实施中累计消耗17.6亿元,大部分以加强产学研组合为中心;在博士后奖金方面大幅度地增加了名额;在研究机构或大学的创意或技术转化的前提下,使新风险企业的创办有了明显的进步;对年轻研究人员提供强大的支持;提高研究人员的流动性;在竞争性研究资金方面也有所增加,其中最为集中的是使用研究资金;增加研发资源等诸多方面展开了日本研发体制的改革,使其改善了日本的研发环境。③

(2)第二期科学技术基本计划(2001—2005年)

《第二期科学技术基本计划》是日本在2001年3月提出的。重要政策、科

---

① 徐清:《后危机时代德国发展高新科技的战略及对我国的启示》,载《科技与经济》,2011年第2期,第45—48页。

② 丁纯、李君扬:《德国"工业4.0":内容、动因与前景及其启示》,载《德国研究》,2014年第4期,第49—66页。

③ 魏龙:《日本科技发展战略的演变与科技发展基本计划》,载《科技促进发展》,2007年第7期,第13—15页。

第五章　国外国防工业与区域经济的科技融合问题研究

技理念和综合科学技术会议的使命是第二期计划中的三大组成部分。日本政府在第二次计划的实施中累计消耗 25 亿元，很大程度地提高了日本的科技水平。①

（3）第三期科学技术基本计划（2006—2010 年）

《第三期科学技术基本计划》是日本于 2006 年 3 月在内阁会议上提议通过的。在研究日本科技现状和分析国际科技发展态势的前提下，日本在第三期计划中提出了五大部分，分别是科学技术基本计划中凸显人才、技术创新、国际合作、基础研究和支柱技术。其中基础研究方案又分为两个大部分：一是基于国家特定科技政策而展开的政策目的型基础研究；二是基于研究人员自由构想而展开的自由发挥型基础研究。② 日本政府在第三次计划的实施中计划消耗 25 亿日元在科研经费上，不断深化这些世界顶尖级的"国家基础技术"研究，使日本作为在经济方面第一级国家的持续发展得以保证，同时也带领世界提高日本在国际社会中的话语权。③

（4）第四期科学技术基本计划（2011—2015 年）

2011 年 8 月，日本发布了《第四期科学技术基本计划》。该基本计划不仅要兼顾延续性还要兼顾创新性，在目标指导的准则下推进计划的操作和落实。由于第三期基本计划提出的重点领域与重点战略一定程度上割裂了科技与经济社会间的横向联系，所以该基本计划强调以跨领域联合的方式进行突破和创新，并提出三大任务，以实现日本的复兴和重生。三大任务包括灾后复兴计划、绿色创新计划、民生创新计划等，分别涉及社会基础设施的重建、新能源技术、绿色制造、药品、医疗器械等的开发和推广。除此之外，该计划还提出了未来日本亟须突破的五个方向，重点在信息通信、纳米技术等既有优势领域进行布局，并强调外太空、海洋探测等方面的创新突破，以保障国家

---

① 魏龙：《日本科技发展战略的演变与科技发展基本计划》，载《科技促进发展》，2007 年第 7 期，第 13—15 页。
② 王承云：《日本企业的技术创新模式及在华 R&D 活动研究》，华东师范大学 2008 年博士学位论文。
③ 魏龙：《日本科技发展战略的演变与科技发展基本计划》，载《科技促进发展》，2007 年第 7 期，第 13—15 页。

安全。①

（二）《防卫计划大纲》

由于美国在19世纪70年代中期严格限制技术转让，关键设备只输出产品而不输出技术，在这一背景下，日本政府基于本国经济技术的初步发展，确立并执行了武器装备国产化方针，于1976年10月，日本内阁会议提议并通过了《防卫计划大纲》。《防卫计划大纲》指出，为了实现武器装备的国产化和现代化，日本自卫队武器装备的发展应坚持"以国产为主，仿造、进口为辅"的方略，首先选择本国的技术成果，争取建立起较完整的军工生产体系。日本受到"科技立国"战略和《防卫计划大纲》的启发，增加了武器装备经费的投入，同时增加了武器装备的自主技术含量。②

1995年11月，日本内阁批准颁布《防卫计划大纲》新说明，并首次提出加强国防科研、提高技术基础作为指导国防建设的战略方法，体现了日本重视国防科研对国防建设的重视性和作用。在新说明的启发下，日本还采取了相应的战略方法，加强开展国防科研，大规模地增加了国防科研费，并且每年都有所提升。近年来，日本防卫费接二连三地打破了不超过GDP 1%的限额记录，使国防科技发展战略的制定与实施有了同冷战时期不能相提并论的新特点，即实行"少生产、多研制"的政策，大额增加国防科研费；争取突破重要军品国产化，在采用民用技术、提高研究开发效率的基础上，加强国际间合作。

2004年12月，日本出台新《防卫计划大纲》，明确提出将国际贡献与本土防卫并列为自卫队的主体任务。从此日本自卫队开始可以在世界范围内进行军队活动，如维和行动等。2010年12月，日本政府在内阁会议上，又确定了作为调整防卫力量依据的新版《防卫计划大纲》，提出建立夺回离岛部队，未

---

① 魏龙：《日本科技发展战略的演变与科技发展基本计划》，载《科技促进发展》，2007年第7期，第13—15页。
② 张琼：《战后日本国防科技发展战略演进分析》，载《哈尔滨工业大学学报（社会科学版）》，2000年第2期，第92—96页。

来五年内大肆扩充军备等思想。①

第二节 国外国防工业对区域科技创新的支撑作用

一、重点国家国防科技转化概况

(一) 美国的国防科技转化概况

(1) 发展概况

20世纪90年代，美国政府就将发展军民两用技术定为国防工业转型的重要措施，以有效地支持国家军用和民用工业的持续发展，同时也制定了军民一体化的工业体系。《联邦技术转移法》指出，技术转移是联邦实验室的重要职责，联邦实验室有权利和企业进行关键技术的合作研发，也可进行专利授权，个人企业不管规模大小均可接受专利授权，足见美国对于军用技术和科技成果转化的重视程度。②

美国国防部军用技术转化核心计划包括电子加工、平板显示器、微机电系统、航空先进复合材料、一体化高性能涡轮发动机和旋翼机技术等；美国能源部也有多项军民两用技术研究开发合作计划，设计半导体、智能制造、高性能计算、航空发动机先进材料计划等。

(2) 具体实例

第一，美国国会授权军民两用技术产业化工作做得较好的美国国家航空航天局（NASA）负责管理美国政府所在的研究所科研成果的技术转让工作。NASA不仅创造了有主导作用的内部骨干技术转移网络，也合作了国防部、商

---

① 张琼：《战后日本国防科技发展战略演进分析》，载《哈尔滨工业大学学报（社会科学版）》，2000年第2期，第92—96页。
② 齐晓丰：《军民用技术双向转移政策与难点分析》，载《军民两用技术与产品》，2011年第11期，第17—19页。

务部、能源部等 17 个联邦政府部门，使技术转让网络遍布美国每个角落，组织和帮助美国工业界参加、利用和商业化 NASA 所投资的研究项目和技术。技术转移协会、技术转移中心、技术发现者、10 个空间中心的商业技术办公室和 6 个区域技术转移中心及一系列的计划组成了 NASA 系统内的技术转移网络。①

第二，美国国防部为了军用卫星电话项目的开发，选择摩托罗拉公司作为主承包商，摩托罗拉获得了高达 2.52 亿美元的产品和服务合同，使这个因开发"铱星"电话通信系统而濒临破产的公司起死回生。与此同时，美国国防部以较低成本极大地缓解了美军事通信频道不足的问题，形成了军事投入产生军民互动的增值效应，使国防建设成为国家经济建设的推动力，也在一定程度上带动了区域科技创新和经济建设的发展。②

（二）俄罗斯的国防科技转化概况

进入 21 世纪，普京提出振兴军事工业的十点主张，指出新世纪军工企业军转民的发展方向是军事高科技实现军转民，军工综合体要尽量缩短周期吸收民用技术。《俄罗斯联邦 2020 年前及以后国防工业综合体发展政策基础》也提出要为区域需求提供服务，加快军用技术和科技成果的转化进程。③

例如，在航天领域优先发展"格洛纳斯"全球导航卫星，对地观测系统等军民两用技术和产品，将一系列战略弹道导弹、军事通信卫星等军用技术应用改装成运载火箭、民用卫星等民用产品。此外，许多航天企业还利用先进的材料和技术开展多元化经营，开发生产了多种非航天领域产品。生产液体洲际弹道导弹的总承包商马科耶夫国家导弹中心拥有专门的民用产品设计部门，其业务涉及消防、运输、建筑、石油加工、采矿、能源、医疗设备等行业领域；著名的"联盟"号、"进步"号宇宙飞船和国家空间站舱段总承包商能源火箭

---

① 仝爱莲：《国外军民两用技术产业化发展之措施》，载《军民两用技术与产品》，2009 年第 5 期，第 3—6 页。
② 仝爱莲：《国外军民两用技术产业化发展之措施》，载《军民两用技术与产品》，2009 年第 5 期，第 3—6 页。
③ 詹伟、缐珊珊：《军民融合的发展与启示》，载《电讯技术》，2013 年第 5 期，第 677—682 页。

航天集团也生产假肢、家用电器、电动车等民用产品。

(三) 日本的国防科技转化概况

日本采取利用民用企业和民用部门的发展来推动整个国防建设，加大对民间企业的扶持力度，并在此过程中将一些军事技术转让给民用企业使用，使得民间企业在技术开发、科研创新，经费投入和经济实力上都具有强大的优势，在一定程度上促进了军用技术的转化和军民两用技术的发展。[①]

近年来，日本以军方（防卫省的技术研究本部和采购实施本部）为合同委任方和武器装备计划、方案的实施者的身份，指导军方科研部门与民间企业合作，由民间企业承担装备研制生产任务，这其中，军方的主要职责是委任民间企业研究开发任何可能变为民用的项目，明确发展方向，制订规划方案，签订合同，实施监督，进行试验鉴定和组织定型等。官、军、民"三位一体"是日本形成的多层次结构体系，成功推动了新材料技术、动力推动技术、生产技术和电子技术等16个项目。已有超过2000家的军品订货企业被日本有权利接受，大体上形成了一个以种类齐全、技术超前、发展前途光明为主的军事科研生产体系，很大程度上带动了区域科技创新的发展。例如，五铃汽车公司、丰田汽车公司和日野汽车公司等在研发民品的基础上，还承担战斗、工程和后勤保障等军事装备的生产任务；三菱重工作为日本最大的军工生产企业，是战斗机、主战坦克、装甲车辆和发动机等航空、陆上装备，以及潜艇、驱逐舰等海上装备的重点生产厂家，其发展同时也带动着横滨市、长崎半岛、高砂市、名古屋等地区的经济和技术发展。

二、各国国防工业带动区域科技创新的具体举措

近年来，随着军用技术和民用技术日趋融合，越来越多的军用技术和科技成果开始向民用转化，高新技术两用化的形式越来越显著。世界各地均在努力寻找可以让国防建设和经济建设完美结合的优良办法，尤其是一部分科技大国已经开始着手发展军民两用技术，努力制订军民结合、寓军于民的创新方

[①] 黄花：《国防科技工业军民融合创新体系研究》，中南大学2012年硕士学位论文。

案，使国防科技和民用科技相关资源达到高效配置，带动区域科技创新的发展。①

（一）美国的相关举措

（1）大力发展军民两用技术

1992年美国国会的《国防技术转轨、再投资和过渡法》中首次提出"两用技术"一词，随后被世界各国广泛采用。1997年美国《国防授权法》将军民两用技术重新定义为既满足军事需求又有充分商业应用、可以支持可行的生产基础的技术，并首次提出"两用技术计划"，从国家法律、法规层面支持国防工业带动区域科技创新的进步。美国国防部在1995年2月发布的《两用技术，旨在获取经济可承受的前沿技术的国防战略》提出提升两用技术发展水平的具体说明。该《战略》中强调说明了提高军民两用技术研究和开发的关键性②，同时也提出了发展军民两用技术工艺和产品的方案，以及对有主要军事需要又具有转移潜力的两用技术应确定需要政府介入并由政府投资开发等主张。近年来，DARPA年度经费始终保持在约30亿美元的区间，旨在加强对军民两用技术发展的指导。另外，在20世纪90年代美国也开始实施技术再投资计划（TRP）、两用科学技术计划（DU&ST）等多个专项方案，目的在于支持军民两用技术的开发。除此之外，政府要求军方必须增加对两用技术开发的投资，规定了两用技术项目经费的分摊原则。③

（2）积极扶持民用企业参与国家科研生产

近年来，美国军方十分侧重扶持民用中小企业为军方开发产品。2003年由美国发表的《国防工业转型路线图》中指出，必须调整主承包商控制国防市场的格局，引领和激励掌握创新技术的中小型企业进入国防方面，以此形成大小兼备、供应商居多的新形式国防市场局面。同时，美国专门制订小企业创

---

① 齐晓丰：《军民用技术双向转移政策与难点分析》，载《军民两用技术与产品》，2011年第11期，第17—19页。
② 齐晓丰：《军民用技术双向转移政策与难点分析》，载《军民两用技术与产品》，2011年第11期，第17—19页。
③ 薛春志：《日本技术创新研究》，吉林大学2011年博士学位论文。

新方案,目的在于扶持中小企业,旨在吸引世界各地小型科技企业的创新人才,发现可以提高美国军事和经济实力的潜在因素。另外,美国对于通过招标和政府采购形式激励民用企业参加装备科研生产也十分关注,挑选最佳厂商的方式是美军方最常用的招标方式,它的优点在于可以让中小企业研发的技术参与招标,在满足军方需要的基础上,也提升了民用企业的发展前景。多数来自硅谷的很多高技术装备,如高技术通讯器材、计算机软件、防毒软件和卫星照片分析技术等在伊拉克战争中美军都有使用。[1]

(二)俄罗斯的相关举措

(1)加大国防工业体制改革力度

经过冷战时期国防工业的率先发展,俄罗斯获得了举世闻名的军事技术成果。[2] 俄政府加强国防工业体制的改革力度,目的在于促进国防工业军事科研生产优势转化为民用市场竞争优势。俄罗斯最富有技术优势和竞争力的行业之一当属航空业,把航空业整合为多层次的大公司,这一决策是在1997年俄政府在"俄罗斯航空工业体制改革构想"中提出并一致通过的。"构想"中对公司的层次进行界定,第一层次公司主要以飞机设计局和飞机批生产厂为主;第二层次公司主打研制和生产发动机、航空电子设备、仪表和构件。[3] 保障第一层次公司需要的任何产品是第二层次公司的职责所在。2006年,俄罗斯建立了一所以飞机研制、生产经营、市场开发有效结合的大型飞机设计生产制造企业,即联合飞机制造集团,包括了民航、军用飞机、无人机部门、试验和科技中心等所有航空工业部门,该集团的建立,是真正意义上做到管理公司、特种工厂、航空器生产三级体制的航空制造部门的大融合。通过对国防工业体制的改革,一方面保证国防工业的竞争优势,另一方面带动区域科技创新的进步,

---

[1] 宋彦:《甘肃省军民融合式发展问题研究》,兰州大学2013年硕士学位论文。
[2] 杜人淮:《国外推进国防工业军民融合发展的借鉴与启示》,载《南京政治学院学报》,2010年第5期,第34—37页。
[3] 杜人淮:《国外推进国防工业军民融合发展的借鉴与启示》,载《南京政治学院学报》,2010年第5期,第34—37页。

提高民用市场科技水平。①

(2) 充分利用国防工业的军民两用技术

俄罗斯的两用技术在国防方面的应用可达70%的比重。俄罗斯的国防工业拥有独一无二的生产和科研潜力，有超前的军事技术成果，生产了大批量的品质良好且具有竞争性的民用产品，同时，面对军工生产与国民经济脱节等棘手问题，俄罗斯利用军民两用技术助推军工企业结构改造步伐。为推进两用技术的发展和应用进程，俄政府确定大部分关键技术均属于两用技术，其中包括微电子技术、人工智能系统、光电器件、空气动力系统、近实时导航系统、核技术、计算机和雷达、新型火炸药和燃料等。

(三) 日本的相关举措

(1) 积极扶持民用企业参与国防科研生产

日本政府意识到两个问题，一是要扶持主要的有军工产业能力的民间企业，二是要保护生产顶端技术和主要装备的企业。三菱重工、川崎重工等军品产量占总产量十成以上的企业均被日本归为重点军工企业，同时在政策、管理、费用方面都对其有所偏向，而且日本政府还提供了大额度的补贴给难以实现大规模生产的军品科研项目。除此之外，日本政府积极促进相关军工企业进行优化整合，激励产业进行联合研制和生产，这也是日本为了加强其在军工企业的竞争力的主要手段。同时，日本政府还制订了许多优惠方案，在中小型可生产军品的民间企业上，也适当地给予经济补贴，来号召这些企业积极参与到承担和扩展军品科研生产项目中，避免因国家减少装备经费的企业陷入困境。②

(2) 注重军民两用技术的发展

日本防卫当局曾指出，想减少国家投资的风险可以发展军民两用技术，让

---

① 杜人淮：《国外推进国防工业军民融合发展的借鉴与启示》，载《南京政治学院学报》，2010年第5期，第34—37页。
② 杜人淮：《国外推进国防工业军民融合发展的借鉴与启示》，载《南京政治学院学报》，2010年第5期，第34—37页。

军工企业本身可以得到很好地发展可以增加对两用技术的投资金额。为了提高先进技术尤其是军民两用先进技术，日本在国防合作上主要采用了日本军事采购的办法。军工企业发展军民两用技术和相关产品，可以在国家资金补贴的基础下增加民品技术含量和类别，从发展的眼光上看对军工企业的稳定和发展是有积极意义的。①

（3）大力发展高新技术产业

作为世界第二科技大国的日本，有许多的尖端技术都处于领先地位。日本军事技术在雄厚科技实力的强大基础下得到了很好的发展。日本在"科技立国"的发展方案中提到，要加大政府对科技宏观管理力度，努力促进政府和企业界的合作，积极培养、储备技术人才，积极争夺技术的更高领域。在国防科技方面，日本把发展高新技术当做是推动经济发展动力和国家安全防护的基础。也正因如此，多年来，日本的高新技术产业在国防科技有秩序的环境下得到了持续发展，并取得了质的飞跃。②

（四）其他国家的相关举措

（1）英国

英国在国防工业带动区域科技创新发展中采取的主要措施是发展军民两用技术，加大开发力度。英国专门成立了职能为管理民用科研机构从事国防项目的合同和经费的国防技术转化局，为了激励具有较强技术力量的民用机构开发军用技术，制订了相应的竞争方案。

英国国防部已经成功开展了多项两用技术转化，如液晶显示器、噪声环境下的语音识别技术等。英国政府提供各种技术支援和设备保障，使更多的民用科研部门承担国防科研工作。国防部国防鉴定与研究局将承担预研工作的约1/3作为"军外研究"转包给工业界和学术界。国防部还制订了"联合资助计划"，以支持学术界承担国防预研工作。秉承费用均摊、风险共同承担的准

---

① 杜人淮：《国外推进国防工业军民融合发展的借鉴与启示》，载《南京政治学院学报》，2010年第5期，第34—37页。
② 宋彦：《甘肃省军民融合式发展问题研究》，兰州大学2013年硕士学位论文。

则，英国国防部和工业界和科研机构进行了强有力的合作。①

(2) 法国

法国国防工业带动区域科技创新是通过实施各种顶层计划来实现的。法国国防部下设武器装备总署，指出要激励和管理除大型企业之外的企业参与武器装备采办的竞争②，尤其是在分系统和设备一级方面。武器装备总署将采办计划的10%作为中小企业的竞争项目，这也是法国为确保中小企业获得军品科研项目采取的主要手段。国防部设立了可以及时向其汇报军品发展计划的中小企业联系机制，为中小企业提供了参与计划的机会，并为中小企业保留了相应份额的研究计划，"航天计划""航空计划""核能计划"和"电子、信息和通信计划"等均在这项大型计划之中③，其中军民两用计划占大部分比例。这一系列计划对增加军民两用的出口份额，带动国民经济的发展也起到了非常明显的效果和作用。

(3) 以色列

军事高技术的发展促进了以色列高新技术产业体系的形成，可以说，让全部国民经济快速发展的是军事工业。因此很多研究表明，以色列富国强兵的"神器"就是军事工业。在政府的政策引导下，以色列建立了门类比较齐全的企业层次和结构，推动了大批量的民用高技术产业的出现和应用，其中软件产业、通信设备、农业的程控灌溉技术、生物技术等，均在世界市场上占有一定地位。拥有400多家高技术企业集团的以色列，开发的一半以上民用技术和产业均源于军工企业及其军事高技术。④

以色列政府大力宣传国防工业带动区域创新发展的军转民技术，并制定了融资、产品、市场和物资来源多元化的相关政策。其中包括将国防部下属企业实行公司化改造、合并、重组与其他公司强强联手，建立合伙人关系；同

---

① 宋彦：《甘肃省军民融合式发展问题研究》，兰州大学2013年硕士学位论文。
② 宋彦：《甘肃省军民融合式发展问题研究》，兰州大学2013年硕士学位论文。
③ 仝爱莲：《国外军民两用技术产业化发展之措施》，载《军民两用技术与产品》，2009年第5期，第3—6页。
④ 杜人淮：《国外推进国防工业军民融合发展的借鉴与启示》，载《南京政治学院学报》，2010年第5期，第34—37页。

意军工企业收购民用企业，对一些企业放开进入准军用市场的门槛要求，同时也要加快私有化的进程；激励从军工企业退出的员工根据自身所学的经验和技能参与民用企业的生产中，通过民间资金来达到推动技术转移的目的等。以色列国防技术的发展不仅让国防工业在国民经济中持续占有主导地位，还促进了大份额的有关联的民用企业的出现和发展。发展国防高科技产业在很大程度上促使了以色列经济与科技的发展。以色列军工企业重视军民结合，促进了一些和国防相关的高科技产业（航空工业与电子工业最为突出）的迅猛发展。

三、国外国防工业带动区域科技创新的作用方式

通过以上研究不难发现，国外国防工业对区域科技创新有着明显的牵引、带动和支撑作用，在利用国防工业带动区域科技创新发展的过程中，不同的国家采取的作用方式不尽相同，通过开放工业标准、加强军民技术合作等多举措推动区域科技创新的发展，提高本国在国际上的科技竞争优势。

（一）开放工业标准

实现工业标准开放，是国防工业带动区域科技创新行之有效的方式，在发展的同时也带动了民间科技创新的快速发展。泽尔沃斯与斯万对英国国防工业调查研究后，认为工业标准开放有助于技术创新，指出在其中起作用的有两个机制，一方面是标准可以促进专业化的进步，而专业化和专业化有关联的劳动分工往往也可以促进创新的进一步发展；另一个方面是企业和科研机构利用技术扩散效应和统一的技术标准被开放式标准所同意，以此来达到促进技术有效使用的目的。开放式工业标准促进了技术创新的发展，从而出现技术溢出，达到技术在工业方面转移的良好效果。[①]

军事标准改革在不停地被美军推广实施，在对以往一切军用标准和规范进行全方位处理、审查的前提下，禁止了300余项军用标准和4000多项民用标准

---

① 钟庭宽、许嵩：《浅析发达国家政府促进军民两用技术转移的机构职能及作用方式》，载《国防科技》，2012年第1期，第14—19、34页。

(含单篇规范)标准的应用,同意了 1784 项民用标准(非政府标准)的应用,在很大程度上提高了民用标准、性能规范在国防部标准化文件中的比重。[①]

(二)加强军民技术合作

美国国防部门和研究单位如大学、商业企业进行产学研合作,以分享技术创新成果的方式,获得了遥遥领先于世界的军民两用技术。名为 LINK 的"先锋计划"被英国政府在 1986 年创建兴起,促进大学、私营企业、公共研究机构之间的合作研究,是该项计划的目的所在。

LINK 在 1997 年就已经拥有 115 家企业、97 家科研机构和 83 家大学,它们一起合作参加了 83 个国防工业方面的项目。这对军民两用技术在英国国防工业方面转移与扩散起到了积极地促进作用,同时也带动了民间技术创新的发展。为了促进军民两用技术的发展,法国军备采办局采用了与工业企业和研究机构等部门进行紧密合作的办法。"军事—工业—大学"联合体系的制度被日本工业化教育所提出。[②]

(三)开展军工企业并购重组

欧洲国防工业发展提出,采用并购重组的方法来提高集中度被列为一种集中研发资源的方法。从而提高企业间的科技实力,促进军民两用技术在企业内部转移的快速发展。汉森(Hensel)在研究 20 世纪 90 年代美国政府推动下的国防工业兼并重组中认为,促进企业经济效率提高的方式可以采用纵向合并或横向合并,合并后可以独揽很多的科学技术,让企业内部技术转移的机会得到了很大的提高,同时也让企业技术创新能力得到了进一步提升。

例如收购了罗克韦尔公司和麦道公司的波音公司,在 1999 年打败了洛克希德·马丁公司,得到了美国侦查卫星订单。获得这一订单是因为将麦道公司、罗克韦尔公司和波音公司的技术与科技精英召集在一起,从而促进了技术

---

① 李伯亭:《发达国家推动寓军于民的主要做法》,载《国防科技工业》,2006 年第 11 期,第 18—20 页。
② 邱尔妮:《军民两用技术推广的战略能力形成机理与测评研究》,哈尔滨工程大学 2015 年博士学位论文。

在合并后的"新波音公司"内部之间的良好转移，使企业的竞争优势得到很大的提升。

（四）扩大军工企业国际合作

新型国防工业方面是全球化的特点之一，同时民用技术创新也被国防技术发展所依赖。扩大军工企业国际合作有利于推动科技创新的发展，提高本国科技创新的竞争优势。在以往的几十年中，很多国家或地区如欧洲等，它们的军工企业都在美国投资办厂，创办拥有军民两用的民用技术（特别是微电子工业和航空航天两大方面），对推动美国军民两用技术的发展起着积极作用，也很好地促进了国外先进技术向美国本地的转移和扩散，带动美国区域科技创新的发展。2011年12月日本防卫省出台"防卫装备向国外转移的标准"，允许日本参与国际武器装备联合研制和生产项目，参与以和平为原则的国际援助，并在次年与英国政府达成了谅解备忘录，双方将在火炮、地雷（核生化装置）探测与清除等领域进行研发合作。[①]

第三节　国外国防工业与区域发展的资源共享研究

由于军民整合、寓军于民方案的实施涉及军民两个部分，所以在机制上，需要加强军民之间的协调和有效合作。为了实现军民之间资源共享，国外在制定军民之间的合作和协调战略方面十分重视。

一、美国国防工业与区域发展的资源共享

（一）科技人才共享

美国不仅是近年来世界上综合科技实力最强的国家，也是第一个创立了信

---

① 张代平、李宇华、谢冰峰：《日本政府加快推进国防工业调整改革》，载《国防科技工业》，2013年第4期，第64—65页。

息资源共享实践的成功者。资源共享有利于美国科技、经济和社会的发展。美国的国防工业在不断发展的同时，也在寻求与区域发展的资源共享模式，主要从人才和企业两个层面展开。

促使军民企业技术人员整合的原因是因为技术创新打破了军民企业隔离的现状，并让军民企业的技术扩散、转移，使之产生的军民企业技术融合又促进了军民企业之间的融合，美国军民资源共享的特点之一便是科技人才共享。[①]

技术的发展增强了军工企业与民用企业的人员融为一体的趋势，很多技术人员不仅可以满足军用的需要，也可以满足民用的需要，比如有些民用技术项目远远超过军用技术的项目。在现代制造技术进步的同时，军民通用逐步得到应用，民品的制造技术也在逐渐提升，随之而来，制造技术的研发人员也具备了两用人才的特点。[②] 在军转民的过程中，着手民用技术研发的人员就是军工企业的技术研发人员。相同的情况，在民品的研发、设计领域，民品质量得以提升也可以更好地促进军用的发展。同样，在研发中进行技术研发的人员也具备了军民两用的技能。

美国军民人才资源共享也可以促进军民两用之间技术的更好交流。军民两用或共用人才，在军民企业之间的交流和合作的前提下，不仅可以推动技术人才的双向转移，还促进了军民企业之间的更好融合。[③] 换句话说，推动军民融合的根本性原因是以技术为基础的军民两用人才，军民企业研发新技术的决定性因素是技术人才。

（二）科研项目合作

美国的大型军工企业普遍采用与民用企业、大学和科研机构进行技术联合研发作为加强军民结合、实现军民资源共享的有效手段之一。[④] 美国制定联合研究和发展协议的目的在于推动军民技术的转移，同意联邦开发的技术转让给

---

① 陈明春：《军民融合创新路径选择研究》，西南交通大学2013年硕士学位论文。
② 陈明春：《军民融合创新路径选择研究》，西南交通大学2013年硕士学位论文。
③ 陈明春：《军民融合创新路径选择研究》，西南交通大学2013年硕士学位论文。
④ 李伯亭：《国外推动寓军于民的主要做法》，载《中国军转民》，2006年第12期，第33—35页。

私营部门，以此提高经济竞争力是此协议的主要方向。但在实际实行过程中，国防部的实验室在联合研究和发展协议的作用下参加了工业领域、大学、州和地方政府的联合技术开发。国防部和非联邦机构为了支持此项协议可以为此提供人员、设施与服务等，但在确保军、民用研发机构资源共享的基础上，提高民用部门的科研投资，一切资金必须由非联邦机构提供。[①] 和工业领域联合投资与合作开发两用技术项目也是1997年美国国防部启动的"两用科学和技术计划"的方针之一。[②]

为此，军工企业邀请有实力的民用企业参与到制定项目的技术创新活动中来，双方为更好地促进军民技术的合作均可进入对方领域。同时，为促进军民企业间的很好合作，大学、科研机构也可参与。[③] 此外，美国还将部门国家实验室委托民间企业来管理，积极推行军转民技术投资，为民用研究提供经费，还鼓励在国家保密要求范围内，可将国防部的科技情况、技术诀窍等传播给地方政府和民用企业，努力实现国防科技和民用科技的资源共享与双向转移，促进国防建设与经济发展的良性互动。军民技术的融合促使军民两用技术的兴起，让军民企业结构得以相近，避免了军民企业技术进入误区。实现军民的完美结合，推动军民技术的相互促进、相互转化，做到资源共享。比如洛克希德·马丁公司和通用电气公司一起制订了shared-vision研发基金方案；美国计算机科学公司和通用电气公司一起研发了集成产品数据环境；波音公司与英国剑桥大学、坎菲尔德等大学均有研发合作项目，美国大学除外。[④]

二、俄罗斯国防工业与区域发展的资源共享

（一）科研项目合作

俄罗斯通过利用国防工业特有的生产与科研潜能，大批量生产质量优、竞

[①] 黄继锋、宋纯武、宋纯利：《发达国家军民结合、寓军于民的经验与启示》，载《广西经济管理干部学院学报》，2008年第4期，第24—30页。
[②] 李伯亭：《国外推动寓军于民的主要做法》，载《中国军转民》，2006年第12期，第33—35页。
[③] 陈明春：《军民融合创新路径选择研究》，西南交通大学2013年硕士学位论文。
[④] 杜兰英、陈鑫：《发达国家军民融合的经验与启示》，载《科技进步与对策》，2011年第23期，第126—130页。

争力强的民用产品。同时为了促进军工企业机构的改革,要通过军民两用来解决军事工业资金不足等棘手困难,逐步实现国民经济和军工生产的衔接,让国防工业成为可以为国民经济不停提供先进技术的来源,对国民经济的发展起着积极作用。俄罗斯军工系统中,有一百余家的企业和国外成为了合作伙伴,应用军工系统超前的两用技术进行国际间的合作,达成了军事效益和经济效益完美结合的效果,也促进了国民经济的迅猛发展。[1]

近年来,俄罗斯国防工业与区域发展科研项目合作最成功的例子是20世纪80年代初苏联国防部开始着手建设的"格洛纳斯"全球导航定位军民两用卫星系统。该系统在20世纪90年代被投入使用,近年在俄罗斯联邦航天局的管理下,在设计卫星的过程中,经历了无数次的改进,从2001年起"格洛纳斯"将服务范围扩展到全球。"格洛纳斯"是在GPS后第二个军民两用的全球卫星导航系统。俄联邦提出"格洛纳斯"系统军民两用、无任何局限性、不引入SA机制、更不会对用户收取报酬。[2]

(二)重大设施设备共享

俄罗斯在进行军民重大设施设备共享最初,是为了优化产业机构,化解过剩的军工,改变俄罗斯军事经济的畸形发展模式。因此,俄罗斯开始将一系列战略导弹、军事通信卫星等军用产品改装成运载火箭、民用卫星等民用产品等。同时,许多航天企业也开始利用先进的材料和技术开展多元化的经营,开发和生产了多种非航天领域产品。如生产液体洲际导弹的总承包商马克耶夫国家导弹中心拥有专门的民用产品设计部门,其业务涉及消防、运输、建筑、石油加工、采矿、能源、医疗设备等行业领域,著名的"联盟"号、"进步"号宇宙飞船和国家空间站舱段总承包商能源火箭航天集团就开始利用其设施、设备来生产假肢、家用电器、电动车等民用产品。

通过这种形式的设施、设备共享,在实现俄罗斯军民资源共享目标的同时,一定程度上增强了军工企业的技术,也对军工和民用企业的技术交流有了

---

[1] 杜兰英、陈鑫:《发达国家军民融合的经验与启示》,载《科技进步与对策》,2011年第23期,第126—130页。

[2] 姜浩峰:《四大导航系统绝技大比拼》,载《新民周刊》,2012年第04期,第82—83页。

积极影响。① 因此俄罗斯在未来计划进一步调整军工企业民用产品的生产比例，扩大军工企业与民间企业的资源共享范围。

三、欧洲国家国防工业与区域发展的资源共享

（一）科研项目合作

（1）英国

英国在冷战结束后，国防部与工业界和科研机构加强合作，从而实现国防工业与区域发展的资源共享。英国改善军用科研设施管理方法，激励军事科研机构增大业务范围，激励民用部门利用军用科研设施进行技术开发的措施均为了增加军民间的合作与交流。② 2002年10月，英国国防部出台《国防工业政策》白皮书，指出给民用市场提供产品与劳务的企业应尽量使用军事技术，由国防经营局负责向企业提供多种可参考的信息，同时也激励这些企业应用国防鉴定和研究局所在科研机构的资源，鼓励国防部知识产权的转让，并会同企业寻找合作研究和技术改造的契机；国防部经营局负责设计及保护有装备需要、技术发展前景、可提供帮助与建议的机构组织和相关市场评估信息的数据库，并面向民品生产企业开放，同时思考与国防鉴定与研究局确认合作关系或开展合作研究技术改造的可能性。③

（2）法国

法国所采取的军民资源共享做法是发展军民合作的科研项目，对军民两用技术的研究和规划工作负责的是法国国防部武器装备总署下属的武器力量系统和前景局④，在制定相应战略与制订大型开发计划的基础上，来促进军民两用的更好发展。法国国防部和科研部在2001年1月签订了一份科技合作协议，目的在

---

① 陈明春：《军民融合创新路径选择研究》，西南交通大学2013年硕士学位论文。
② 李伯亭：《发达国家推动寓军于民的主要做法》，载《国防科技工业》，2006年第11期，第18—20页。
③ 詹伟、缐珊珊：《军民融合的发展与启示》，载《电讯技术》，2013年第5期，第677—682页。
④ 仝爱莲：《国外军民两用技术产业化发展之措施》，载《军民两用技术与产品》，2009年第5期，第3—6页。

于在国家高度上调整军民两用技术的发展形势,促进两部科技交流组织工作的进行,设立一个常设机构,加强两部以后的科技计划合作,这是此项协议的中心内容。它的合作方面有军用装备中应用的民用技术(集成电路、信息和通信技术等)、共用基础技术(材料技术、生物技术、纳米技术、光电子技术等)[1] 和军转民技术(航空和航天技术、火箭推进技术等)。与此同时,法国政府主动激励工业方面的投资和参与,鼓励包含国防系统在内的科研机构和企业达成合作意向,坚持彼此间的"战略对话"[2],也明确指出,国家研究和技术基金的投资要偏向于伙伴关系的研究开发项目,从而促进高技术的使用和发展。

(3) 德国

德国在国防科研领域非常注重军民资源共享,以加快发展军民两用技术作为科研重点,强调军用与民用的合作与协调,促进工业界参与军民两用技术的开发。德国制定了《联邦德国订货任务分配原则》,明确规定武器装备的总承包商在承包国防任务后,必须让中小企业参与竞争,必须用竞争手段向分包商分配军工订货任务,以法规形式保护中小型企业参与国防科研任务的竞争。此外,德国的国防部系统一直保留科研机构,主要由私营国防科研机构、高等院校和德国工业界的研究机构共同组成德国的国防科研工作,主要通过大型技术计划的形式展开,以双方计划合作的方式提高军民双方资源共享水平,加快军民技术转化进程。[3]

(二) 重大设施设备共享

(1) 英国

英国的军用科研设备的管理方式得到改革,它使军民部门间相互利用科研设备进行技术上的开发受到支持,这种改革深化了军民之间的交流和合作。

"租借"这种新型机制在英国政府开始实行,这种机制在国防鉴定的科研

---

[1] 陈明春:《军民融合创新路径选择研究》,西南交通大学 2013 年硕士学位论文。
[2] 黄继锋、宋纯武、宋纯利:《发达国家军民结合、寓军于民的经验与启示》,载《广西经济管理干部学院学报》,2008 年第 4 期,第 24—30 页。
[3] 黄继锋、宋纯武、宋纯利:《发达国家军民结合、寓军于民的经验与启示》,载《广西经济管理干部学院学报》,2008 年第 4 期,第 24—30 页。

单位和研究局所属的科研机构。英国的民营企业可以租用场地、设施和专用设备等用来进行开发。国防部加入了科学、科研技术，装备和工业这些部门间的小组，国防部还加入了工作委员会以及政府部际的首席科学顾问委员，使其与政府其他部门根本性科研的合作与沟通变得更加深入。英国国防部在 1992 年进行的探索者方案深化与军外研究单位的科学交流。英国国防部在 1996 年实施"灯塔方案"，希望加强国防鉴定和研究局与工业界和学术界间在国防事业上的合作。① 其中，在军民资源共享方面的典型例子是英国政府建立的军民两用技术中心，包括结构材料中心系统与软件工程中心、信息处理与电讯革新中心、超级计算中心等。②

（2）法国

在军民重大设备设施共享、使用军民技术研发民用品项目上，法国的政府给了工业部门许多项目。除去法国安全上的限制与军用规章，并无法律条例与会计方面的困难。而且，法国也很关注将民用技术应用到军事系统中，充分利用先进的民用技术已成为法国国防工业的战略性措施。比如，法国军用侦察卫星"太阳神"，它的研发应用了马特拉公司给"波斯特"商用的遥感卫星研究的技术。③

从美国、俄罗斯、日本和欧盟国家的实践来看，各国国防工业与区域发展的资源共享方式主要包括以下三种：科技人才共享、科研项目合作、重大设施共享。通过这样的方式实现科技资源在军与民之间的流通，提高本国的科技资源使用率，以及科技创新实力。④

四、日本国防工业与区域发展的资源共享

日本进行军民资源共享的主要目的是进一步降低武器装备的研制成本，在

---

① 李伯亭：《发达国家推动寓军于民的主要做法》，载《国防科技工业》，2006 年第 11 期，第 18—20 页。
② 屈婷婷、刘书雷：《基础研究向国防领域转化应用机理分析》，载《科学管理研究》，2016 年第 3 期，第 24—27 页。
③ 杜兰英、陈鑫：《发达国家军民融合的经验与启示》，载《科技进步与对策》，2011 年第 23 期，第 126—130 页。
④ 黄继锋、宋纯武、宋纯利：《发达国家军民结合、寓军于民的经验与启示》，载《广西经济管理干部学院学报》，2008 年第 4 期，第 24—30 页。

国家政策和资金上对军民共享的计划、科研项目等给予一定的倾斜，采用军采合同的方式来推动集团化的大型企业带领组织技术创新和产品生产的军民一体化的国家创新体系的形成，希望通过国防工业与区域发展的资源共享，将更多的民用技术创新力量发展国防科技和武器装备，提高军事实力的同时，促进军用技术的转化和军民两用技术发展。①

（一）科研项目合作

日本在鼓励国防工业和区域发展进行资源共享时，一种重要的方式是进行军民科研项目联合研制和生产，以军民联合研制和生产的方式加强军民双方在科技人才、科研项目等方面的资源共享。

日本政府意识到两大问题，一是要扶持有军工产业能力的主要民间企业，二是要保护生产顶端技术和主要装备的企业。三菱重工公司、川崎重工公司等军品产量占总产量十成以上的企业均被日本归为重点军工企业，为促进其发展，日本在政策、管理、费用方面都对其有所倾斜，而且日本政府还提供了大额度的补贴给难以实现大规模生产的军品科研项目。除此之外，日本积极促进相关军工企业进行优化整合，激励产业进行联合研制和生产，同时还在中小型可生产军品的民间企业上制订了许多优惠方案，也适当地给予经济补贴，来号召这些企业积极地参与到承担和扩展军品科研生产项目中，避免因国家减少装备经费的企业陷入困境。日本还将民用企业的技术人员送到防卫省有关部门进修，使民用企业的技术人员也能胜任国防科研工作。②

（二）重大设备设施共享

日本在鼓励国防工业和区域发展进行资源共享时，另一个重要的方式是制订武器装备发展和采购计划，军民双方在武器装备及技术共同研制和生产过程中，实现国防工业和区域发展在重大仪器设备方面的资源共享。

---

① 邱尔妮：《军民两用技术推广的战略能力形成机理与测评研究》，哈尔滨工程大学2015年博士学位论文。

② 黄继锋、宋纯武、宋纯利：《发达国家军民结合、寓军于民的经验与启示》，载《广西经济管理干部学院学报》，2008年第4期，第24—30页。

日本在研制和生产国防装备基本政策中，明确提出要利用军民两用技术。① 防卫厅长官具体负责利用民用工业，武器装备的发展与采购计划的监督实施。防卫厅技术研究本部是国防科研的管理机构与唯一的军方科研中心。采购合同本部是日本自卫队独立承担采购工作的执行部门，直接对防卫厅长官负责。之所以采用这种方式是因为，在日本，具体装备和技术研制生产的主体是日本民间防卫企业界，同样对日本国防建设和武器发展的方针战略起积极作用的也是日本民间防卫企业界。② 例如，"钻石2000"民用飞机和"F-15J"均是三菱重工在同一车间生产的；军民两用半导体芯片也在日本的同一家企业使用同样的设备开发、制造和试验。③

第四节　国外国防工业与区域发展的技术与科技成果转化研究

一、美国国防工业与区域发展的技术与科技成果转化

1980年，美国国会的科研项目说明，"军民科技的改变可以带来巨大的经济收益，但是把防务经济和市场经济强制分开的制度给两方的发展都没好处，唯有政府能够改善这种情况"。由此，美国国防工业与区域发展的技术与科技成果转化之路开始了。

（一）起源与发展模式

（1）起源与背景

"二战"后，美国与苏联为了夺取地球上强者的位置，以惨重的付出进行

---

① 仝爱莲：《国外军民两用技术产业化发展之措施》，载《军民两用技术与产品》，2009年第5期，第3—6页。
② 郭现云、姬志杰：《世界各国军民融合经验做法研究》，载《中国军转民》，2014年第11期，第24—27页。
③ 仝爱莲：《国外军民两用技术产业化发展之措施》，载《军民两用技术与产品》，2009年第5期，第3—6页。

军备竞争，开始了旷日持久的冷战时代。美国、苏联为了强军应战，军事工业进步到十分惊人的程度，给两国造成了惨重的经济代价。而且美、苏在世界上的经济和科技强势地位不稳，令其必须要思考减少军费而且还需完成军事工业军转民工作。伴随苏联的分裂，世界的格局出现了惊人改变，40多年的持久冷战结束了。特别是在克林顿当选之后，他在解析美国近况时申诉难题与机遇并存，要"重建美国"一定得"实行变革"。所以，美国政府在1993年3月发布了国防转轨政策，帮助政府各研究单位与工业界合作，重点发展军民两用技术，使军用技术商业化得到发展，使美国的经济实力得到提升，而且负责保护国防工业基础，大量使用民用技术去采购武器，来减少采购费，推动武器的研究；而且要研究新的军事技术，重点研发既可以军用又可以民用的实用技术。

其实，造成美国重点实施军民技术转变政策的主要缘由是，随着冷战的告终，美国的国防工作发生了根本性的变化，国防支出大幅度减少，没有办法保持原来的宏大国防科技事业；同时如计算机、通信、半导体、先进材料与先进制造技术等很多对于工业来说十分重要的高新技能的研究，已经依靠民用市场来启动。所以，重视军民两用技术的研究和开展双向技术交流，不仅需要在费用缺少的前提下实现国防创立进步的需求，而且民用技术的快速进步也成为其开展国防事业的重要条件。因此，美国国防工业开展军民技术融合这一重要改革措施的外因是费用缺少压力，内因是民间超速进步的技术动力。

（2）发展"军民一体化"模式

美国军民一体、科技转变的最重要模式是"军民一体化"，美国依靠法律策略对部队、军工部门与军工企业实施调节和变革，完成国防科技与民用科技能源的相互转化，加快国防建设与经济进步的和谐发展，完成二者间的良好循环与交流。

美国"军民一体"拥有两个阶段。冷战结束后到20世纪末，美国政府计划为这一时期国家安全制定重要的工作项目，突出了充分利用科学技术对国民经济进步的加强，同时减少国防预算。此阶段国防发展更注重加快国民经济进步。另一个阶段是20世纪末到今天，美国入手加大力度推行新军事改革，信息技术是这场改革的核心,它可以改善国防预算的水准。此阶段国防发展就更注重怎样保持军事技术的强势地位。美国为了保证其国防实力的绝对霸主地位,突出要完美利用民用经济里的新技术爆炸作用来做到美国国防科技的巨大进步。

(二) 相关政策与计划

(1) 相关政策与法规

美国的国会自1990年开始,每年制定或修订如《国防授权法》《联邦采办改革法》等许多重大且重要的法规和策略,支持购置民用企业的技术和产物,鲜明提出要逐渐建立一个"无缝"的国家科技工业。美国的内阁由14个部组成,这些部之间互相协调,以帮助国防部推进科技成果购置改革,加快军民科技成果的转移转化。美国的国防部依据国会的法规和策略陆续提出了《采办改革:革新的要求》《两用技术:为了得到经济上能经受得住的先进技术的一种国防策略》等许多购置政策和文献,促进军民的统一。在军政单位合作上,美国产生了跨单位的结合协调体制。[①]

美国的国防部在1991年成立了"国防技术转移办公室",承担制定国防技术转换和军民两用技术策略,并且引导和督促"两用技术计划"的执行。根据军民技术不断融合的趋势,美国国防部加强了与民间企业的研发合作,以一定的政府预算带动民间企业国防科技投入,扩大了供应商范围,以更加便捷的方式利用民用产品和技术;另外,在近年的国防科研计划中还推出一些保障措施,以加快国防科技成果转化。[②]

(2) 相关计划

除了宣布各种法令、条例外,也执行了许多具有法律本质的"计划",如军民两用技能使用方案 (DUAP)、技术转移方案、技术再投资方案 (TRP)、

---

① 高化猛:《走军民融合之路 推动装备均衡生产》,载《军事经济研究》,2012年第3期,第46—47页。

② 甘仕文:《科技政策与区域技术创新效应研究——以重庆有直辖以来的发展为例》,重庆大学2015年硕士学位论文。

先进概念技术展示方案、两用科学技能方案（DUS&T）、利用民用技能削减使用和保险开销倡议、国防部创建技能方案、独立研讨与建设方案、北美技术与工业根本结构方案、技术转变提议、国防制造法案第三篇方案、小企业改进研讨方案（SBR）、小企业技术转变方案（STTR）等，以加快军民融合科技产业化的进步。[①]

其中技术再投资方案（TRP）是国防部制订的最大、最全的两用技术发展方案，推出该方案是希望能够扩大美国在军民两用科技工业和商业中的高品质就业契机，切实提升美国的竞争力。该方案共分为新的两用技术研发、科技转移、制作技术教育和培养三大类，212个项目在1993年10月被采用，实质总投入额达到15亿美元。[②]

（三）具体实践与经验

（1）加强军民之间的协调和有效合作

为了推动军民技术的转化，美国拟定了联合研究和发展协议，该协议的宗旨是帮助联邦研发的成果转让给私营部门，增加私营部门的经济竞争力。国防部实验室通过联合研究和发展协议加入工业界、大学、州与地方政府，共同研发技术。国防部与非联邦机构都能够供给人员、服务和设备来帮助该协议，所有资金都是非联邦机构提供，来保障军、民用研发单位同时做到资源共享和带动民用部门的科研投入。美国国防部在1997年启用的"两用科学和技术方案"的一个目标就是和工业界联合投资与合作研发两用技术工程。

（2）建立以政府部门统筹下的管理体制，负责军民两用技术的发展

美国国防工业军民统一的管理体系，根本显现为国家政府单位兼顾和管束国防工业，国家经济部门统筹国防工业需要。在国家管束体系上由上而下地奠定国防与经济、国防工业军用和民用工业的根本统一，进一步产生政府统筹国

---

① 赵澄谋、姬鹏宏、刘洁、张慧军、王延飞：《世界典型国家推进军民融合的主要做法分析》，载《科学学与科学技术管理》，2005年第10期，第26—31页。

② 寇伟：《美国构建军民技术融合系统的经验及启示》，载《创新科技》，2012年第11期，第14—16页。

第五章 国外国防工业与区域经济的科技融合问题研究

防和经济分合有度的决议，构建和谐服务体制。美国国防工业的最高决策层是国会与总统，承担拟定国防工业大体发展战略，国防工业的估算和相关决策，为国防工业军民共同发展制造战略背景，之后再交给有关部门拟订和实行各种详细的策略计划。国家武器装备的购置工作由国防部统一负责，承担兵器工业、导弹和军事航天的建设与管制；国家航空航天局（NASA）承担美国民用航空与航天的构造与管制，也负责一些军用航空航天规划；核武器工业由能源部主要负责；运输部所属的海事管理署承担舰船工业的管制，但是和造船的企业并不是行政从属的关系，基本是靠有关策略和法规，对造船企业的经营方法进行大体上的调整。需求方是政府，和企业签署承包合约，监管和限制企业的科学研究与加工。①

美国政府为了改善国防工业低效率运作问题，对国防工业的管制体系和运转体制进行了连续的调改与变革。为实现军政部门之间的合作，构成跨单位的联合协同体系。国防部在1991年建立"技术转移办公室"，技术转移办公室是军民技术转变的领头管制单位，承担和能源部、商务部等部门的协调工作。在这之后还建立了核管理委员会和航空航天技术委员会，两者是国防部与能源部以及它和宇航局间的协作单位，政府还增加了国防购置规范变革强度，国防部对于长期实行的3.1万个军用制度实行重大调改和变革，通过降低军用标准来降低民用企业加入军工生产难度。②

此外，由政府建立专门机构、划拨专用钱款，直接参与军民技术转变与融合和两用技术研讨管制工作。美国在1994年9月建立了安全计划局，重要责任之一是对美国国防安全委员会发表国家高技术产业"民转军"的提议。美国国防部1995年2月发表《两用技术，意在获得经济可承担的先进技术的国防策略》，提出政府投入方式和有转移能力的两用技术的研发与应用。真正专门承担军民两用技术的管制单位是DARPA，是在国防部带领下和三军共立的单位。创立DARPA的目标是开发与美国未来安全紧密相关的先进技术。1970

---

① 寇伟：《美国构建军民技术融合系统的经验及启示》，载《创新科技》，2012年第11期，第14—16页。

② 寇伟：《美国构建军民技术融合系统的经验及启示》，载《创新科技》，2012年第11期，第14—16页。

年之前，DARPA 承担管制的国防部的研讨、开发、测试与估算测评基金只应用于帮助相关军事项目的工作，而且重点负责防御工作。但是到了 19 世纪 80 年代，国会初步给予权利 DARPA 更多地和工业界协作进行两用技术的研发。这些方案的实施，让 DARPA 变成了帮助两用技术的指导单位。克林顿在 1993 年 2 月要求 DARPA 的重大责任从军事防御改变为重点承担军、民两用技术的研讨探索工作，将其总预算增加至 52 亿美元，进一步确定 DARPA 是一个两用技术的指导单位。[1]

(3) 建立了完善的军民技术融合信息交流平台与产业化服务系统

美国国防部、美国的国家航空航天局与海、陆、空三军等军民两用技术应用管制单位，都已创立了信息量巨大的军民两用技术、技术人事和法律法规讯息数据库[2]，并且创立了完备的信息发布交流机构，通过自己的讯息发布网络，固定时间发表军事需求讯息，令军民两用技术等讯息的沟通渠道十分顺畅、方便，加宽了企业与研讨单位的合作路径，加大了军事需求的透明程度，进而令更多的技术需求人员能便捷地获得相关消息，大大地加快了知识、技术和人才的流动，以及结合了大学、研究机构、政府实验室与产业界，明显地改善了技术研发、技术转变及产业开展整个工作的效果。此外，美国的国防部创立了技术转移中心，承担加快国家重要技术和重大技术领域的研讨机构，如半导体研讨合作机构、电子及计算机研讨合作机构等。同时，美国的国防部还让有关单位踊跃培育知识产权管制和技术转移的专业人事等。[3]

(4) 吸引高技术企业参与技术推广转化

军民技术转化率高的科技重点集中在信息技术、生物技术、新材料、新能源技术等许多先进技术领域，所以先进技术企业是军民技术转变的关键部分，美国十分重视吸引高技术企业加入军民技术的转变。美国的国防部为了更快地

---

[1] 寇伟：《美国构建军民技术融合系统的经验及启示》，载《创新科技》，2012 年第 11 期，第 14—16 页。
[2] 谢玉科、旷毓君：《国外军民两用技术推广转化的成功经验与启示》，载《军事经济研究》，2012 年第 7 期，第 72—74 页。
[3] 寇伟：《美国构建军民技术融合系统的经验及启示》，载《创新科技》，2012 年第 11 期，第 14—16 页。

促进国家弹道导弹防御体系的研发,投入了巨额钱款,而且吸引许多的高技术公司广泛参与,洛克希德·马丁、雷西昂和 TRW 这三个美国的大公司集合资本为此建成了"联合导弹防御公司",作为这个方案的主要承包商,很多配套的中小型私营企业也广泛参与了此方案。这个方案不仅让三家大公司得到了优厚的回报,中小型的企业也得到了可观回报,并且大大加快了美国的高技术企业的科技研发和国民经济的上涨。[①]

(5) 以私营企业为主且产业集中度高

美国国防工业系统中私营企业和中小高科技企业拥有着主体的实力,同时国防科技力量主要集中在私营与中小企业,军工系统的技术及研发力量只是小部分,所以这些企业不仅仅是国民经济技术创新的主力军,也是军民两用技术的主力军,同时通过跨行业和领域的合并重组,组成了拥有很高垄断地位的私营企业组织,比如洛克希德·马丁公司、通用公司、美国电话电报公司、波音公司还有格鲁门公司等,这些企业不仅仅针对军用市场还面向民用市场,在把民用领域高科技资源引入军事领域的同时,将军事领域的高科技作品又一次地推广应用到民用方面,进而实现了军民两用技术的循环流动。

二、俄罗斯国防工业与区域发展的技术与科技成果转化

(一) 起源与发展模式

(1) 起源与背景

冷战期间,军事工业被苏联放在优先地位,苏联的国防工业与民用工业根本处于"两张皮"的形态。巨大的国防投资和比较独立的国防工业,给予苏联强盛的军事能力,让它变成能与美国相对抗的军事大国。但是俄罗斯的国防工业是完全不公开的形态,领先的军事科技不能很好地转变为民用,国防工业对国民经济的带领作用微乎其微。[②]

---

① 谢玉科、旷毓君:《国外军民两用技术推广转化的成功经验与启示》,载《军事经济研究》,2012 年第 7 期,第 72—74 页。
② 程继斌:《关于军民融合式发展的思考》,载《国防》,2013 年第 7 期,第 31—35 页。

苏联解体后，俄罗斯的经济处在崩溃边缘，国防的预算极速降低。所以，俄罗斯政府努力实行国防工业"军转民"策略，把军工转变用来保证国防工业存活开展的关键方法，应用"军转民"方案解决军事工业费用缺少等困难。虽然由于资金短缺、管制不妥、各部门意见不合等原因，"军转民"计划遇到重大困难，可是政府仍然依据现实情况慢慢对"军转民"计划进行调改，开始重视开展和应用军民两用技术[1]，进行相互补充，减少研发费用，缩短新产品开发时间，并且应用两用技术来加强国防实力，加强国家经济力量。

（2）发展"先军后民"模式

俄罗斯在追求国防工业与区域经济协同的发展中采取的"先军后民"模式，其实是一种能够尝试不受军民分割弊端、又不会抛弃独立军工体制的折中方法，也是俄罗斯在向军民融合开展过程中，在国家策略和种种利益主体的矛盾下产生的一种发展趋势。俄罗斯选择一条特殊的"先军后民"发展路径，继续强化国防工业的开展优势[2]，使其能够保证俄罗斯的全球军事领先实力，而且在此基础上加大推进"军转民"，以军事技术实力带领国民经济进步。

（二）相关政策与计划

俄罗斯认为，改变经济军事化形势的方法是军转民。虽然资金缺少、管理不妥、各部门意见不合，令军转民工作遭到重重困难，但政府不断采用各种方法加快军民结合。[3] 1991 年宣布的《1991—1995 年国防工业"军转民"计划》与 1996 年制订的《1995—1997 年俄联邦国防工业"军转民"专项计划》是之前两个时期的根本方案。

1992 年初俄罗斯政府开始创立军转民管理机制，颁布了大量法律文件与规章法令，重点是 1993 年 3 月颁布的《俄罗斯联邦国防工业转轨法》。这部转

---

[1] 赵澄谋、姬鹏宏、刘洁、张慧军、王延飞：《世界典型国家推进军民融合的主要做法分析》，载《科学学与科学技术管理》，2005 年第 10 期，第 26—31 页。
[2] 郭萍：《军民融合式发展的国际经验与启示》，载《经济研究导刊》，2012 年第 7 期，第 241—243 页。
[3] 赵澄谋、姬鹏宏、刘洁、张慧军、王延飞：《世界典型国家推进军民融合的主要做法分析》，载《科学学与科学技术管理》，2005 年第 10 期，第 26—31 页。

轨法是最根本的一部法律文献，要求军转民的原则和建立、方案和资金保证、社会保证方法，对于转轨企业的补偿与优惠策略，要求转轨企业参与对外经济事宜的权利等。

政府在1993年6月颁布了《1993—1995年俄联邦国防工业"军转民"方案》，希望最大程度地保全国防企业工作人员与科技潜力，保障国家整体经济的进步。该方案包括了民用航空技术发展方案、俄罗斯舰队复兴方案等14个目标方案，这些法律和政府文献的颁布意味着军转民管制实行制度初步建设起来。

俄罗斯在1993年11月颁布了《关于稳定国防工业企事业单位经济状态和国家国防订货的措施》的1850号总统令，规定有关部门在1993年12月1日之前对此前制定的所有军转民方案进行修订，按相应的经济效益给予专项贷款，要求俄罗斯联邦政府和中央银行必须要保证军转民方案进行的直接拨款。为了进一步加快军转民工作，俄罗斯政府在战略和政策方面也作了基本调整。

1997年对国防工业军转民策略进行了调改，将"全面军转民"调改为用武器出口促进军民转化。这次调整的重要目标是体现俄罗斯国防科研的技术优势，以此来弥补国防工作劣势，增加国防工业的科研生产能力。俄罗斯在1999年取消了国防工业部，把其职能转给经济部的国防司。这一阶段联邦的政府和一些联邦主体之间签署了关于军转民进程管理及国防企业管辖的分权协定，分别就国防工业的管制权、运营权还有武器与装备的研发和生产、军品售卖等问题签订了分权协定，技术与科技果实的"军转民"开始向联邦主体深层次渗入。

（三）具体实践与经验

（1）充分利用国防工业的军民两用技术

俄罗斯政府完全认识到苏联军民分离体系的缺陷，将研发和使用军民两用技术当做政府的一项重点任务，并且在《俄联邦军事学说基本原则》中表述详尽。俄罗斯的前总统叶利钦在1995年发布演讲说，由于军民两用技术在国防工业上占70%以上，因此如何高效使用军民两用技术是现在科技方面的重点问题。俄罗斯政府确认的很多关键技术，包含微电子技术、光电器件、人工智能系统、近实时导航系统技术、航空动力系统技术、计算机、雷达、核技术、新型火炸药和燃料等，很多系统都属于两用技术。[①] 在俄罗斯拟订的武器装备研发和生产的年联邦计划中，把在国防科技研发和武器装备发展方面"研讨和挖掘拥有竞争力和有发展的国防重要技术与军民两用技术"作为根本要求，保证了发展的重要技术方面。

俄罗斯政府使用国防工业的特殊生产和研发潜力，大量产出品质高、竞争能力强的民用物品。近年来，俄罗斯最重要的军民两用技术包含"格洛纳斯"全球导航定位军民两用体系。对于军品和两用技术，俄罗斯政府一方面和其他国家展开密切的交谈与合作，另一方面对它们实行严厉的监督。俄罗斯在1995年1月与意大利共同协议，会共同研发新一代的中型直升机，还准备在"军转民"、卫星通信、雷达、光电探测器等方面进行合作；俄总统叶利钦在1996年签订了对"关于监控俄联邦两用技术和商品出口"总统令确认的两用技术及产品清单开展修改和填补的法令。[②] 到20世纪90年代末期，俄罗斯军统系统中已经拥有超过百家的企业和国外创建了合作联系，使用军工系统优异的两用技术进行国际合作，做到了军事利益和经济利益的有机结合而且国民经济得到高速发展。

（2）注重国防科研与民用科研的相互渗透

亦军亦民是俄罗斯国防工业的发展目标，在变革国家科技管制体系的同时，俄罗斯政府在各个国防工业部门创立科技协会，以采集民用有关机构的意见。拟订相关的科研计划时，军事工业委员会与国家科学技术委员会、军工部门相联系，注重吸纳科研机构与高等院校的根本研讨结果，把有军事价值的科学研究项目尽快转变为军用。俄罗斯国防工业企业利用协同与合并，从体系上解决科技研发和生产脱节的矛盾，加快了科技成果的转变，做到了技术上的优

[①] 赵澄谋、姬鹏宏、刘洁、张慧军、王延飞：《世界典型国家推进军民融合的主要做法分析》，载《科学学与科学技术管理》，2005年第10期，第26—31页。
[②] 赵澄谋、姬鹏宏、刘洁、张慧军、王延飞：《世界典型国家推进军民融合的主要做法分析》，载《科学学与科学技术管理》，2005年第10期，第26—31页。

势相互补充，减少了研发、研制与生产成本，改善了产品的性价比与市场竞争力。此外，也对资金短缺、开工不足、重复劳动和资源浪费问题的解决有所帮助。

(3) 积极参与国际竞争及合作

随着俄罗斯作出国防安全策略的改变，俄罗斯政府利用加强军民两用技术的出口商业与合作研发来带领国防工业与国民经济的开展。利用修改与补充两用技术、商品出口清单，强化对两用技术出口，并且创立了武器装备和国防技术的对外贸易公司，专门承担出口事宜，虽然这是俄政府实施的一种国防工业开发策略，但却有效加快了两用技术在国际的拓宽使用。俄罗斯政府对于政治、经济、技术等多项考虑，努力寻找国际技术交流与联合，创建了对外军事技术合作委员会，与许多发达的国家和发展中国家创立了合作联系，合作项目包括军民两用技术开发、军工转产技术等许多方面，加快了俄罗斯军民两用科技水平的提高和"军转民"战略的实行。

三、欧洲国家国防工业与区域发展的技术与科技成果转化

（一）英国

(1) 相关政策与法规

英国政府在1993年发布了《运用我们的潜力：科学、工程和技术战略》科技文件，重视英国科技策略的关键内容之一就是加大军用技术转民用。之后，承担国防事务的大臣申明，"我们一定要用尽全力把国防科研成果转向民用，而且尽力在防务方面采取现有的民用技术与产物"。英国政府在1998年颁布《国防多种经营：充分利用国防技术》绿皮书说明，加大国防科技成果在国民经济中的普及使用，会帮助巩固国家的技术根本和制造业根本，更好地为未来武器装备开展服务。

(2) 具体实践与经验

为了军工科技成果更好地应用于民品，英国政府拟定了军民结合的国家科技发展策略，提出了使用短期的两用技术研讨和转让的方式，加速军工技术更

快地应用于民用方面。而且在英国国防部的帮助下,英国的一家金融和投资协会还创立了专门进行两用技术推广的企业——国防技术实业公司,重点把国防科技研发成果经过技术转移普及后让其在民用领域中发挥作用。另外,国防科研管制机构的革新也是一直受英国政府重视,将防务评价估算与研讨局分为两部分,创立了国防科学技术研究院和国防科技发展公司,并且创立了多个两用技术中心,不仅兼顾了军工科研任务又逐渐面向市场,很大程度加快了两用技术的普及应用。

英国国防部已经成功展开多项两用技术转化,像液晶显示器、噪声情况下的语音识别技术等。此外,英国还联合法德等国家以欧空局为基础的两用技术转移网络,创立了专门的两用技术转移办公室,协调欧空局各个国家的军民技术转化与普及工作。

(二)法国

在法国,无论是政府还是国防工业界,它们都十分重视高新技术,国家和政府都希望其高新技术能够飞速发展,在这个过程中,军民转化和利用就显得十分重要,同时,为了能够促进军民转移转化产业的发展,政府和国家也出台了许多措施以鼓励其继续前行。一是在1991年,法国政府颁布的有利于国家军民两用高新技术的方案。这其中有航天方案、航空方案等。二是更加重视军民两用高新技术,注重将军民两用高新技术的作用发挥到最大化,例如将民用高新技术投入到法国航空航天业中应用,助推其进步。三是促进科研机构与企业相互交流与合作,既能为国家提供便利,也能让开发项目更快地完成,以达到国家和政府的要求。四是继续执行"税收研究经费制",更多的中小企业在这个制度的帮助下,让科研投资进一步增多,技术创新速度进一步加快。按照规定来看,企业税和所得税会随着技术创新投入的企业的增多而减少。五是加大对军民两用高新技术的资金投入。近年来,法国政府拨款10多亿法郎进行多种军民两用高新技术的研究开发。

(三)德国

德国在国防科技研发方面也十分重视发展军民两用技术,把加快发展军民两用技术当成科研重点，重视军用与民用的合作与协调，加快工业界参与军民两用技术的研发。德国政府认为，民间科研单位负责国防科研工作可以防止国防科研工作孤立，有益于军用技术与民用技术的相互转变。所以，为了保证科研单位的活力和灵活性，德国国防部体系根本上不设立科研单位，私营国防科技研发单位、高等院校、工业界的研讨单位共同合作，以此来进行国防科研工作。

德国拟定了《联邦德国订货任务分配原则》，明确要求武器装备的总承包商在承包国防任务后，一定要让中小企业参与竞争，一定要用竞争手段向分包商下发军工订货工作，用法规方式保护中小型企业加入国防科研工作的竞争。与此同时，德国国防部尽可能采取民用标准和产物，来减少成本解决研发武器装备与财政力量不足的问题。德国装备部门现已普遍了解到，不应该追求技术上的"最佳"方法，研发"最好""最先进"的武器，而应开展经济上承担、科技上可靠的武器。

除了典型的英国、以色列、德国等国家之外，欧洲其他国家也非常重视国防工业与区域发展的技术和科技成果转化，并针对国际情况的改变各自采用了发展军民技术转变的方式，经历了不同的发展路径，成立了拥有一定特色的军民技术转化和推广模式。

欧共体和欧空局合作创建了欧洲空间孵化的机构，其中包含了20多个创业单位，位于英法德等12个欧洲国家，和世界40多个国家获得联系甚至合作，不仅仅加快了欧洲各国军民两用技术的进行，还扩大了欧空局技术普及工作的范畴。

四、日本国防工业与区域发展的技术与科技成果转化

（一）起源与发展模式

（1）起源与背景

"二战"结束到现在，日本军事力量的展开遭受各种限制，尤其是军工生产不能官办科研机构与官办企业加入，始终没有建立一套独立完整的国防科技

研发生产体制，可其民间企业在国防科研开发水平、技术水平、经济实力和资金投入等方面都拥有巨大的优势。近年来，日本作为经济大国，为了追求政治大国与军事大国的位置，始终加大国防科研投资，努力发展民间企业的武器装备研发水平，利用政策和资金方面的倾斜，极大程度促进了军民两用技术和产业的快速发展。①

（2）发展"以民掩军"模式

日本在创建"以民掩军"模式的军民联合发展上，始终重视军民两用技术的进步。因此，日本的国防部门虽然投入许多资产，但是在技术方面起引领作用的却是民用企业。而且为了保证民用企业的竞争力与军工生产进步②，日本防卫省还和经济产业省联合，把一些军事技术无代价转给民用企业使用。

（二）相关政策与计划

日本政府为了加快国防工业与区域经济协同发展，拟订和实行了以研发军民两用技术为重点的军民共同发展战略计划，加大对民用或两用优秀技术的购置。③ 防卫厅在1995年对海上装备实行评估检查后，确认船体、柴油机、计算机等可以在军用标准中除去。防卫厅已在4200吨的"飞鸟"号试验舰与4050吨的"鹿岛"号训练舰上应用了常用商船的船体，并且在电子设备上加大民品数量。军工企业研发军民两用科技和相关成果，可以在得到国家经费帮助的情况下增加民品科技含量及类别，从长远的方面看有益处于加快日本国防工业技术的平稳发展。④

在费用、策略、管制等方面，日本对军工企业有所侧重，而且采用多种优惠帮扶方式。在税收上，进行"倾斜减税"，倘若税额扣除、盈利扣除、特别

---

① 赵澄谋、姬鹏宏、刘洁、张慧军、王延飞：《世界典型国家推进军民融合的主要做法分析》，载《科学学与科学技术管理》，2005年第10期，第26—31页。
② 赵澄谋、姬鹏宏、刘洁、张慧军、王延飞：《世界典型国家推进军民融合的主要做法分析》，载《科学学与科学技术管理》，2005年第10期，第26—31页。
③ 郭萍：《军民融合式发展的国际经验与启示》，载《经济研究导刊》，2012年第7期，第241—243页。
④ 寇伟：《美国构建军民技术融合系统的经验及启示》，载《创新科技》，2012年第11期，第14—16页。

第五章 国外国防工业与区域经济的科技融合问题研究

折旧、准备金和基金制度、缩记账等。在金融上，进行"倾斜金融"就是依据各种帮扶国防产业的个别法，由政府金融机构给予长期的低利息贷款，日本开发银行的贷款利率会比民间银行的实际利率低上三四个百分点，而且军工企业是主要贷款对象。比如，对日本计算机集成制造体系、造船机器人等高科技事业的研发提供了许多经费上的支持。日本政府为了保护重要军工企业和主要军品流水线，要求将军品产值占企业总产值10%以上的企业列入重点军工企业，对它们在费用的投入上进行政策倾斜，并且对其生产设备进行保护，让其不受军品订货减少影响。[1]

（三）具体实践与经验

（1）政府在军民科技成果转化发展中发挥重要作用

从日本"以民掩军"的军工发展策略中，大家能够看到政府干预的关键作用。日本实行经济私有化、自由化的策略。但因为国防工业关系到国家安全，日本政府在其发展过程中进行了大力的干预。

在管制体系上，日本的首相与防卫大臣掌控防卫事项，所有关于武器装备的规划方案及重大工作全部亲自审阅。关于军民融合的开展策略要由首相任主席的国防会或安全保障会承担最后的审查和决定。[2] 防卫省长官具体承担武器装备开展和购置方案的监察执行。防卫省技术研究部是国防科学研究的管制单位和唯一的科研中心防卫装备也是日本自卫队唯一承担购置活动的执行单位，他们直接对防卫省的长官承担责任。这种十分集中的一元化管制体系是日本军民融合发展的一个特色。[3] 此外，日本政府不仅每年安排一些从自卫队退役的高级官员到各重要军工企业或军工行业机构内担任重要职务，增强军队和企业的沟通[4]，还帮助"日本兵器工业会""日本造船工业会""日本防卫装备工

---

[1] 孔祥富：《日本的国防产业》，载《现代日本经济》，2003年第3期，第41—45页。
[2] 程继斌：《关于军民融合式发展的思考》，载《国防》，2013年第7期，第31—35页。
[3] 赵澄谋、姬鹏宏、刘洁、张慧军、王延飞：《世界典型国家推进军民融合的主要做法分析》，载《科学学与科学技术管理》，2005年第10期，第26—31页。
[4] 郭萍：《军民融合式发展的国际经验与启示》，载《经济研究导刊》，2012年第7期，第241—243页。

业会"等许多民间军工组织,使其成为政府和企业之间的桥梁。

(2) 吸引高技术企业参与技术推广转化

1980年,日本建立"科技立国"的策略后,支持加强政府对科技的宏观管制,增强技术研究和开发的投入,提倡政府与企业界的合作,大力加强教育事业,培育、储备技术人才,努力争夺技术巅峰。日本为了鼓励有自行研发的独特技术的中小企业参加军民技术的推广与转变,拟定了《中小企业开拓新领域协调法》,该法规要求对中小企业在补助费用与税制上要实施优惠策略,而且要对军品努力做到分散订货,让中小企业有更多机会得到军品订单。近年来,应用军民两用高新技术转变为优质的武器装备,已成为日本国防工业和区域开展的特殊模式。[1]

通过努力,日本在微电子、生物、高密度半导体、人工智能、砷化镓、光导纤维等各方面里远远领先。现代高科技的应用具有军民界限不清楚的特点,这使日本的国防生产能力提升迅猛。日本视国防科技为推动经济进步的动力和国家安全防卫的根本,觉得谁掌控了国防高新技术,谁就掌控了未来的世界。所以多年来,日本始终坚持国防科技有步骤地开展,并获得巨大成绩。根据美国防部发布的报告说,日本的国防科技进步势头很强,在不少领域里已经与美国齐头并进,在软件、雷达、通信网络管制、微电子和材料很多领域,日本已经位于领先地位。[2] 此外,针对未来作战背景、作战条件的改变,日本防卫省将防空与反导武器航空兵器、航天体系与电子技术作为以后国防科研开展的重中之重。

(3) 统一军民技术标准

日本政府与财团觉得,在一定程度上商业技术进展速度比防务系统科技进步速度更快,它更加重视民用技术适应军事需求的科技二次开发,产出向军工系统的"溢入"效果。所以,日本明确发表了要充分靠民用企业开展军民两用技术,开始了许多重大国防工作,有关电子信息、新材料、机器人制造技术

---

[1] 谢玉科、旷毓君:《国外军民两用技术推广转化的成功经验与启示》,载《军事经济研究》,2012年第7期,第72—74页。

[2] 孔祥富:《日本的国防产业》,载《现代日本经济》,2003年第3期,第41—45页。

等9个重点的两用技术方面,用提高国防购买价格、在费用投入和税收策略上给予帮助、引进国外先进科技等方式,吸引和激励民用企业从事军民两用技术的研发,要求国防工业中优先采用先进的民用技术,同时为加快两用技术由民用方面向军事方面的拓宽,在技术使用标准上尽可能做到以民用标准取代军用标准,有效保证了两用技术成绩民推军模式的完成。

(4) 企业集团集中化以及中小企业协作化

在日本军民科技成果普及中,大型企业专一化以及中小企业的专业化分工合作为科技成果的普及使用提供了良好条件。日本防务体系签订的合同主要分布在三菱重工、川崎重工、东芝、日本电气,包含了国防工业体系内的各个方面,都应用多样化经营的方式,而且生产过程的军民结合程度十分高,提高了技术的转变和嫁接本领。此外,这些大企业财团在接受订购合约后,会采用招标的方式将一些生产任务转给分工确切、合作运行的中小零部件供应商与分包商,让中小企业有机会获得更多的军品订单,而且在中小企业中成为了一种有秩序的竞争机制[1],经过这一过程就会令民用技术通过"溢入"效果引入军品生产过程,而且也有益于军用的技术在民用企业中的传播。

五、以色列国防工业与区域发展的技术与科技成果转化

以色列国防工业的快速发展归功于人才优势。以色列是世界国防工业中高技术人员最为集中的国家之一,以色列政府不仅仅注重国防科技人才的培育和储备,而且也重视高技术人才的引入,采用了许多发展知识经济与人才引入策略,使其科研单位集中了许多的高技术人才,为以色列国防工业的发展和军技民用策略供给了宝贵的人力资源环境。

同时,以色列政府和国防部努力推进军工企业的公司制革新。以色列的国防工业由政府与国防部实行共同管制,在总理领导下的国防委员会是以色列的最高军事决定单位,国防部是以色列最高军事行政单位,二者经过重组、联合等方式一起推进国防工业和企业的发展,让更多的军工企业收购民用企业,也让更多

---

[1] 谢玉科、旷毓君:《国外军民两用技术推广转化的成功经验与启示》,载《军事经济研究》,2012年第7期,第72—74页。

的军工企业能够使用民用标准,从而进一步加快军工企业私有化程度,进而带领了一批高技术民用产业的出现和进步,令大多数公司都可以生产军民两用物品,高效完成了军民两用技术由军事方面向民用方面的流动和拓宽。以色列拥有众多的高科技企业集团,他们主要负责民用技术和产业的研发,有的技术和研发取自于军事技术。其中包括电子设备、软件产业、生物技术、农业等。除此之外,国防部研发单位公司化,如以色列把国防部下属拉法尔武器设施研发局改为国有公司后,1994年有了高达4.62亿的美元收入,出口额占总销售额的约30%。

对于风险进行投资是以色列军技民用的推进器。以色列政府从1990年起就开始培养和开展风险投资业,现在已拥有了许多家风险投资集团,这些投资集团在政府的帮助下以私募为主,吸引了许多的国外风投资金,以色列政府唯有在市场失控的时候才适当进行调改,市场竞争背景一旦形成政府会快速撤出,高效体现了市场推动效果,进而为军民两用技术的普及应用提供了足够的资金保证。此外,以色列政府也努力实行"军转民"与"民转军",一些员工在军工企业中工作完后,用他们的能力和经验更进一步地加快军转民速度。与此同时,民用企业也大量的被军工企业收购,这样做能让企业少承担风险,同时,民间技术也可以进一步加快技术转移。

总体来看,各个国家都在积极地实现国防工业与区域发展的技术与科技成果转化,为此都进行了法律法规、战略计划的颁布和实施,重视发展"军转民""民转军"以及"军民两用技术",军民之间的协调和有效合作,鼓励政府在军民科技成果转化发展中发挥重要作用。

第五节　国外国防工业与区域经济的科技融合效应分析

一、美国国防工业与区域经济的科技融合效应

(一)带动高新技术产业发展

美国是最早发展高技术产业的国家,其高技术产业的实力居世界领先地

位。美国早在1940—1950年依托强大金钱和人才优势，采取产、官、学合作体的结构创立了世界上第一个高新技术开发区"硅谷"，还采用多种措施坚持加快其集团化、产业化进步。

先进技术成果是高技术、高投入、高成长、高效益和高风险等产物，先进技术工作的尖端技术一般都具有极强的军民两用性。为了降低高技术武器的研发风险和开发资金，美国十分重视在先进技术方面帮助和支持民间研究机构从事军用科技产品的研发，努力加快民用技术向军用转化。因为许多民用科技尤其是IT技术，研发成本较低，标准提升快速，在使用上只需要很少的费用就能达到军用系统80%的需求。因此，能够使用民用技术的就都用，让较少的国防资源得到了好的配置，使国防投资风险得到了最大程度的减少。现在美国军事工业的规划、技术研发、零部件与中间产品制造、产品出售都与民间和国际市场密切联系，很大程度上带动了美国高新技术产业的发展。

（二）增进竞争和合作

1994年10月，美国通过改革国防采办法引导军工企业通过简化采办合同，以扩大民品采购，提出在一个项目的研制上要确保有两个相互竞争的研制商。同时，为了让国防工业继续发展，让武器制造水平始终处于世界领先地位。让国防采购的开销能够降低，竞争策略一直是美国国防部所一直执行的策略，保证生命周期内都有相互竞争的供应商，保证主要承包商对重点和关键产品和技术构成有效的竞争、允许符合条件的国际厂商加入竞争。

在美国的军工生产体制中，通常都是大型军工集团当主承包商，负责武器系统的总装与测试工作，它们从联邦政府手里取得军工订货合约，之后将合约再分解，转移给中小型企业，使它按照国防采购的需求生产子系统和零件。一个复杂武器体系的研究工作也许只有一家主承包商负责，但给它提供子系统和零部件的企业却可能有很多。[1] 这也就给非军工企业带来了参与国防科研任务的机会，也增进了军工企业与民间企业之间的竞争和合作，更好地促进双方科

---

[1] 杨贵彬：《国防科技工业寓军于民的目标与实现模式研究》，哈尔滨工程大学2007年博士学位论文。

技水平的提升。

（三）促进国防基础研究的开发

美国的高校、各种非盈利机构、国家军队（政府）科研院所是根本研发、预研发的重要力量。美国政府与军队（国防部）数百个科研单位的研发费用与发展费用全部或者大部分来源于联邦政府。美国多家高校受到联邦政府的研讨和发展资助，有很多是负责重要基础科研工作。[①] 一方面建立专门的基础研究需要信息发布途径。美国国防部创立了"Tech Link Center"等专门网站，用来宣布国防建造对根本科研的需要，捕捉技术创新者给予的技术机会，而且加大了国防基本研发的竞争范围，注重充分调动军内外基本科研力量参与国防根本研发。美国国防部经过帮助大学、军内科研单位、工业界、非盈利机构等机构展开基础研讨，来保证军事领先地位。另外，美国还靠有关的信息交流平台获得具有军事应用价值的民间基本研发成果。美国的国防部还会固定召开"关于新兴技术的国防技术研讨会"，加快军方领导和科技、学术界就有军事使用潜力的科技进行对话和沟通。国防工业与区域创新科技融合，促进了美国国防基础研究的开发。[②]

二、俄罗斯国防工业与区域经济的科技融合效应

（一）加速科技成果转化

俄罗斯在进行科技管理体制改革的同时，也在其国防工业部门设立科学协会，收集民用有关部门的建议。在2010年俄教科部开始创立全国统一的研究成果信息体系，包含俄罗斯所有关于科技方面的消息。国防工业与区域经济的科技融合，加快了军用与民用科技成果之间的转化效率，促进了技术的转移、共享和应用。

一方面，在拟订与军事有关的科研计划时，由军事工业委员会协调国家科

[①] 姚广宁：《国有军工企业军民融合研究》，西北大学2008年博士学位论文。
[②] 刘书雷、韩琰、邓启文、沈雪石：《国家基础研究成果民转军主要做法及其对我国的启示》，载《中国科技论坛》，2012年第10期，第156—160页。

学技术委员会与军工部门间的事宜,重视吸收研发机构和高等院校的基本科研成果[1],快速把有军事价值的科技研发工作快速转为军用;另一方面,俄罗斯国防工业企业也通过联合与合并,做到了军用与民用技术上的优势互补,降低了开发、研究与生产成本,加速了科技成果的相互转化。

(二) 加快国防结构改革

俄罗斯政府通过推广军民两用技术、促进"军转民"战略的实施,利用其国防工业独特的生产和研发潜力,生产许多品质好与拥有竞争力的民用品,进一步加快和深化国防工业结构改革的进程。[2][3]

一方面把各行业科研单位和生产企业作为主体,成立研发生产综合体的国防工业企业机构,拥有技术和武器装备出口的能力,能独自参加国际联合及竞争,起着连接国防工业科技管制单位与相关企业及研发单位"中介"作用,不仅在优化国防工业资源设施的根本上增加了企业整体的经济和技术竞争力,并且加强了生产过程中军民技术、产品的结合程度;另一方面以市场经济作教导,推进军工企业的股份制变革,按照企业行业类别和重要程度,把国防工业企业转变为国家拥有、国家控股,令私有资本与民用方面企业进入国防工业园,加快了军民两用技术在军民方面之间的转变,为"军转民"策略下的两用技术成果推广给予载体。

(三) 实现国防工业与国民经济的连接

俄罗斯创立了武器装备与国防技术进出口公司并经过"以出养内、以外联内"的方式,推进国防企业改造和管制分组,加快国防工业综合体对外合作的步伐,力争在国际贸易与竞争中取得更多利润份额,也为国防工业发展提供和奠定雄厚的经济基础,逐步解决军工生产与国民经济脱节的问题,使国防

---

[1] 范肇臻:《俄罗斯国防工业"寓军于民"实践及对我国的启示》,载《东北亚论坛》,2011年第1期,第84—91页。

[2] 杜兰英、陈鑫:《发达国家军民融合的经验与启示》,载《科技进步与对策》,2011年第23期,第126—130页。

[3] 金一南:《国外军民融合发展情况及启示》,载《中国军转民》,2014年第5期,第14—17页。

工业成为不断向区域经济提供先进技术的源泉。[①]

到20世纪90年代末,俄罗斯军工系统中已有超过百家的企业与国外建立了合作关系,利用军工系统先进的两用技术进行国际合作,实现了军事效益与经济效益的有机结合以及国民经济的快速发展。[②]

三、日本国防工业与区域经济的科技融合效应

(一)提高国防工业水平

20世纪80年代,日本提出"科技立国"的发展战略之后,加强了国防工业与区域经济之间的科技交流及融合,也在不断地推动日本国防工业水平的发展。

(二)形成军工产业群

日本许多大企业都是用财团的方式开展经营,日本国防工业进步与这些财团密切相关。日本的武器装备制作一般以财团大企业为依靠,把生产任务分包或转给财团内或一些中小型工厂,在防卫省周围组成了以许多大财团企业带头构成的军工产业群体。[③]

因为日本财团企业之间存在密切的合作和配合关系,令武器体系的兼容性、稳定性明显提高,生产资金极大减少,产品的竞争力极大提升。在财团与企业总体经营策略的带领下,企业资源进行有效分配,军用民用产品间的分界逐步模糊化,军用技术应用于民用产品十分便捷,民用技术也可以在军事产品中起到作用。军品的质量提升的同时,主要业务的民品质量也会极大提升。[④] 这种特殊的发展方式,也使得日本的国防工业与区域经济形成一种良好的科技融合方式,并处于不断的发展过程中。

[①] 杨贵彬:《国防科技工业寓军于民的目标与实现模式研究》,哈尔滨工程大学2007年博士学位论文。
[②] 李彦军、舒本耀:《军民融合的时代价值》,载《装备制造》,2013年第6期,第84—87页。
[③] 栗孟凯:《我国国防工业的区域经济效应研究》,吉林大学2012年硕士学位论文。
[④] 杨贵彬:《国防科技工业寓军于民的目标与实现模式研究》,哈尔滨工程大学2007年博士学位论文。

像 F-15J 战斗机，此机的机身由三菱重工制作，总装是在三菱重工，但机翼由川崎重工生，引擎由石川岛播磨重制作，射击管制装置和甚高频通信装置是三菱电机制造，惯性导航系统由东芝公司制造，雷达警戒装置由东京计器负责。参加制作 F-15J 的大公司有十余家，而且 10 多家企业又把它们负责的部分分配或转承包。日本的武器装备制造主要把财团大企业当依靠，把生产工作分包或转承包给财团内或者别的中小型工厂，在防卫省周围组成以若干大财团企业带头成立的军工产业群体。[①]

（三）提升专业化分工能力

日本的国防工业大企业垄断显而易见。数据说明，日本全部军品订货合同几乎 70% 分布在 30 家大企业。这些企业实力强大，设备和科技力量雄厚，通常自行投资开展必要的预研发或试制造任务，以争夺军方订货。这些处于垄断位置的大企业通常只负责总体设计、组装和关键分体系的研究工作，而将大量配套性的制作、生产工作转包给其他厂商。所以在防卫省周围组成以若干民间集团领头成立的军工产业群，彼此间又依据实力和专业特长优势进行专业化分配。高度的专业化分工是促进日本军工快速高效发展的一个重要因素[②]，同时也是日本军民科技融合成效的重要体现。

专业化分工有益于提高产品质量和生产的效率，也令负责防卫生产的企业能够把它们擅长的民用技术快速推广和应用到武器装备制造。例如以生产磁带见长的公司研发出来的特殊涂料能够极大减少雷达的反射波，应用于支持新型战斗机的制造，用碳纤维生产球拍的技术也应用于战斗机机翼的制造中。正是在这种专业化制造中，日本具有一套自身独有的、由民用技术转变于军事领域的转入体系。[③]

---

① 栗孟凯：《我国国防工业的区域经济效应研究》，吉林大学 2012 年硕士学位论文。
② 栗孟凯：《我国国防工业的区域经济效应研究》，吉林大学 2012 年硕士学位论文。
③ 杨贵彬：《国防科技工业寓军于民的目标与实现模式研究》，哈尔滨工程大学 2007 年博士学位论文。

第六章 国外国防工业与区域经济的产业融合问题研究

第一节 国外区域经济和产业发展战略和计划

国防工业作为一个国家总体发展战略与计划的重要组成部分，其发展的水平层次与可持续发展能力不仅关系着国家国防建设能力的提升，也是推进国家区域经济发展的重要力量，因此，对于美国、德国、日本、印度等典型国家区域和产业发展战略的分析是探究各国国防工业发展路径及成功经验的有效方式。

一、美国的相关战略和计划

作为当前全球最发达的经济体，美国区域经济的发展也曾在20世纪相当长的一段时期内处于不平衡的状态中。自1930年起，以凯恩斯主义为指导，美国各届联邦政府积极利用财政、税收、法规等宏观政策手段扶持落后地区的经济开发，致力于消除地区经济发展的不均衡现象。在税收政策方面，美国联邦政府对北部的发达地区增加税收，然后把税收增加部分支援不发达地区，而不发达地区应减少税收，逐渐减小南北税赋的差异。

在工业方面，美国联邦政府则利用军事援款支持落后地区大型军事、国防、宇航等军工产业发展,由于地理条件的相对优越加上两个地区的"议员运动",美国很多尖端军工和重要的军事基地都建立在西部和南部,而从1970年开始,美国联邦政府又开始积极推进国防工业向民用工业转变,形成了以高新技术为增长极的加州"硅谷"、北卡"三角研究区"、佛罗里达州"硅滩"等产业聚集区,航空、IT、半导体、能源等高技术新兴产业遍布美国南部。在法律法规保障方面,1933年《田纳西流域管理局法》经过国会通过,成立了田纳西流域管理局,开始对此地区的水资源进行综合利用开发,通过长时间发展,此区域居民人均收入水平达到全美国人均收入水平的80%以上;1961年美国联邦政府颁布了《地区再开发法》,以此实行有计划的区域开发;1965年通过的《阿巴拉契亚区域开发法》明确规定联邦财政拨款的绝大部分都必须用于阿巴拉契亚公路网络建设,从根本上改善了该区域交通情况,并吸引了很多企业沿途建厂;1993年克林顿政府颁发了《联邦受援区和受援社区法》,并且规定了政府向落后的地区提供25亿美元的税收优惠。对应管理部门的建立,法律政策的颁布实施,很大程度上提高了欠发达地区的经济发展效率,更好地完成了扶持欠发达地区快速良性发展的使命。①

从美国区域规划的历史来看,20世纪期间,美国联邦政府推动实施的规划多数是针对特定的问题区域,基本上是以州、市层面的地方规划为主,依托于这些以建立一种长期稳定、统一及均衡为目标的区域经济政策,美国的区域经济结构得到根本改变,区域经济实力明显增强。

进入21世纪以来,随着全球贸易格局的变化、能源环境压力加大、新技术革命不断深化,面临国内区域人口规模及结构的变化、区域经济发展不平衡趋势重新凸显以及大都市区的快速发展的周期性问题,2009年3月,美国政府颁布了《2050年地区发展新规划》,规划和设计了未来40—50年区域发展蓝图。作为国家级区域发展的总体战略,战略目标的选择不但囊括了"促进国民经济增长和落后地区的发展"的总体战略目标,而且还明确提出了"发展一些拥有全球竞争力的大都市区"的战略规划,并且将其定位为提高美国

---

① 彭浩熹:《美国区域经济发展对中国的启示》,载《湘潭师范学院学报》,2009年第6期,第52—55页。

全球竞争力和带动美国未来经济增长的重要地区。①《2050年地区发展新规划》强调了包容和平等的基本原则，在依据统一标准下，对须要国家政策重点扶持的问题区域进行了识别，并针对不同的区域采取不同的政策组合，着重关注经济发展滞后的问题区域和经济比较发达的大都市经济区。对于前一类地区要根据不同的区域类别分别制定的方针政策要更具有区域针对性②，对于后一类地区其重点则是要改善其与经济发展欠发达地区的基础设施联系，增强此类地区的辐射带动能力，推进大都市区的治理创新。如针对工业萧条区的政策重点则是如何有效帮助其转型，并将其纳入国家制造业复兴计划等。

《2050年地区发展新规划》在区域规划和区域政策领域较以往的有了新的变化：一是改变了传统的以单个区域为目标，改变了传统的以"问题"为导向的区域规划模式，更加注重区域经济发展的顶层设计，更强调了国家层面上的总体布局和综合性的战略规划；二是追求均衡发展的模式，遵守区域经济活动空间聚集的效率原则和基本规律，打破了传统的区域发展战略，积极发展大都市区，客观认识区域内部各区域发展水平的差距，引领全国经济增长；三是针对问题区域的支持性政策由传统的直接物质投入转向以"人"为中心的间接投入，如人力资源培训、劳动力跨区域流动、技术援助、建立世界资源与区域的联系等。③

在国家区域发展总体战略的框架体系下，美国国防工业的发展同样在过去的基础上寻求更高层次上的发展。美国智库的研究报告显示，美国现代国防和工业的形成与发展是在"二战"之后才开始显著，主要包括四个阶段：1939—1960年的开始和成长阶段，1960—1990年的成熟阶段，1990—2007年的调整和重组阶段以及2008年开始的结构转型阶段。

在美国国防工业的发展历程中，政府颁布了一系列的政策促进军民一体化。美国的国防工业继冷战之后发生了两次重大调整：

---

① 孙志燕：《美国区域发展新战略变化趋势及其启示》，载《中国经济时报》，2014年第9期，第5页。

② 孙志燕：《美国区域发展新战略变化趋势及其启示》，载《中国经济时报》，2014年第9期，第5页。

③ 孙志燕：《美国区域发展新战略变化趋势及其启示》，载《中国经济时报》，2014年第9期，第5页。

第一次调整是美国从冷战结束后到克林顿政府时期，提出了《国防转轨战略》，提议要建立一个"国家技术与工业基础"相统一的战略目标。[①] 在这一战略目标下，国家技术与工业基础实际上是相通的，即大力发展军民两用技术。为了应对冷战后不必要的军事需求，缓和军事需求和国防工业对资金和技术更迫切需要提升的矛盾，支持国防与企业之间的广泛合并。2002年，美国国防工业已经形成五大巨头：波音、诺思罗普·格鲁曼、通用动力、雷神和洛克希德·马丁公司。

第二次调整是布什政府期间，制定了《国防工业基础转型路线图》，提出了构建"基于作战能力的国防工业基础"的概念。[②] 这一思想是按"未来战争是信息站和网络战"的特点，改变了原来以产品来划分国防工业领域的方式，在这个作战网络中有很多不同的角色来扮演国防工业的角色，而国防工业基础不再过多地集中在部分国防工业巨头手中，而是集中在多层次、军民融合的大工业基础。美国军工企业的供应商之间逐渐建立横向合作、互相配套的关系，并且由单一产品的供应商转变为多个平台的集成商。

结构转型期的后"9·11"时期，美国依靠持续不断的强大的国防科研投入和国防工业机制的不断调整，在强大的经济实力支撑下，国防工业一直处于国际技术领先地位，超级大国的国防工业发展优势在今后很长一段时间内都将对其他国家造成军事压力。

二、俄罗斯的相关战略和计划

俄罗斯区域经济发展规划的制定和实施最早可追溯到苏联时期，十月革命胜利后，根据列宁的指示，苏联开展了以全苏联电力网为中心的经济分区工作。1960—1991年期间，苏联在区划上开始将重心集中于区域生态系统、城镇居民点体系结构和生产力的综合布局的综合系统安排，各种不同类型区域发展规划几乎覆盖苏联全境。苏联解体以后，俄罗斯在苏联的区域发展规划思路

---

① 任海平：《世界军工产业形势分析与展望——国际经济分析与展望（2016—2017）会议论文集》，2017年，第333—347页。

② 任海平：《世界军工产业形势分析与展望——国际经济分析与展望（2016—2017）会议论文集》，2017年，第333—347页。

的基础上结合新世界格局下全球经济的发展特点,开展了以边区、自治共和国、州和加盟共和国为主要对象的区域规划纲领和以某个行政区群体、某个别行政区为主要对象的区域规划设计的两种不同类型的规划。2011—2014年期间,俄罗斯针对西北地区的发展先后出台了一系列规划文件,包括2011年11月俄联邦政府批准实施的《俄西北联邦区2020年经济和社会发展战略》、2013年8月俄经济发展部发布的《俄罗斯2030年经济和社会长期发展预测》及圣彼得堡市2014年5月发布的《圣彼得堡2030年经济和社会发展战略》等,对以圣彼得堡市为中心的西北地区的发展进行规划。规划文件认为,尽管圣彼得堡市经济总量远低于莫斯科,但在西北区经济发展中地位重要,圣彼得堡市和列宁格勒州的人口总数几乎占区内总人口的一半,生产总值占区内的56%,工业产值占53%,因此,将两个地区打造成俄罗斯经济领域科技进步和创新发展、高科技产品生产及现代化交通工具的重要基地,通过完善海港及其配套的铁路、公路和其他服务设施,大力发展海运事业,加快基于创新基础上的机械制造业发展,构建产业集群式的全方位发展格局。

"梅普"组合期间,俄罗斯还大力发展创新型经济,以促进国家和地区产业结构的高新技术转型。2009年5月,俄罗斯现代化和经济技术发展委员会确定了俄罗斯未来创新经济发展的五个关键领域,即核技术、通信和空间技术、新能源技术、医疗技术和信息技术。2010年5月,俄罗斯出台了经济现代化创新计划,计划在未来三年内要耗资8000亿卢布,进行38个创新项目,与此同时,为实现产业结构升级和优化,俄罗斯大力支持高技术产业的发展,制定了很多政策,如《俄罗斯航天业2012年前优化发展计划》和《2020年前国家核能发展计划》等,积极推进与西方国家的科技合作,并主动参与大型科技项目等。虽然俄罗斯相继出台并实施多项促进区域经济发展的政策,但在内部经济结构和外部经济制裁的双重制约下,效果并不理想,普京在2012年1月的俄导报指出,俄经济必须摆脱对石油天然气等原材料产品出口的过度依赖,俄罗斯第二产业内部结构应由能源和原材料导向型的传统产业向先进制造业转变,并积极应对欧盟军工出口封禁。为促进地区经济均衡发展,缓解内外双重压力,俄罗斯已将产业结构调整、改善投资环境和打造地区经济增长极作为当前国家发展的重点关注领域,全力推行创新发展战略。

第六章 国外国防工业与区域经济的产业融合问题研究

俄罗斯国防工业与国家及区域发展规划之间的作用影响相对更为突出,苏联时期的"冷战"造成的苏联解体以及"黄油和大炮"发展思路的分歧,至今仍影响着俄罗斯的工业与经济的发展重心偏移方向。1991年至今,俄罗斯国防工业的发展主要经历了四个阶段:

(1)"前期无序的转型阶段"(1992—1994)

基于"休克疗法"政策的大背景下,前期的军工企业私有化改革过分激进和缺少充分论证。1992年,时任总统叶利钦为了推动大中企业私有化,签署了《有关国有企业及国有企业的自愿联合组织改变为股份公司的组织措施》和《关于国有企业商业化并决定同时改变为开放型股份公司的条例》两项总统令。快速私有化的结果却是秩序的混乱,在一定程度上削弱了自身的技术实力,从而导致了俄罗斯军工技术和武器市场份额大量流失。[1]

(2)"从无序逐渐走向有序发展阶段"(1995—1997)

1996年为了加强科技政策的宏观调控力度,俄罗斯成立"总统科技政策委员会",叶利钦总统任该委员会的主席,并且陆续出台了一些有关科技发展的战略和计划,制定军工生产、军事技术合作和一些出口法规,多方筹集资金,确保重点军事研究项目的资金和高科技武器的生产[2],极大地加强科研和实验设计。该阶段俄罗斯的做法在一定程度上扭转了国防工业的颓势。

(3)"理性的重组阶段"(1998—2000)

在动荡和探索的初始阶段后,俄罗斯制订了国防工业改革的新计划,经过最初的动荡和探索阶段后,俄罗斯拟定了《1998—2000重组国防工业法》,俄罗斯杜马于1998年3月通过该法案。根据该法案,俄将加大联邦财政支持力度,计划组建30家军工团,形成国防工业的未来核心,同时将实行大集团和规模化经营战略,大幅度减少国防企业的数量,将1700多家国防企业减至670家左右[3],以

---

[1] 孙迁杰:《俄罗斯国防工业发展之路》,载《军事文摘》,2016年第6期,第17—20页。
[2] 孙迁杰:《俄罗斯国防工业发展之路》,载《军事文摘》,2016年第6期,第17—20页。
[3] 任海平:《世界军工产业形势分析与展望——国际经济分析与展望(2016—2017)会议论文集》,2017年,第333—347页。

提高国防工业的整合能力和应变能力,增强在世界市场上的竞争力。[1]

(4)"国防工业体转型的新策略"(2001年至今)

《2002—2006俄罗斯国防工业改革与发展规划》中指出俄罗斯要组建36家超大型国防科研综合体,实现国防工业一体化,增强俄罗斯际竞争力。随后,俄罗斯结合当时的国内外形势,自2014年开始又相继颁布了新版《俄罗斯军事学说》《俄罗斯国家军备计划的问题和优化发展报告》和《2020年前俄罗斯国家安全战略》,对俄罗斯国防战略作出了一部分适当的调整,更加重视国防科技[2],平衡国防与民生之间的经济发展关系,夯实国防的发展基础。

三、欧洲地区的相关战略和计划

(一) 英国

英国是世界上最早制定和实施区域经济政策的国家。早期英国区域政策的有效推行可以从北爱尔兰地区的区域发展历程中得以验证。从1945年到1988年,英国在北爱尔兰实施了一系列区域经济政策。在1945—1969年的增长时期,北爱尔兰的区域经济政策以促进增长的积极政策为主,如为企业提供补贴、贷款利息补贴及免除地方税等优惠政策,采取燃煤补贴和为本地企业进行增强自身效率的专业指导和咨询提供资金支持,提供资本补贴等。总体而言,政府投入大量资金落实各项区域政策,主要是在产业发展和资金补贴方面,通过投资补贴吸引了更多的投资项目,增强了区域经济的自我发展能力。在1970年至1988年的衰退和巩固期间,北爱尔兰为提高区域经济政策执行效率,降低政策成本,部分援助政策逐渐退出,转而鼓励企业进行技术发明和创新。[3] 例如1971年的产业发展法案在原来的基础上增加了就业补助,1972年开始执行对企业新建厂房、购置机器等给予补助的产业发展补助政策,1977年实施了鼓励企业进行研发的补助政策,各种补助补贴政策有效支撑了爱尔兰

---

[1] 孙迁杰:《俄罗斯国防工业发展之路》,载《军事文摘》,2016年第6期,第17—20页。
[2] 孙迁杰:《俄罗斯国防工业发展之路》,载《军事文摘》,2016年第6期,第17—20页。
[3] 王恩才:《战后英国北爱尔兰区域经济政策及其对中国西部地区开发的启示》,载《区域经济评论》,2013年第2期,第29—34页。

地区总体发展规划的落实。

随着北爱尔兰地区的稳步发展,英国政府在爱尔兰地区发展促进政策的基础上进行了范围外延,相应的政策延伸到全国。2008年,继美国次贷危机后,英国政府实施了改革开放政策,通过积极引进外资促进了区域经济的发展。自2013年英国保守党执政后,实施了财政紧缩政策,并继续减少政府财政赤字和公共债务。在实施财政和货币宏观经济管理政策的同时,英国政府打破了原有的经济保护政策,推动了自由贸易的开放。

英国是世界上第一个实现工业化的国家,也是世界上的军事强国,国防工业一直处于世界先进水平之列。英国的国防工业主要分布在伦敦至安普敦的重工业区以及西部沿海地区,航空业主要分布在以首都为中心的英格兰南部地区;导弹产业主要集中在贝尔法斯特、普雷斯顿和伍德福德等地区;船舶工业主要分布在南部沿海地区;兵器工业主要分布在伦敦、伯明翰等地区;核工业主要分布在英格兰南部和西海岸;国防电子工业则主要分布在苏格兰和英格兰两地。① 英国政府也采用了许多措施推进国防工业的发展。

(1) 国防科研投入的不断加大,为国防工业提供了技术支持,英国一直高度重视国防工业领域的基础研究

英国政府一直在新技术的研究和开发方面投入大量资金。政府每年投入投资总额的4%以上用于国防高技术研发,培养了一大批实力雄厚的国防科研人才,有效推动以"阿尔维"航天研究计划、"霍托尔"微电子研究、隐身、末端制导等国防高新技术开发计划等为主体的国防科技发展战略计划研究与实施,为英国国防产业的持续、稳定、快速发展奠定了基础。

(2) 坚持军民两用的方针,大力开拓军用高技术的民用潜力

在对国防产业的调整中,英国突出了军民两用的战略思想,保留和加强了与民用工业相关的产业。② 例如,对拥有很多军民两用技术的航空、航天及国防电子工业等部门进行重点支持,对装甲车辆、火炮、弹药和军舰制造等以纯军工为主的传统性产业则进行了大幅度削减。同时,为促进军民两用技术的发

---

① 孔祥富、李伟:《英国的国防产业》,载《中国军转民》,2003年第4期,第39—41页。
② 孔祥富、李伟:《英国的国防产业》,载《中国军转民》,2003年第4期,第39—41页。

展，英国政府还采取了一系列重大措施促进工业同国防部的科研计划的相互结合，例如1995年英国国防鉴定与研究局和国内工业界共同制订的"开拓者"计划，1994年创立的已经发展成为欧洲最大的结构材料研究机构的结构材料中心。

(3) 国防工业选用"国有私营"的经营模式，持续推动国防工业协同重组，增强了军工企业的实力

为了提升国防工业的市场竞争力以及形成规模经济，英国已经启动了"国有私营"的试行模式，旨在推动军工企事业单位走向市场，运用竞争手段提高产品质量和经济效益。[1] 在私有化过程中，英国国防工业历经了多次大量重组和跨国并购，例如英国航空航天公司先后通过收购英国皇家军械公司、德国HK公司、西门子－普莱西公司，将导弹业务与马特拉防务公司合并，入股德国LFK公司等一系列的并购发展成为英国最大的军工企业。

(4) 不断开拓军贸市场，以军火出口带动国防产业的发展

英国历届政府首脑都奉行"商业实用主义"的军火出口政策，并亲自动员政府各部门、各驻外办事机构开展军火贸易，与沙特、以色列、印度、马来西亚等国家均有军贸关系。英国的大规模军贸出口不仅支撑了国防工业的发展，也对整个英国经济复苏起到了积极的作用。

(二) 法国

"二战"之后，法国政府进行了国民经济计划化政策，为了应对不同时期的不同发展制订了中期发展指导性计划。第一、第二、第三个计划（1947—1961年）却没有考虑区域经济问题，也没有制订区域经济发展的全面发展计划。从第四个计划（1962年）起才把区域经济问题放在国家计划考虑中去，确定了相应的整治区域和具体方略[2]，并且先后制定了几十个针对不同区域的"整治计划"和"远景规划"，如"布列塔尼公路网建设规划"（1969年开始

---

[1] 孔祥富、李伟：《英国的国防产业》，载《中国军转民》，2003年第4期，第39—41页。
[2] 李玉平：《法国宏观调节与区域经济发展政策》，载《世界经济与政治内参》，1987年第1期，第16—20页。

执行)、"中央高原开发规划"(1975年开始执行)、"科西嘉地区整治和开发计划"(1978年开始执行)、"南方滨海地区旅游开发和生态保护计划"(1979年开始执行)、"工业现代化计划"(1984年开始执行)等,涉及巴黎等多个城市和地区,从而逐步形成了一套比较完整的城市发展政策及老工业区"结构调整"等政策体系。法国的区域经济发展政策是约束主要的特大城市的过度发展,以调整城市空间结构为起点,扩展到欠发达地区的发展,改变传统农村经济结构,保护和发展资源实现区域经济协调发展。它涵盖了许多基础设施方面的建设、工业、手工业、交通和通讯、第三产业以及人口和就业、科学研究、教育和生活环境等区域布局和分配问题。30多年的时间取得了显著的成果,城乡地区突出体现了这一点,城乡地区的工业区与农业区之间的差异趋于缩小[1],区域经济发展与人口分布失衡趋缓,形成了以城市为基础的区域经济网络。

但是欧债危机后,欧洲各国经济普遍受创,法国更是元气大伤。2014年,法国GDP增长率仅为0.4%,不仅远低于德国近1.3%的增长率,而且低于欧元区平均0.8%的增长率[2],经济实力被英国赶超。在2015年初,奥朗德提出责任公约计划,以减少企业负担并鼓励企业扩充就业岗位,同年12月,法国经济部长马克隆提议"促进经济增长与经济活动法"(又称《马克隆法案》),旨在"释放法国经济潜力",但在短期内都未能彻底改变现有的经济发展困境。

作为欧洲地区经济强国之一,法国区域经济与国防工业的发展也具有明显的同步性,军民融合发展趋势非常明显。自1991年以来,法国政府组织科研机构和公司共同承担国家的航空航天、核能、电子、信息、通讯以及一些专项方面的计划,通过实施国家大规模计划和专项计划,发展军民两用国防高新技术,以确保法国在高新技术产业方面的国际领先地位,在1994年发布的《国防白皮书》中,强烈建议法国国防工业应该尽可能同时考虑军用和民用两个方面,军用研究和民用研究要结合具体的原则和方案发展方向。但是,在英、

---

[1] 李玉平:《法国宏观调节与区域经济发展政策》,载《世界经济与政治内参》,1987年第1期,第16—20页。

[2] 慕阳子:《法国经济改革现状与前景》,载《国际研究参考》,2015年第3期,第45—50页。

德等国再工业化进程推进和新兴国家的兴起之际，法国工业却经历了"痛失的十年"，在工业部门，有75万个工作岗位流失，工业GDP占比下降4个百分点，导致贸易逆差600亿之巨。事实上，法国工业的经济地位下降更为惊人。据统计，1971年法国工业国内生产总值占比33.6%，但是在2013年占比仅仅为18.8%。2014年，世界经济论坛的报告显示，法国竞争力世界排名已经降至第23位，远远落后于美国、德国、日本等工业强国。2014年的金融危机进一步加剧了法国工业化进程，法国领先的工业强国的地位受到威胁。[①] 为改变不利的局面，法国政府2013年9月开始实施《新工业法国计划》，提出了包括大数据、云计算、节能汽车、电动机、智能纺织品和未来工厂在内的34个项目，作为法国工业复兴的支点。截至2014年7月，34个项目的实施路线图均已进入落实阶段。随着计划的推进，国防工业也得到了一定的复苏。

（三）德国

作为当前欧盟经济体的中坚力量，德国自"二战"以后为扭转战败后的经济困境，不断创新区域经济发展模式，制定了涉及财政、税收、社会福利及立法等方面的一系列发展规划。1969年，德国联邦政府正式提出"联邦促进地区发展计划"，三年后制订了"改善地区经济结构"的滚动式四年计划，新设立的"地区经济结构计划委员会"确定具体的开发重点、资金、方向和具体实施的办法。发展计划不仅有效推动了落后地区通信、交通、供水、动力等基础设施建设[②]，还为政府和企业投资项目提供投资补贴、投资拨款、财政补贴、低息贷款等多种形式的财政资助。[③] 德国联邦政府的连续性产业政策使国家第一、第二产业在GNP中的比重趋于下降，第三产业不断扩大，与信息技术有密切关系的服务业和信息产业迅速崛起，并引发传统产业改造升级和战略新兴产业快速发展。[④]

---

① 慕阳子：《法国经济改革现状与前景》，载《国际研究参考》，2015年第3期，第45—50页。
② 孙敬水、张品修：《德国经济增长方式转变的经验及借鉴》，载《世界经济与政治》，1998年第8期，第77—81页。
③ 钟春洋：《经济增长方式转变的利益博弈研究》，厦门大学2008年博士学位论文。
④ 孙敬水、张品修：《德国经济增长方式转变的经验及借鉴》，载《世界经济与政治》，1998年第8期，第77—81页。

第六章 国外国防工业与区域经济的产业融合问题研究

在德国,在国家宏观经济调控中占有重要地位的是中期财政计划。德国政府自 1957 年开始编制第一个财政五年计划以来,据统计,中期财政计划的未来预测目标与实际的社会经济发展结果契合度非常好①,在经济政策上对总体经济运行起到调控的作用,实现了计划期内收入与支出的平衡,在政府宏观调控经济方面它发挥了重要作用。

此外,在区域规划方面,德国政府早在 1965 年就出台了《区域规划法》,对人口集聚区、经济发展较慢地区、主要农业区和边境进行了规划描述,随后在 1975 将全国分为 38 个规划区,进一步细化了区域发展规划,使得各项区域发展政策及国家经济发展计划更具针对性。为推动德联邦 16 州均衡发展,德国联邦政府还采用了财政转移政策,将适当比例的联邦收入转移到 13 个州,同时设立一些政策来激励地方企业的积极性,如设立了地方企业税完全归地方所有等。

德国政府在区域经济与社会发展方面的科学规划,从 1949 年开始,创造了经济持续健康稳定增长、物价长期稳定、社会失业率维持在 6% 左右的良好局面,这一失业率在全世界范围内也处于较低水平,保持了其在世界上的竞争力。

在良好的经济发展氛围下,德国的国防工业也实现了长足的发展。21 世纪以来,德国为了提高其在世界和欧洲国家的竞争力,推动国防工业的发展,新制定了一系列发展战略规划。2005 年初,德国政府颁布了《德国国防工业改造战略》,强调要通过财政拨款,来保证德国国防工业的"最小核心能力"。改造战略的过程中,德国政府对军民两用技术方面更加关注,重视民用与军用之间的协调合作,使工业界参与到军民两用技术的开发之中,制定了到 2020 年的高科技战略,明确了鼓励发展的科技项目清单,并重新构建了国防工业的创新组织模式,由政府和民间出资在各地区建立以技术创新为中心的技术创新联合会。技术创新联合会由众多小公司、高校和一些咨询机构联合参与,形成一种以市场来引导、政府来支持、产学研相结合的一种新的创新机制,有效促

---

① 孙敬水、张品修:《德国经济增长方式转变的经验及借鉴》,载《世界经济与政治》,1998 年第 8 期,第 77—81 页。

进了整体科技创新能力提升。

四、亚洲地区的相关战略和计划

（一）日本

"二战"以来，地域经济的发展问题一直是日本政府的重点。例如，日本1950年发布了《国土综合开发法》，并在此基础上陆续制订了五次全国开发计划，这在一定程度上使日本的经济地域格局发生了改变。根据政策和发展重点，日本战后区域发展进程可分为四个阶段。

(1) 经济复苏期

战后日本经济瘫痪，为了复苏国家经济，1950年日本实行了"国土综合开发法"，并开始修复工业设备和城市基础设施，重点优先开发农业用地、水力资源、煤炭等资源，以解决粮食安全问题、就业问题和工厂开工问题。

(2) 经济高速增长期

1995年，日本经济进入了高速增长期。1960年，日本提出"太平洋沿岸工业地带设想"，1962年和1969年制订了两个国家综合发展计划，分散式的工业布局，促进了地方产业的发展，使地区间收入差距显著缩小。

(3) 经济稳定增长期

"石油危机"后，日本经济进入了稳定增长期。一方面，日本制订了《国土利用计划》，以遏制通货膨胀和合理利用土地资源；另一方面，日本政府又实施了第三次国家综合发展规划，让大城市的工业向中小城市转移。当时日本的区域经济结构是分散化的。然而，从1980年到1985年，日本再次经历了人口向大都市圈集中，土地开发利用出现了新的不平衡。

(4) 1986年之后的阶段

为了解决东京的集中问题，日本分别于1987年和1998年制定了第四次和第五次国家综合开发规划，1992年制定了"据点城市构想"。同时，为了促进日本海沿海地区经济的复苏，缩小与其他沿海地区的差距，提出了"环日本海经济圈"的概念。此概念的提出，目的就在于缩小地区差距。

第六章 国外国防工业与区域经济的产业融合问题研究

日本自 1962 年以来，已经完成了五次全国综合开发计划，在第四次开发计划中提出了建立一个国际化、多级型、分散型的以国土为中心、振兴各地区建设的工业体系。这一计划被誉为 21 世纪日本国土开发的宏伟蓝图。①

日本的国防工业在"二战"后工业基础严重损毁，但朝鲜战争爆发后，在美国的支持下日本随着军工生产能力和军事需求，日本国防工业发展迅速。"二战"后，日本国防工业先后经历了停滞、复苏、快速发展和深度发展四个阶段：

（1）停滞期（1941—1950 年）

战后，美国立即限制日本发展军备，届时，日本的国防工业基础遭到严重破坏，相应人员也随之解散，国防工业基本停滞不前。

（2）复苏阶段（1951—1970 年）

朝鲜战争爆发以后，美国对日本军备方面由原来的限制转向支持，在当时的国际背景下，日本自由党于 1951 年确立了先经济后军备的建设原则，确立了先民后军的发展模式，紧随之，日本经济发展迅速。1968 年，日本的国民生产总值位居世界第二位，为国防工业的发展奠定了坚实的经济基础。

（3）快速发展阶段（1970—1991 年）

日本在 1970 年制定了《国防装备和生产基本政策》，这项政策规定，武器装备必须立足于民族工业，积极利用民间科技力量来推动自主研发和国产化。这项政策的制定使日本自 1980 年以来日本工业技术水平、加工能力、产业结构等方面名列世界领先地位，军民结合的发展模式使日本国防工业迅速发展并具有很大的军事潜力。

（4）深化发展阶段（1991 年至今）

冷战结束后，日本大国意识逐渐增强，"国家利益"首次成为国防工业发展的基础。在强大的经济实力支撑下，日本军事装备制造技术、研发投入、国防工业以及军事生产能力一直位居世界前列。2015 年，美国防务新闻网站百

---

① 方创琳：《国外区域发展规划的全新审视及对中国的借鉴》，载《地理研究》，1999 年第 1 期，第 7—16 页。

强名单中有 7 家日本的企业上榜,这是亚洲国家军工企业数量和规模最大的国家,这些企业长期和防卫省合作,坚实的工业基础使日本国防工业企业在战争期间迅速扩大生产。①

(二) 印度

1947 年印度独立后,在很长一段时间内经济一直处于比较封闭的状态。在此情况下,印度各届政府一直致力于推进国家经济及区域的发展。从 1980 年开始,印度政府进行了改革,以解决原计划经济的一些缺点,强调轻工业、重工业和农业的均衡发展,在强调社会公平的同时,还注重社会效益,并通过国有部门和私营部门调动经济,改革取得了一定成效。但 1984 年拉·甘地执政后,印度政府对经济体制进行了重大改革,引入竞争机制,实施政治、经济和教育等综合改革,着重强调科技对经济的促进作用,并提出电子革命和计算机革命的口号。拉·甘地政府对信息产业发展的重视,为印度成为世界软件王国奠定了基础。② 1991 年拉奥执政后,进行了激烈的经济改革,改革成效至今影响深远。主要改革措施包括外资和先进技术的引进、进出口政策的开发、放宽对私营企业的限制、对国有企业更加重视其效率等要求,这一改革已实现了印度经济的空前增长。2014 年 9 月印度正式启动"印度制造"计划,目的是促进国内外企业投资,创造就业,刺激发展滞缓的经济,力求将印度打造为世界制造业中心。该计划选定国防工业、化工、汽车和信息技术等 25 个领域推行"印度制造",提出将制造业产值年增长率由 7% 提升至 12% ~ 14%,2022 年制造业在 GDP 中占比增至 25%,创造 1 亿个就业机会,并拟定了每个领域的相关发展政策。2015 年莫迪执政以来,在经济发展中继续推进既有的政策规划,并重申"大国"的发展构想,提高印度的国际竞争地位。

而在印度保持较高经济增长率的同时,其国防工业的发展也在持续推进,并不断强化其在亚洲的军事地位。印度国防工业的发展经历了从内部自给自足

---

① 苏鑫鑫、胡冬冬:《防卫政策调整下日本国防工业的发展走向》,载《飞航导弹》,2015 年第 6 期,第 50—53 页。
② 杜幼康、李红梅:《印度发展的内外环境及其崛起的战略支撑》,载《印度洋经济体研究》,2016 年第 3 期,第 23—48 页。

到面向外部开放的发展历程。

从独立到1960年初,印度政府采取了自给自足战略,重点强调本土制造。为了落实自给自足战略,印度政府实行国防工业全部国有化政策。其在1948年和1956年分别颁布的"工业政策决议"中明确规定,武器弹药、飞机、船舶等涉及国家战略的工业应由中央政府垄断经营。[①] 虽然印度国防工业的基础设施有所改善,但是其进步也非常有限。自1962年以来,印度政府采取了自立战略,在国防工业基础设施建设的同时,更强调对国外先进技术的引进。此阶段印度政府主要采取了三大措施,一是大幅增加军费开支,1962—1984年期间均在2.4%以上;二是不断扩展国防工业基础,印度在实施自力更生战略期间建立了11个兵工厂、3个国防工业企业,改组了印度斯坦航空公司,增加了35个兵工厂和8个国防工业企业;三是与外国合作,在本土进行特许生产,印度斯坦航空公司与苏联签署了生产米格－21战斗机的授权许可协议,苏联也成为印度的主要武器供应国,到1980年,印度70%的军事装备来源于苏联。[②]

自1991年以来,印度政府采取本土化战略推进国防工业发展,主要致力于推动国外先进技术向区域内生产力的转移,以便早日实现国防工业的独立。1993年10月,自立评估委员会在广泛协商的基础上起草了《国防系统自立十年计划》,并规定到2005年,印度国防采购中本土产品的年度份额将从1993年的30%增长至70%。

近10年来,印度出台了多部和国防工业有关的发展方针和战略。为了实现独立自主的装备研发生产,印度国防部在2011年发布了首份《国防生产政策》,指出国防生产的主要目标是武器系统、装备系统以及生产系统的独立,在国防采办中优先选择本国企业,鼓励私有企业更多参与武器装备的研发生产,更大地发挥高校和科研院所的作用,采用渐进方式研制复杂装备,设立专

---

① 周璞芬:《印度国防工业发展战略探析》,载《国际研究参考》,2013年第10期,第26—34页。
② 周璞芬:《印度国防工业发展战略探析》,载《国际研究参考》,2013年第10期,第26—34页。

项资金支持企业、高校和科研院所的研发活动①，需要 10 年及以上研制时间的武器系统、平台和设备基本都将由国内研制。

2012 年，印度国防部修订的《国防补偿贸易指南》正式生效，除增加一些新条款并修改、明确之前的一些条款外，该指南第一次明确了印度补偿贸易政策的目标，即通过武器采购发展国防工业，培育具有国际竞争力的军工企业；增强武器装备与服务的研发能力；促进民用航空和国家安全等国防相关领域的发展。

2013 年 6 月印度发布并生效的《国防采购程序 2013》将国防采办项目的优先顺序划分为几类，优先程度依次为：采购印度产品的项目、采购和生产印度产品的项目、生产印度产品的项目、从全球范围采购产品的项目。重点强调武器装备的国产化，致力于营造公私部门公平竞争环境和加快采办进程。而《国防采购程序 2016》则进一步强调简化程序和提升采购效率。

2014 年印度的"印度制造"计划则提出在未来 10 年内将武器进口比例从 70% 减少到 50%，并计划在未来 15 年内斥资 1500 亿美元用于装备采购和生产。

2016 年 4 月，印度国防部发布了《关于选择战略合作伙伴报告》，规定了研制与参与 10 种武器系统设计制造的私有合作伙伴的财政和技术标准。指出将武器装备分成两类，第一类是飞机、直升机、飞机发动机、舰艇、火炮和装甲车；第二类包括金属材料、合金、非金属材料和弹药。

2016 年 7 月，印度政府废除了先前制定的一系列支持国防公共部门和私营企业建立合资企业的政策指南。废除指南是为了给国防公共部门和私营企业提供一个公平的竞争环境，将有利于在国防领域实现本土化和自力更生的目标。

印度经过近 70 多年的努力，国防工业取得了显著的进展。最大的成就是建立了一个大规模和门类齐全的国防工业系统，包括从开始的普通武器装备到

---

① 郑杰光：《印度加快国防工业"本土化"进程》，载《国防科技工业》，2012 年第 6 期，第 69—71 页。

高技术武器的生产、设计、研发。这证明了印度已经成为发展中国家国防工业复合体的国家之一。

五、国外不同国家区域经济和产业发展战略和计划的比较分析

（一）战略和计划的前瞻性

基于对各国区域经济发展战略的制定和实施的分析可知，在面临更为复杂的国际经济发展环境中追求经济发展的可持续性时，必须制订适应性强、预见性高的战略计划，即保证战略和计划的前瞻性。区域政策要求必须有长期战略洞察力，明确哪些是需要达到的目标，这些目标可以是该国关键部门的发展，如重工业、交通运输、航运等，或是国内重点城市或产业集群的发展，这在美、德、法、俄等西方发达国家的区域经济发展历程中可以得以充分体现。美国自"二战"以后，主要经历了四个经济发展阶段，相继制定了推进南北地区均衡发展的多项国家发展战略规划，特别是美国制定的2050年区域发展新战略，显示了其作为全球第一大经济体的区域发展战略前瞻性。德国虽然是"二战"战败国，但在战后其立足于自身制造业的工匠精神，围绕不同时期的国际和国内工业和贸易环境变化，不断提升国内机械制造水平，成为国际上知名的智能制造强国，并实现经济总量的持续稳定增长。相比较而言，苏联在战略制定和执行的效果上则表现出不同时期的不均衡现象，早期的战略对于未来发展趋势估计不足，尤其是在冷战时期，过于重视军备竞赛的发展模式造成国民经济严重失衡，最终造成苏联解体，解体后俄罗斯迎来普京时代，国家经济发展战略开始走向正轨，经济得到长足发展，区域经济发展也逐渐复苏。印度的经济发展得益于其对软件外包产业的战略规划布局，通过瞄准美、欧等西方发达地区软件业人力成本上涨迫切需要采用成本相对较低业务外包形式进行解决的机遇，充分发挥班加罗尔地区在计算机及软件技术、语言等方面的优势，带动相关地区的经济发展。日本在其资源危机意识的驱动下，对于区域发展的战略性规划更侧重于实效性，因此战略的指导性非常强，其在汽车工业、电子产业及设备制造方面的区域规划均取得了较大的成功，也将其国防工业提升到世界先进水平行列。

虽然，推行市场经济的西方各国在区域发展战略的制定方面都显出应有的前瞻性，但市场经济条件下规划时常被各国政府作为避免经济危机发生的一个权宜之计。至今为止，许多市场经济国家的规划仍不能准确定位区域发展规划的地位。

（二）战略和计划的动态性

动态性是战略及计划的基本特征，一个符合国家发展实际的发展战略，不论是总体战略还是专项战略，都需要立足于战略实施过程中内外部条件的变化，体现出战略的连续性和递延性，并根据阶段性的战略执行效果反馈评估进行局部调整。从美、德、俄、法、日、印度等国家区域发展战略体系构建情况可以看出，国外对于战略动态性的关注十分明显。自 1929 年美国纽约地区区域规划编成至今已近 90 年的历史，在漫长的规划运动中，因受美国区域经济发展体制的相对地方性和特殊性的影响，战后的美国形成了一个动态复杂的规划机制与规划措施体系。[①] 而各项规划在时间上的连续性，以及面对不同时期国内和国际发展环境进行的修订及调整，使得区域发展战略规划体系，以及所涵盖的国防工业规划体系均以当期及未来政策周期的现实发展及预测为依据，体现出较强的适应性。德国、英国及法国等欧洲经济军事强国在区域发展规划的制定上同样注重与时俱进，例如德国的工业 1.0 向 4.0 的演进，英国区域发展补贴中心的调整，是区域发展规划的不断改进、不断完善。俄罗斯在区域发展规划的制定过程中的动态调整更具阶段性特征，例如在中俄战略合作深化发展背景下远东地区发展规划的制定以及以莫斯科及外贝加尔地区的远东"丝绸之路"建设。当然，日本、印度等国的区域发展规划也呈现出动态性的特征。日本自 1945 年以来的多次发展重心转移及针对亚太地区战略格局的变化作出的国防工业发展计划调整，均具有现实的指向性。与当期的发展形势相呼应，印度则以劳动力成本优势及依附于西方外在支撑条件为前提，在不同的时期制定和实施相应的区域发展战略，并同步进行国防工业的发展路径分析。

---

① 方创琳：《国外区域发展规划的全新审视及对中国的借鉴》，载《地理研究》，1999 年第 1 期，第 7—16 页。

（三）战略和计划的层次性

从战略的可操作性要求来讲，一个科学有效的国家区域经济与产业发展战略和计划体系应层次清晰，具有较强的指向性。不论是哪一时期制定的战略，都应形成国家、地区、行政区及辖区纵向层次和科技、经济、社会、教育、医疗、环境等横向框架相结合的综合体系。尤其面临当前各地区各领域关联影响逐步深化的发展态势，美、俄、德、日等国制定的区域经济和产业发展战略均予以充分体现，各国所制定的规划都首先从国家高度阐述战略的总体框架，确定三大产业的发展目标及实施方案，然后依据总体战略编制大区域战略规划，针对具有区域优势和产业集群特征的由多个行政区组成规划区提出专项方案，在此前提下，各行政区制定各自的规划，并指导其辖区按照本行政区的战略规划立足国家总体规划编制更为具体的地方经济和区域发展战略。

从机构设置来看，大多数国家都是一级部门管理，其他行政部门和地方政府都成立了专管职能部门和立法部门。从规划范围来看，大多数国家都进行了城市、区、村、行政区等，最后出现了国家之间的合作发展规划和大洲发展规划，区域规划朝着广域、国际、整体的方向发展。[①] 从类型上来，欠发达地区和发达地区都有区域发展规划，规划分为很多不同的类型，例如城市区域发展规划、流域发展规划、经济发展规划和社会发展规划等诸多地区规划和专项规划等。

例如，美国在2009年发布的《2050年区域发展战略》中就针对经济较为发达的大都市区和经济发展相对落后的问题区域制定了不同区域采取不同的政策组合，规划区类型划分有一套科学的划分指标和严格的划分标准，如大城市发展区划、相对滞后区域发展等。俄罗斯在远东发展规划中也针对具体的城市及城市发展中的能源、工业及服务业等制定了专项规划，尤其在中俄合作领域，规划的体系具有明显的层次性，从战略和战术层面均制定了系统的框架。国外其他国家，如英国、德国、日本、印度等，其制定的区域发展规划同样是从国家总体战略层面逐步分解至地方，然后在分解至三次产业及各产业内的各

---

① 方创琳：《国外区域发展规划的全新审视及对中国的借鉴》，载《地理研究》，1999年第1期，第7—16页。

项支撑专项规划，在层次上都具有显著的立体化特征。

第二节　国外国防工业对区域产业发展和产业结构调整的支撑作用

一、有助于保障区域经济总量稳定

一个地区在进行产业结构调整和升级的过程中，若没有稳定的产业链作为基础支撑，该地区的经济总量可能会出现较大的波动，尤其是面向新产业的结构调整多数都需要一个成长期，在一段时间内会影响区域经济总量的水平提高。因此，美国、德国等一些国家在进行区域产业结构调整和升级的过程中均会考虑将国防工业作为一个地区产业调整的主要方向，或是在产业结构调整过程中将国防工业作为过渡期的工业支撑，进而保证地区经济总量的稳定。2014年，美国军品出口额达到237亿美元，英国为85亿英镑，俄罗斯为100亿美元，德国为63.5亿欧元，较大规模的军品出口创收对军工产业集聚地区的经济总量的贡献十分明显。而在美国的"再工业化"战略的影响下，面对当前大部分实体工业不景气的严峻形势，稳定增长中的军贸市场成为了国外许多工业区关注的重点领域，2014年全球常规武器进出口订单总额达到806.26亿美元，即使一些国家国防开支略有下降，但国防工业依然保持稳定，这无疑为国外一些工业区的经济稳定发展提供了一个强有力的保障。

（一）促进区域产业结构调整过程中新增长极的产生

区域产业结构调整通常会对地区内原有产业进行重新布局，引入一些新的产业，清退一些处于衰退期的产业，而新旧产业进出的最主要依据就是产业所面向市场的规模和潜力，作为与国家国防发展密切相关的产业，国防工业所面向的市场具有较强的发展潜力，市场需求稳定且规模相对较大，产品的价值链的外延性较强，往往能够与新兴产业进行对接，形成新的上下游关系，而这种稳定的协作需求，通常会为产业调整后的新入产业提供足够规模的市场，促进新产业的快速成长，在相对较短的周期内促使区域经济发展中新增长极的产生。国防工业的这种区域经济新增长极的孵化作用最集中的表现就是以国防工业为集聚点的各类产业集群的产生,例如美国的硅谷、日本的丰田产业中心、印度的班加罗尔软件产业园、英国的剑桥工业园等,这些产业集群形成之初都是与国防工业密切相关的,通过国防工业创造的需求市场不断集聚更多的企业,最终形成带动区域经济发展的强大动力。

(二) 稳定区域产业结构调整和升级的经济基础

尽管产业结构是在自然条件、社会生产力、社会需求和技术发展水平条件下的产物,但其在实际发展过程中也是一种权利及利益的均衡。因此,任何社会经济条件下的产业结构都有其物质载体,都必须具有支撑其发展的经济基础。作为国家战略性产业,国防工业对于区域产业结构的调整和升级具有持久的经济影响力,对区域经济和其他相关产业的影响相当明显。为了要扩展民用部门的发展空间以及提高经济资源使用效率,国防工业必须横向或者纵向延伸产业链,同时,国防工业部门参与民用部门产品的研究,提升了民用产业的层次和大大地提升了产品的竞争力,进而带动一系列相关产业的发展和投资乘数效应,推动了区域经济发展总体水平的提高。例如美国的五大军工巨头,均是跨多领域的集成商,较强军民融合的水平使其在保障国家安全的前提下,也带动了区域经济的发展,提升了国家经济竞争力。据统计,全球防务市场前100强企业中,包括五大军工巨头在内的50家左右的公司实现了63%左右的销售额;德国国防工业军民两用技术的开发,同样在保障国防建设的前提下,提升了民用工业的制造水平,整体水平在欧盟中遥遥领先;日本国防工业与地区经济的共生关系更为明显,三菱重工、丰田等大型工业企业不仅自身发展态势良好,还带动了整个集群内企业的发展,变为区域工业发展的中心。

二、提高区域技术创新水平

国防工业向军工业转移的原因是战略环境变化对新武器装备的需求,即对高新技术产业的需求。[①] 大规模国防支出和高新技术武器需求,从根本上支持

---

① 郭朝蕾、马杰:《美国军工产业区域转移与经济增长》,载《军事经济研究》,2006年第4期,第75—78页。

了军工高新技术产业的发展。军工产业带的发展各个阶段都对应着新装备武器的发展变化。

在本国国防部门的支持下,美国、德国等国家的航空、计算机及电子信息等高科技行业的发展水平非常高,此类高科技行业的研发经费和市场等条件非常优越。同时,在国家财政支持方面,不但大型军工企业能够获得财政支持,相应的一些创新能力强的小型企业也能够获得相应的财政支持,强大而稳定的资金支持对这些创新型小企业的成长非常重要。比如美国,由于国防工业的区域转移,军工产业获得了更多的国防投资,就像以半导体和计算机产业为代表的高新技术产业获得了空前的发展。[①] 俄罗斯国防工业企业在 21 世纪短时间内能够从谷底浮出水面的一个重要因素也是因为雄厚的军事科学技术实力,而且其在造船、机械、医疗机械方面的制造也有强大的技术创新能力,在条件适宜的时候就会重新崛起,特别是其航空产业在企业转型中发挥了重要作用。德国形成了一种由市场引导、政府支持和产学研相结合的创新型组织模式,政府设立的一些项目规模高达几十亿欧元,为提高整体科技创新能力,各企业研究所可以依靠国家发展的需要和自己的优势来申请政府支持。日本政府一直坚持有计划有步骤地重点发展国防科技,在军品研发中引入竞争机制促进"寓军于民"。

三、增加区域产业集群化发展的集聚点

按照波特的竞争优势理论,加快产业结构调整是落后地区实现跨越式发展的最佳途径,而产业集群是打破资源约束,形成区域内的主导产业的重要产业结构调整方式,一个地区若能够形成集群,就可以通过产业集聚效应,打造主导产业。国防工业是各国保障国家安全的物质基础,在规模、技术和政策引导支持方面都具有形成集群的条件,而且各国在进行产业结构优化,推进区域经济发展的过程中,国防工业还兼顾国家国防安全体系建设、工业升级及区域经济发展的多重任务,集群化发展趋势明显,因此也自然成为区域产业集群化发

---

① 郭朝蕾、马杰:《美国军工产业区域转移与经济增长》,载《军事经济研究》,2006 年第 4 期,第 75—78 页。

展中主导型较强的集聚点。在美、俄、德、英、日等国家,以国防工业为集群的簇点形成工业集群非常普遍。民用飞机、商用卫星、核电、通讯、计算机等以国防工业为核心的高技术产业集群已经成为美国的经济优势。美国约 1/3 的公司与军工生产有不同程度的关系;军工式生产约占工业总产量的 1/5,其高额垄断利润成为美国近年来所谓"新经济"的主要依托。俄罗斯在 2001 年进入国防工业体转型阶段后,以国防工业为核心的区域工业集群得到进一步发展,在推行区域经济均衡发展的战略驱动下,以航空、船舶等代表的产业逐渐辐射到圣彼得堡市、列宁格勒州及远东地区,逐渐形成了以国防工业为簇点的区域新产业集群。英、法、德、日等国则在既有的国防工业产业集群的基础上,对产业进行了升级,在原有主导产业的基础上,增加了新的簇点,集聚了一批新的企业,例如英国的剑桥工业园、日本的筑波城及法国的安蒂波利斯科技城等世界知名产业集群,都在信息技术的推动下,逐渐转向技术开发和服务,形成了新的集群发展核心。

四、扩大区域产业的就业吸纳能力

国防工业对于其覆盖地区的发展具有明显的经济效应和社会效应,一般来说,一个地区的国防工业若具有集群化的特征,形成完整的设计、研发、制造和服务体系,其庞大的运作系统必然需要大量的雇员,而其不断发展的过程中,还会创造出更多新的岗位,无论从数量还是质量上看,国防工业对于地区就业的支撑与促进作用都是十分显著的。据统计,美国国防工业雇用的工人也占本国制造业工人总数的 1/5 左右。印度国防工业体系中,仅进入的私营企业就在 2001 年至 2010 年期间创造近 4 万个就业岗位。调查结果表明,英国国防工业拥有直接员工 11 万人,间接从业员工 31.4 万人。

同时,实施军民融合战略,高技术军事应用在民用领域或发展军民两用技术也使国防高科技人才更能发挥作用。例如,在军事核工业结构调整方面,俄罗斯大力推动核电工业和核技术在国民经济中的应用,促进核电出口和开发了其他高科技产品,使俄罗斯原子能部拥有科研人员 10 万人,其中高级科技人才 3 万人。可以说,国防工业的结构调整为一支精干稳定的国防工业团队提供了根本基础。

五、强化区域工业产业的竞争优势

国防工业相较于其他工业产业具有更强的可持续发展能力，并且出于国家国防安全的考虑，军事强国在国防工业发展上的资源倾斜力度普遍高于其他工业产业，受诸多有利发展因素的支撑，以国防工业为发展轴心的地区，其工业的总体水平相较而言更容易打造自身的竞争优势，尤其是在各国军民融合发展进程逐步深化的趋势下，国防工业的发展对区域工业国内及国际竞争地位的提升具有十分显著的支撑作用。

美国在经历冷战后，"重新设计国防"的口号在国防工业转型期间提出了。通过国防工业企业间的兼并和重新整合，美国的国防工业实现了规模经济，大幅降低了生产成本，促进了信息技术在军民两个领域的迅速普及。

俄罗斯采取了国防工业体系中生产型企业的横向一体化，研发生产出口导向型企业的纵向一体化，国防工业公司与银行等金融机构在经济部门的整合，形成了一大批科研与生产相结合的大型综合性国防工业集团，提高了整个国防工业的科技水平和资源利用率以及整个国防工业行业的效益，打造出一批在国际上具有竞争力的企业。

第三节　国外国防工业与区域发展的产业结构调整研究

区域产业结构调整升级是区域经济的可持续发展的重要动力源，而区域产业结构调整的过程则表现为新的主导产业对原有主导产业不断替代或升级。因此，区域内主导产业的发展是促使地区经济保持活力的主要支撑力量。通常来说，区域内主导产业的发展是通过产业转移来实现的，即通过转出或吸纳的形式调整区域内产业的产品内容和规模。以国防工业作为区域经济发展的主导产业，则在产业结构调整时，除了产业内企业间的并购，则是在集群式发展的条件下推进军民融合发展，进而吸纳更多区域外的企业，通过自身产品的升级及新产品的研发，在军民协作的框架下推进国防工业的结构调整，为区域经济的发展提供助力。以美国、俄罗斯、英国、德国、日本等为代表的工业强国在进入21世纪以来，一直致力于促进国防工业升级与区域产业结构调整的协同发展，大多数国家都取得了较好的效果，对我国国防工业的发展具有很好的借鉴意义。

一、国外国防工业结构调整的动因与趋势

（一）国外国防工业结构调整的动因

随着国际政治、经济和军事格局变化，新时期国际间的军事对抗愈发注重信息战以及高端武器的使用。相应地，传统的国防工业运作体系则越来越不能适应当前新军事革命发展趋势。鉴于此，国外主要军事强国都积极进行国防工业结构和能力的调整，针对新局势和内外部发展环境，为了引导国防工业走向新的高速发展阶段，必须要先确定国防工业的发展目标、产业结构和发展能力。而从产业内部角度来看，促使各国进行国防工业产业结构调整与升级的根本动因则是国防工业科技进步与创新和军工产品市场需求结构的变化与调整。

随着全球步入知识经济时代，技术的进步和创新是产业结构升级的原动力，其作用主要体现在三个方面。一是技术的创新与进步是影响传统国防工业的生产和效率的重要因素，只有这样，才能根本上改变国防工业的生产方式、规模、市场需求和竞争情况；二是信息技术的融入与发展进一步加速产业结构的整合与重组，信息技术的创新和进步不断地催生出新技术，通过催生新兴产业以及转变和淘汰落后产业，直接进行产业结构演变；三是信息技术改造的同时，一些被原有的落后的技术支撑的产业也将进行迭代，逐渐消失，进而激发出新的产业，引起产业结构的演变。[1]

产业结构升级根本的出发点和落脚点和影响产业结构调整和完善的最关键的因素是需求结构，任何产业的发展都建立在社会需求的基础之上。[2] 在当前

---

[1] 刘聪：《信息产业促进产业结构调整升级的机理与实证研究——以广东省为例》，广东省社会科学院2015年硕士学位论文。

[2] 刘聪：《信息产业促进产业结构调整升级的机理与实证研究——以广东省为例》，广东省社会科学院2015年硕士学位论文。

发展异常迅速的信息产业的带动下，国外各国国防工业市场的需求也相应发生了重大变化，传统武器及装备的市场需求逐步萎缩，而融入信息技术的高端武器和装备市场需求迅速扩张，同时，将军用技术民用化而开发出的军民两用技术产品市场需求也逐步被开发，这是国防工业结构调整的新趋势。

（二）国外国防工业产业结构调整的目标及趋势

在国际大环境和新军事革命的背景下，美、俄等均阐明了国防工业的发展目标。美国制定了能同时打赢两场大规模地区战争的总目标，建立一支在和平时代可以让他国信服、在发生战争的时候可以决胜、在各种冲突中占据绝对优势的军事力量，以此来保证其唯一超级大国的地位。俄罗斯国防工业调整的目标是明确政府与企业权责关系、投入与研发金融关系、计划与市场机制关系，实现国防工业的集中管理，保护和发展国防科技竞争力。德国国防工业的调整目标是提高武器装备水平，满足新的战略需求，重点发展高科技和迫切需要的武器装备。英国的国防工业调整目标则是要建立一个有效的、有较强竞争力的工业体系，调整科研和采办体系是其重点。法国的国防工业调整目标是明确国防工业的职责、协调配合、提高效率，从而建立一个现代化的国防体系，发展有竞争力的大型武器系统。

各国在国防工业发展目标的驱使下，为顺应新军事革命要求，其发展趋势主要表现为国防工业发展市场化及军民一体化。国防工业的市场化发展趋势，就是要积极推进投资主体多元化，制定相应的法规和政策，打破军民之间、所有制和行业之间的界限[①]，逐渐改变军品科研生产只能由国有资本承担的传统观念，放宽相应市场的准入规则，对不同投资主体进入国防工业时候的各种方式制定相应的法规，从而有效地引导符合条件的投资主体从事军工产品的生产、开发和研究。随着信息技术对国防工业发展影响的逐渐深入，武器装备的发展日益需要更多技术在多个领域的支持，促使研发成本不断上涨。这让战争越来越突发、单位时间内的军资消耗飞涨，从而需要大量增加对国防工业的经济资源投入量，而投入的不均则会引发军民工业经济发展的不均衡，加上市场

---

① 程莉：《论我国国防工业产业组织结构的调整与优化》，东北师范大学 2006 年硕士学位论文。

需求的变化与新需求的开发，在保障国防安全及兼顾民用工业发展的双重要求下，实行军民一体化发展成为较为合理的选择。

二、国外国防工业产业结构调整的模式

产业结构的合理化和高度是产业结构调整的两个主要方面。在产业结构合理化调整中，近年来，大多数国家都是采用计划机制和市场机制相结合的调整方式，为了使产业结构向合理化方向发展，必须同时合理结合运用这两种机制。

产业结构由低向高发展即产业结构高度化，在国防工业中，这是产业结构调整的关键；沿着劳动、技术、知识和资本密集的方向调整升级；产业由低加工度向高加工度发展，从而向着绝对优势地位方向靠近，而这种演变趋势在国外各国的国防工业产业结构调整中则是通过某一种或几种模式结合的途径加以实现的，并且在不同时期以及基于不同的国家区域经济基础，各种模式的选择组合也是动态变化的，其中较为典型的产业结构调整模式都是以产业融合为方向，注重信息技术的引入及技术创新的带动，对于传统国防工业的改变也因此具有较显著的时代特征。

（一）产业内企业大规模兼并与协作中小企业集群化发展并存

自1993年起，世界范围内掀起了新一轮的军工企业兼并热潮，美国、俄罗斯、德国等国家均顺势参与其中。1990—2001年美国大型军统企业减少很大一部分，由原来的32家通过兼并减少到9家，世界40%左右的战斗机市场和承担绝大多数美国军用卫星生产和发射业务的公司是洛克希德·马丁公司，波音公司成为世界上最大的飞机（军用）、导弹和航天产品的制造商之一；欧盟打破了国界，组建军工巨头，现在法、德、意大利和西班牙的航空和国防的核心业务都被欧洲航空防务航天公司公司承担；俄罗斯提出，根据武器装备的类型，各行业核心设计局和工厂将成为主体，建立科研生产综合体，现有的1700余家军工公司将按3个方向兼并重组为36个大型国防生产科研综合体，综合体负责武器装备整体组装，武器系统生产和其他辅助

设备的生产。①

企业规模演进的趋势可以说主要是通过兼并来不断扩大企业规模,从而提高单个企业的市场份额以及产业集中度。但在这种大型军工集团兼并的趋势演进的同时,承担军工协作生产任务的大量中小企业同样不断涌现,增强区域经济实力和提高国防工业竞争力的主要手段就是产业集聚。美国军工产业虽然以波音、洛克希德·马丁等五大军工巨头为主导,但其军工体系中实际上大部分都属于金字塔型生产组织模式中小企业,这些中小型企业提供了相当大部分的零部件和原材料及部分武器系统的子系统和大多数主要部件。② 日本的丰田汽车城、英国伯明翰工业园等世界知名的国防工业区都是以大企业为龙头、中小企业集聚的典型发展模式,充分发挥着大企业开拓市场,小企业协作支持的产业内分工协作优势,使得国防工业在进行产业结构调整和升级的过程中能够更为灵活地进行局部快速响应,提升竞争力和盈利能力。

(二) 通过业务外包构建网络式的国防工业产品制造体系

国外国防军工产业集群普遍采用"总承包商—分承包商—零部件和原材料供应商"的组织模式,从结构层次上看,位于顶层的主要包括武器供应商或者大型主承包商,一般情况,顶层承包商首先从军方获得订单后,随之把这些订单的生产任务交与较低层次的厂商,最终将子系统合成最终的产品。制造电子设备、计算机和雷达的这些公司都是处于第二层的主要分承包商,其他的协作商是处于最底层的,他们只负责原材料或者零部件。从所有制关系上看,各个层次的厂商都不是以所有制性质为标准来进行选择和确定的,只以质量、速度、性能以及价格为最终标准,各种性质的厂商进入到每个层次的机会都是一样的;③ 从国家控制力度来看,控制力度由上到下呈逐渐减弱的趋势,即对顶层控制力度强,底层控制力度次之;从联系方式上看,各层次的厂商是围绕产品而形成的协作配套关系,而不是行政隶属关系,这种关系的形成是竞争规律和市场经济其他规律作用的结果,而不是行政干预的结果,是经由市场竞争确

---

① 程莉:《论我国国防工业产业组织结构的调整与优化》,东北师范大学2006年硕士学位论文。
② 程莉:《论我国国防工业产业组织结构的调整与优化》,东北师范大学2006年硕士学位论文。
③ 程莉:《论我国国防工业产业组织结构的调整与优化》,东北师范大学2006年硕士学位论文。

定的选择结果。

国外的这种网络式的国防工业制造体系在运行效率方面表现出明显的优势。首先,该模式目的明确,以产品为中心来组织企业,抓住了国防经济运行的最根本的问题,符合市场运行规律。其次,这种通过总承包商,根据产品的金属要求逐层组织企业,适应军品采办主体的单一要求。最后,该模式符合现代武器尖端化和复杂化的发展趋势,同时该模式也符合社会化分工的基本规律。最重要的是,该模式能够推进武器装备行业的创新,更加能促进该行业零部件生产的标准化。所以,美国、英国、德国、日本等国均在航空、通信、装备制造等国防工业产业的调整过程中引入这种业务外包式的网络化生产制造体系,通过集群式的发展提升国防工业的技术水平和市场竞争地位。

(三)高新技术带动传统工业升级

在发达国家,先进制造业对促进第二产业内部结构优化升级发挥了重要的作用。发达国家传统的工业经过改造升级后,技术水平和生产效率明显大幅度提高,制造业、高新技术等工业的发展速度大幅提升。[①] 在众多推动力量中,信息产业的影响最为突出,尤其是新一代信息技术产业中的下一代信息网络、超高速光纤与无线通信、先进半导体和新型显示以及高端装备制造业中的智能制造装备、卫星及应用现代航空装备等都是国防工业的重要组成部分。信息产业对传统产业结构改造是对产业结构调整升级的一个明显的表现,也被称为"产业信息化"。信息产业的发展改变了传统产业中企业的经营、生产、管理方式,大大地提高了产业的经济效益和生产效率,同时,也为传统产业提供了更先进的生产设备和技术。

在一些发达国家中,高技术制造业比重很大,一般都在 60% 以上。例如美国、日本和德国等,这些高技术产业的生产效率的不断提升,主要原因还是靠制造业技术水平的提升来带动的,同时,也拉动了第二产业生产力的整体提升。以美国的"波士顿—华盛顿城市带"为例,1942—1961 年,这一地区高

---

① 郭连成、杨宏、王鑫:《全球产业结构变动与俄罗斯产业结构调整和产业发展》,载《俄罗斯中亚东欧研究》,2012 年第 6 期,第 36—43 页。

度密集的城市群成为美国政治、经济、工业、科研等发展的中心地区,然而随着高科技革命的兴起,1970年之后全球资本的流动、美国经济结构的转型和激烈的世界市场竞争,造成了美国区域经济发展的一次重大转折①,"波士顿—华盛顿城市带"地区的发展正面临着一次严峻的考验,即结构性失业、人口增长慢、贫困人员激增,要想应对这次挑战,必须进行产业结构的转型。1980年左右,"波士顿—华盛顿城市带"抓紧机遇进行产业结构升级,积极发展高科技制造业,形成了以波士顿大都市区和华盛顿大都市区为核心的高科技制造业集聚区,其中,围绕华盛顿特区发展紧密的军事—工业—科学复合体,承接着大量的政府军事采购合同的交付任务。美国、日本等科技大国是以信息技术革命为中心来发展高新技术产业,向全球产业结构的高科技化和"软化"趋势演进。

(四) 发展国防科技新兴战略产业

国外国防工业中的战略新兴产业通常集中在军事装备技术、军民两用技术和军工技术转化等三个领域,其中军事装备技术领域的新兴工业主要涉及军事装备领域新一代信息技术、节能环保、新能源、新材料和装备制造产业的兴起和发展;军民两用技术领域则主要集中在航空航天方面载人航天、太空探测等技术的发展,高端军民两用技术和产品,如无线电视、激光投影等产品的开发,以及带动军工和民用相关领域高端装备制造、新材料、新能源汽车等战略性新兴产业的发展;军工技术转化领域则涉及可以解密的军工技术向民用领域的转化及相应技术的二次开发。

国防工业领域战略新兴产业的发展在近年来全球经济一体化、各国间贸易依存度水平的逐渐提高的驱动下,发展尤为迅速。2015年,全球主要国防工业强国都根据新时期下国内国际安全环境和发展战略的要求,制定各自的国防工业战略新兴产业的发展路线。美国《保障国家安全的突破性技术》报告中提出武器"系统模块化""技术升级""加快开发"和"集成突破性军事能

---

① 刘敏:《浅析近50年来美国"波士华"城市群区域经济变迁》,载《城市观察》,2016年第4期,第155—163页。

力"四个重点投资方向；开发生物技术；主宰信息爆炸；突破技术壁垒，进行无人系统、空地一体战 2.0、大数据等计划是最有前景的新技术项目投资，以及五个最有前景的技术领域投资，包括无人系统、纳米技术、自主能力、高超声速开发和定向能技术。俄罗斯在《2016—2025 年国家军备计划》中提出，俄罗斯未来 80% 的军备开支用于战略核力量、C41 设备、太空装备以及精确制导武器等项目。日本也提出其国家未来开支也优先投向情报和侦察能力、运输、控制指挥通信、人工智能等项目。

三、国外国防工业产业结构调整的保障体系

虽然国外国防工业调整过程中的政策、手段和措施存在差别，但是都是在政府决策层和工业方面进行调整，均以国家宏观调控的政策、财政对军费的投入及组织保障为切入点。

（一）管理体制保障

为了加强国际重大国防战略的实施和对国防工业的统一指挥和统一领导，各国政府已经调整、合并或新成立了一些负责防务的政府机构，不断优化国防工业的管理体制。

美国一贯高度重视通过完善管理体制和运行机制，改善参与武器装备研制和生产的各方关系。美国没有专门的国防和科技工业管理组织，而是通过政府采购系统引导国防工业和武器装备的发展。1992 年，布什政府成立了国防转型委员会（DCC），美国国防部长在 1993 年对办公厅进行了一次重大的改组，改组后采办副部长负责军备的生产，并促进了国防工业生产与采办体质的联系。2003 年，美国政府提出建立由国防部、联合需求监督委员会（JROC）、各领域转型委员会组成的"三位一体"的决策监管体系。国防部为了保持与其他相关政府部门的合作，建立了如"航空航天协调委员会"一类的具有协调职能的协调委员会。与此同时，为了保持与指挥作战部门的密切联系，国防部还和需求监督委员会联系在一起。为了避免各自为政现象的发生，必须建立这种"多方位沟通渠道"的管理体制，这种体制有利于吸纳各方形成统一建议，从而作出正确决策。美国为了形成行业优势的需要和适应"基于作战能

力"的需要，加强相关领域的协调，依据国防工业基础转型的根本需要，于2004年成了国际工业财团——网络中心战工业联盟，该联盟由28家专业化大公司组成。此外，由美国国家安全工业协会（NSIA）与防御预备协会（AD-PA）于1997年合并而成的"美国国防工业协会"（NDIA）在解决政府与国防企业沟通与合作问题方面也发挥着重要作用，有效地推动了美国国防工业的发展。

在俄罗斯国防工业改革初期，管理体制经常发生变化，不但造成了严重的资源浪费[1]，还使民用生产企业的转型更加低效。普京政府在2003年成立了隶属于国防部的国防订货委员会，其存在的意义是为了加强生产加工企业与政府之间的联系和沟通。普京政府在2004年撤销了五局，同时在工业部下设联邦工业署，在能源部下设联邦航天署，以加强对国防工业的集中管理。普京政府在2006年又成立了俄罗斯国防工业委员会，其主要职能是制定国防工业和军备方面的政策，协调解决财政保障和国防等问题。[2] 2015年，为了提高内部竞争，俄罗斯政府又制定了军统企业内部竞争路线图，同时新设立了国防工业节约生产和管理、信贷政策委员会和军品定价委员会等部门来提高内部竞争服务。[3]

早在1959年，印度就成立了"国防研究与发展组织"。1963年，由国防部长率领的国防生产局成立于国防部之下，以加强在国防部的统一领导。为了加快武器装备的国产化，印度政府于1965年与国防部下属的国防生产局并行建立了国防供应局，其主要职责是加快解决国防采购中进口备件替代问题，促进国防建设以及实现进口零部件国产化。1984年国防生产局（负责军工生产）与国防供应局（负责进口武器装备及其零配件的研制）合并为国防生产与供应局，其中，其下设兵工厂委员会负责管理国内的兵工厂。因此，国防部建立了国防生产和科研指导系统，以监督国防科学研究、军事生产和供应。随后，

---

[1] 黄海涛：《俄罗斯国防工业改革的经验教训及对中国的启示》，载《俄罗斯中亚东欧市场》，2009年第3期，第17—24页。

[2] 黄海涛：《俄罗斯国防工业改革的经验教训及对中国的启示》，载《俄罗斯中亚东欧市场》，2009年第3期，第17—24页。

[3] 郑杰光：《2015年世界国防工业发展盘点（之一） 全面加强高新武器跨越和关键能力提升》，载《国防科技工业》，2015年第12期，第23—25页。

印度国防部在2014年3月又成立了一个国防贸易补偿管理办公室,其任务是为外国公司提供平台,不仅可以与印度贸易补偿伙伴共同讨论补偿责任,而且还能详细了解印度国防贸易补偿的方针政策。2015年5月,印度国防部成立了一个专家委员会,负责制定"印度制造"政策框架,以及就2013年国防采购程序提出修订建议。近年来,印度政府积极采取提高印度企业在国防领域的研制比重,制定自主研发规划,加速提升国防工业自主化水平。

为了加强国防工业的组织和领导,英国在国防部设立了一个由国防采购、国务大臣领导的,下设4个联合工作组的国防工业委员会。该委员会由高级采办官员和著名企业组成,主要职能是解决国防部与工业界共同关心的问题和制定军民融合工作的指导方针。

(二) 政策和经费保障

国防工业是国家国土及经济安全的重要保障,国防工业能力越强,在国际上各种权益越能得到保障。因此,各国在推动本国国防工业发展的过程中,在不同时期和形势下,制定了一系列的支持政策。

(1) 宏观政策

美国政府自1993年以来,先后制定和公布《国防转轨战略》(1993年)、《2002年国防白皮书》、《国防工业基础转型路线图》(2003年)等一系列面向国防工业建设的政策文件,促进国内军工产业的转型升级。俄罗斯自普京执政以来,在《俄罗斯国防工业改革与发展规划》的大前提下,加大国防工业发展规划的实施力度,结合当前的国内外形势,2014年相继出台了新版《俄罗斯军事学说》、《俄罗斯国家军备计划的问题和优化发展报告》以及新版《2020年前俄罗斯国家安全战略》等。安倍政府执政后,日本正式成立了"国家安全委员会",发布了第一部《国防工业战略》和《国家安全战略》,修订并发布了第五版《中期防卫力量整备计划》和《防卫计划大纲》,将国防工业发展和武器装备置于国家安全的最重要位置。[①] 英国国防部则分别于2001年、2002年和2006年颁布了《面向21世纪的国防科技和创新战略》《国防技术战

---

① 魏博宇:《日本国防工业概貌》,载《现代军事》,2016年第6期,第108—122页。

略》和《国防工业政策》，对英国建立军民结合的国防工业体系给予了具体指导；2010年英国发布的《国防采办改革战略》中提出要促进工业部门作出有利于国防投资的决策，并且强调要保持国防工业与工业界的密切合作。德国政府则在2005年初制定了《德国国防工业改造战略》，并将其工业制造水平逐渐提升，提出了工业4.0的概念。印度国防部2011年发布了《国防生产政策》。总之，国外各国都非常重视国防工业的战略布局与发展，结合自身的情况制定并实施了各种政策，以保障国防工业发展能够有效支撑国家安全。

（2）经费投入

美国对整个国防工业进行了调节，其手段主要是通过财政支持、科研经费拨款以及税收等经济手段，同时美国为私营军工企业提供生产设备，给予一定研究经费的补贴，让其自行安排进行其他科研项目，鼓励企业承包军方的武器装备生产和研究任务，同时还对私营军工企业提供各种财政支持。2016年，美国为推动《国防创新计划》，拟保持122亿美元科研预算。

《2010年前俄联邦军事建设政策的基本方针》在2002年被俄政府正式通过，该政策主要是为了加强对军费使用的监管。2011年，梅德韦杰夫总统主张尽快通过《2011—2020年国防工业综合体改革联邦专项计划》，并在会议上强调要加大国防科技领域的资金投入，确保科研项目的如期实施。近年来，俄政府的军费开支越来越多，占GDP的比重也在增加，2001年70亿美元，2007年增至328亿美元，2015年达到541亿美元。据英国权威杂志《简氏防务周刊》报道，自2007年以来，俄军费支出增长相当于2007年以来的三倍左右，即使受到2016年国内经济衰退和国际油价的影响，俄罗斯的军费有所减少，但是也达到了435亿美元，占财政预算的12.4%，占GDP的3.7%。俄罗斯国防部还提出以年均7%的增长率提高装备现代化水平，并在2015年投入44.6亿至47.9亿美元用于开发新型武器。[①] 此外，俄罗斯为了拓宽其国防工业的资金来源，还采用了减免税收、贷款、财政补贴等经济手段鼓励开发军民两用技术。

---

① 郑杰光：《2015年世界国防工业发展盘点（之一） 全面加强高新武器跨越和关键能力提升》，载《国防科技工业》，2015年第12期，第23—25页。

第六章 国外国防工业与区域经济的产业融合问题研究

2015年英国提出《2015年战略防务与安全审查》，首相卡梅伦在其中提出计划在未来10年内投资3000亿美元，其中2700亿美元将用于保障和装备采购[①]，以此来加强英国的国防能力建设。

自2013年以来，日本的国防开支逐渐增加。2014年国防预算开支总额为48928亿日元，2015年其国防方面的开支约为4.98万亿日元，是过去10年来的历史新高。日本国防开支中，人员费用和运行费用占2/3左右，国防研发费用和采购费用仅为1/5左右。但是，日本的"隐性国防开支"数额非常庞大，用于国防领域的海上保安厅和航天等方面的开支并没有囊括在防卫省的预算中，是通过其他部门以其他形式来支出。日本提出的2016财年国防预算再创新高，达到50541亿日元。日本针对国防工业企业则实行收入扣除、税额扣除、压缩记账和特别折旧等"倾斜减税"的税收优惠政策。

印度于2005年实施了国防补偿政策，依靠外资促进印度工业基础设施建设，2015年印度则宣布2015—2016财年国防预算提高到2.5万亿印度卢比（约372.5亿美元），比上一财年增加11%。虽然国际总体发展环境依然趋于和平，但各国的军费支出的总体水平仍然居高不下。为提高国防工业自主化水平，印度政府计划投资2250亿卢比（约33亿美元），用以加强基础设施的现代化建设，提出投入10亿卢比成立国防技术研发基金、提高外商直接投资比例至49%等一系列目标，稳步推进国有国防科研生产体系的构建。

此外，为扩大国防工业经费筹集渠道，美、俄、日等国家还依托市场实现国防产业整合，将金融机构引入国防工业的发展支撑体系中，利用金融工具和金融服务拓宽经费来源。美国在发展国防工业的过程中，充分利用金融市场的融资与投资能力，在形成以五大军工集团为龙头的军工体系下，促进企业与金融机构的合作，拓宽研发资金渠道。国防工业进行重组的过程中，俄罗斯提出与金融界联合获得资金支持，通过国防部、财政部和中央银行共同委托的多家专业银行向国防科研机构分配资金，充分利用融资租赁的形式，提高军工企业

---

① 郑杰光：《2015年世界国防工业发展盘点（之一） 全面加强高新武器跨越和关键能力提升》，载《国防科技工业》，2015年第12期，第23—25页。

在战时转型生产的能力,科研单位、金融机构和本国的企业紧密联系甚至联合,从而构成生产、金融、科研一体化的联合企业。

第四节　国外国防工业与区域发展的军民融合产业集群研究

一、国外国防工业军民融合产业集群形成的路径选择

由于国防工业基础和社会经济条件的不同,国防工业集群的形成主要有三条路径:

(一) 政府引导和规划

以俄罗斯为例,这条路径主要是通过政府的积极引导,国防产业集群主要是"自上而下"的方式形成的。在苏联时期,俄罗斯国防工业高度重视地区的集中分布,如中央联邦区、西北联邦区和伏尔加河沿岸联邦区等,这些国防工业"大户"占俄罗斯总军工企业、总职工数、总产值分别为80%、76%和64%。[1] 为了提高聚集区国防工业的整体竞争力,加快产业集聚进程,俄罗斯政府不但充分发挥政府引导市场的作用,而且还在充分尊重市场机制的自身作用下,制定了一系列相关政策和战略来促进产业链一体化和同时具有科研、生产以及教育为一体的国防工业综合体。如俄罗斯政府为了对38家重点综合体的改造,出台了《2002—2006年国防工业综合体转型和发展纲要》,该政策的提出凸显了俄政府的积极作用,针对纲要中的一些具体条款,还出台了《俄罗斯联邦国防工业综合体发展和重组纲要 (2002—2006)》和《国防工业综合体改革联邦专项计划 (2011—2020)》等一些指导性文件。[2]

---

[1] 赖琼玲:《论国防工业集群化与区域经济发展》,载《军事经济研究》,2007年第2期,第27—30页。

[2] 赖琼玲:《论国防工业集群化与区域经济发展》,载《军事经济研究》,2007年第2期,第27—30页。

（二）科技驱动点面结合

这种路径基于地域优势培养高科技龙头，通过龙头来吸引其他企业，企业数量的增加，推动产品的开发，促进企业技术的升级，企业和龙头是"点"，产业与科技发展的网络构成了"面"，"点面"的结合推动了产业集群的健康发展。欧洲一些国家的国防工业就是通过这样的路径实现的集群化，如英国、法国等，在欧洲国防工业一体化的进程中，跨国军工集团就是在科研联合的基础上形成的。

随着科技城的不断成长，众多高科技企业纷纷聚集而来并逐步形成以科技城为核心的高科技产业集群。其中，硅谷、剑桥工业园等都是这类产业集群中较典型的代表，起源于斯坦福大学和斯坦福研究院的硅谷就是这样发展起来的。东安格利尔地区是以剑桥工业园为中心发展起来的，而且该地区渐渐成为了生物技术公司的聚集区[①]，光电子、计算机等高科技行业类型的公司也被渐渐吸引过来。除此之外，园区内还有通讯行业企业，并且还建立了欧洲通讯中心，园区内的视觉医学技术方面的研究也在世界处于领先地位。

（三）政企与市场联动

该路径下的国防产业集群是合理运用市场的力量，通过军工企业的市场行为，主要利用"自下而上"和"自上而下"的补充方式[②]，同时依靠政府政策的引导和鼓励下形成和发展起来的。例如自 1990 年以来，美国已经开始大规模的国防工业重组工作。让以主营业务为防务的大公司互相收购其次要业务，让主营业务为武器装备的公司收购大中型企业中的小型防务部门，例如福特公司的空间部门被洛拉尔公司收购，洛克希德·马丁公司购买通用动力公司的战斗飞机商务部门，休斯公司的电子防务业务部被雷神公司收购等；美国在调整收缩和退出防务领域后，形成了一些各自有独特优势和实力均等的大型承包商，然后进行强强联手，形成集群。如麦道和波音公司的合并形成了航空工业

[①] 冯迪飞：《中英两国的产业集群比较分析》，载《现代经济信息》，2009 年第 16 期，第 7 页。
[②] 赖琼玲：《论国防工业集群化与区域经济发展》，载《军事经济研究》，2007 年第 2 期，第 27—30 页。

群，马丁玛丽埃塔和洛克希德·马丁的合并加强了防务电子业务的竞争力。同时，相关科研机构、高新科技公司以及负责零件加工的供应商也纷纷效仿。通过这些产业链的横向扩展和纵向延伸，建立了以核心军工企业为中心、集聚区相关企业关联发展的国防产业集群。①

二、国外国防工业军民融合产业集群化发展的影响

纵观当前美国、日本、德国等国军工产业的发展模式可以看出，无论是军转民，还是军民两用产业的发展都采用了集群式的发展模式，形成了具备高度协作分工效率和产业效益的企业整体，进而在全球战略的推进中取得了相对的竞争优势。

作为当今世界上最具特色和竞争力的经济组织形式，产业集群在推动产业发展方面有着独特的优势，因此，国外各国在推进国防工业军民融合发展依然依托于这种组织形式，以获取竞争优势。当然，集群式发展在战时不利于军工企业战时防卫和疏散，在促进国防工业集群式发展的同时，还应考虑战略上的布局要求，围绕不同的军事装备产品在空间分布上有所分散，形成点面结合的网络式军工产业带。

（一）大幅提升产业内技术扩散速度

国防工业决定了技术密集型行业的技术创新将以高强度的研发投入，来追求可持续性技术领先。在国家各行业中整体技术水平中，国防行业的技术水平处于相对领先的地位。从工业技术创新及扩散的角度看，许多工业新技术首先应用于国防和军事领域，随后转移、推广和传播应用到私营部门。产业集群具有较高的学习效率和创新效率，高度专业化的技能水平和知识水平，藉由相关企业和机构地理位置的集中，可以产生非常强的信息累计效应和技术累计效应②，这为提高集群地区整体竞争力和持续创新能力以及加速国防科技的外溢

---

① 赖琼玲：《论国防工业集群化与区域经济发展》，载《军事经济研究》，2007 年第 2 期，第 27—30 页。
② 赖琼玲：《论国防工业集群化与区域经济发展》，载《军事经济研究》，2007 年第 2 期，第 27—30 页。

发挥了重要的作用。

另外，集群的背后有大量的服务企业及提供技术支持的机构向企业提供共性技术和基础设施，为企业创新提供了便利，降低了创新的成本和风险。因此，良好的技术外溢条件使得国防工业产业集群在进行军民融合时更好地带动集群内中小企业技术创新。

（二）充分发挥范围经济的成本节约效应

作为企业经济的外部现象，产业集群的集聚效应为区域内各企业带来差异化优势。同时，由于地理和传统文化接近，聚集地区的企业往往受制于相同的政策。并且，由于环境和政策的相同，互相影响和借鉴，聚集区域形成不同的区域文化和价值观，从而形成区域经济差异化优势。这样，区域内企业与其他单个游离企业相比，其产品的质量、差别、成本、生产、品牌等优势非常明显，从而获得了企业集中度下的利润增长。另外，如果市场环境发生前所未有的变化或者激烈的竞争，集聚区域内的企业集群可以共同分担由此产生各种可能发生的风险。[①] 理论上，外部经济具有积极的正反馈机制，如果产业聚集在一定区域内，外部经济将成为新企业选择这个区位的动力，进而促进这个聚集区的进一步发展并产生更大的外部经济效益。还应特别指出的是，对于一些柔性企业，一旦企业集聚，不但可以及时获得产品的供应，及时向客户提供其所需要的产品，也可以轻松把控分包商的产品质量。在世界范围内最有代表性的产业集群应该是日本汽车产业集群，"丰田模式"的实施推广至今还是行业内的标杆；"德国制造"也同样发挥了集群范围经济精髓，依靠集群内企业的相互影响和整体化提升，成为精益制造的领跑者。

（三）稳步提高产业链的整体经济效益

国防工业的集群化带动了区域经济的全面发展，实现了对军民融合后产业链的有效拉动。国防工业是一个产业链，其产业链由一系列横向和纵向联系的

---

① 邱学林：《辽宁营口沿海经济带石化产业集群培育研究》，载《兰州石化职业技术学院学报》，2013年第2期，第27—29页。

企业构成。横向产业链是与市场产生联系的整个产业链，每个产业链都完成了最终产品的一部分；纵向产业链按照产品的流程和上下游生产者共同组成的，只完成直接面对消费者的部分生产成品。传统体制下的企业承担了产业链上的所有经济活动，而且军民分离的模式很难对地方经济产生拉动作用，是最典型的封闭型产业链。集群化后，集群内汇集了大量的企业和资源，这样不但可以减少组织内部的损耗和成本，还可以减少一定的社会成本。地方企业可以接受国防产业链的上游和中游的部分经济活动，同时，集群内的研发部门也可以同时为多家企业服务，最终形成行业领先的开放型国防工业产业链。[1] 实行联合舰队式模式的产业链不但促进了中小企业的发展，还在一定程度上更容易进行产业内部的自我调整、克服了单一企业的内部刚性、推动了区域经济整体发展提升能力和推动了地方经济全面的发展。

（四）获取区域产业的持续性竞争优势

一般来说，一旦产业集群形成，社会上更多的人力、财力和物力资源就会被吸引而来，在集群内的企业将在资源方面相互补充，提高集群的整体竞争力。由于竞争力增强，更多的资源又会被吸引进来，推动形成一个良性循环。在产业集群内的企业可以发挥其优势，降低部分产品的生产成本，从而提高企业生产效率，利用这种优势，最终获得更多的市场份额。[2] 产业集群的发展可以形成品牌优势，有了这个优势，集群内的公司可以获得更多的客户资源，形成忠诚和稳定的客户群体，并具有市场优势。以美国、英国和其他西方发达国家的产业集群为例，我们可以看到，成功的产业集群主要与区域经济的发展相联系。一方面，最初的区域信息和资源等优势确定了产业的集聚和选择，同时为集群的良性发展提供了条件；另一方面，由于产业集群的发展，相关技术、劳动力等资源不断地整合，为地方经济发展创造了必要的物质条件和发展方向。两方面的协调发展、相互促进，形成了产业专业化和较强竞争力的

---

[1] 赖琼玲：《论国防工业集群化与区域经济发展》，载《军事经济研究》，2007年第2期，第27—30页。

[2] 张可青：《企业管理中成本管理的作用分析》，载《时代金融》，2017年第11期，第181—182页。

城市和地区。

三、国外典型国防工业军民融合产业集群发展模式分析

（一）美国硅谷高科技产业集群

加州微电子行业最具代表性的集聚地区是美国硅谷。从 1960 年开始，硅谷在国防部采购基金的支持下逐步建立了高度创新的微电子公司。1964 年，随着美国冷战智囊提出的互联网设想的实施，硅谷开始被打造成美国的电子和航天工业种子。从 1970 年到 1980 年，硅谷经济中规模最大且最有活力的工业是半导体工业，与此同时，硅谷创业者的主要经费来源则是风险投资，硅谷建立了自我支持的金融体系。从 1980 年到 1990 年，计算机行业的主要地位逐渐确定，硅谷内产业的国际化和高科技企业发展速度明显不断加快。近年来，软件产业已进一步取代硬件制造成为硅谷发展的主要动力。

美国硅谷作为市场主导型高科技产业集群的一个典型成功的例子，其发展充分利用了当地的资源，打造了一个独特的区域创新网络。硅谷通过对当地的人才、技术和资金的合理调整规划，最终使该地区迅速发展，成为了一个世界上最成功的高新技术产业园。美国硅谷的发展模式已经成为了全球高新技术行业的标杆，并且在推进军民融合高新技术领域有着突出的特点。

（1）政府的必要引导支持和高度的市场化运作有机结合

硅谷是市场化的产物，市场化运作形成了产业化，最终企业实现了自主创新的高技术成果。[①] 政府不但很少直接干预，而且还制定各种政策以及完善法律制度来促进硅谷内企业的成长，例如政府允许大学、研究机构、小企业等拥有联邦资助发明的知识产权，给企业家提供一些免费的培训，为新企业减免一部分租金等。

（2）良好的融资环境和风险资本为硅谷内企业的发展创造了有利的条件

硅谷起步初期，主要依赖军方的投资，风险投资这方面十分薄弱。但是，

---

① 黄天柱、李颖：《国外高科技园区发展的经验借鉴》，载《现代经济信息》，2014 年第 2 期，第 18—22 页。

自 1960 年以来，在硅谷逐步占据主要地位的资金来源则是风险投资，硅谷地区吸引了全美约 35% 的风险资本。风险投资和硅谷地区的发展形成了一种相互促进的良性循环机制。①

（3）大学、科研院所和企业之间的密切联系，促进了硅谷高科技产业的发展

硅谷高度重视产学研一体化，大学将企业的需求与发展紧密结合，开展人才培养以及技术创新。在硅谷有很多研究型大学，像斯坦福大学、加州大学伯克利分校等，还有一些技工学校、专科学校和多所私立专业学校。这些学校与企业联系非常密切②，他们和企业共同建立研究机构，着重进行新的结构、理论和工艺的研究，来共同研发新产品、开发新技术。

（4）人才引进和激励机制是硅谷高科技产业发展的重要支撑

硅谷是海外科技人才的会聚地。为了引进高端人才，美国政府发布了一系列的措施来为那些有卓越成就或贡献的高尖端人才提供丰厚的物质和生活待遇，同时为员工建立良好的研究创新环境和适当的研究开发条件。③ 为了让公司的高管、开发人员与研究人员将自身的利益与企业的利益结合起来，硅谷内的许多高技术公司都用股票期权的形式来增强人员对企业的责任感。同时，还有很多企业制定了如发明收益、技术配股等灵活的人才激励机制。

（5）硅谷创新活动的主体是许多具有强大创新能力的中小型企业

硅谷内拥有很多创新能力较强的中小型企业，这些企业是硅谷创新活动的主题。拿电子制造业来说，1980 年大约有 3000 家该行业公司，其中公司中员工数量少于 50 名的占 85%，只有 2% 的公司人数超过 1000 名。1980 年之后硅谷企业的平均员工数量也只有 350 人。2011—2012 年，硅谷中个人创业和没有员工的企业，也就是非雇主企业数量大大增加，总公司数量超过 19 万家，新公司 2893 余家，创造了超过 154 万个就业岗位。

---

① 黄天柱、李颖：《国外高科技园区发展的经验借鉴》，载《现代经济信息》，2014 年第 2 期，第 18—22 页。

② 黄天柱、李颖：《国外高科技园区发展的经验借鉴》，载《现代经济信息》，2014 年第 2 期，第 18—22 页。

③ 黄天柱、李颖：《国外高科技园区发展的经验借鉴》，载《现代经济信息》，2014 年第 2 期，第 18—22 页。

(6) 中介服务体系的完善促进了硅谷的技术创新能力的提升,同时,还促进了各种创新要素的整合

其主要的中介服务包括人力资源机构、咨询服务机构、法律服务机构等多方面的服务机构。除此之外,硅谷原材料和半导体设备协会等行业协会也为半导体技术标准的统一发挥了重要的作用。[①]

(7) 硅谷文化的独特性对高科技产业的生存和发展有着巨大的影响

作为高科技产业集聚中心的硅谷,拥有用于创业、崇尚竞争、强调合作、宽容失败、容忍跳槽和鼓励裂变的特别文化、硅谷文化由于是在高科技产业发展的特殊环境中逐步形成的[②],同时,硅谷文化对高科技产业在以后的进一步发展具有深远影响。

(二) 英国剑桥工业园

英国剑桥工业园区始建于1969年,在随后的20多年间,经过几番曲折发展。自1993年以来,剑桥工业园及其周边地区的企业增长态势又重新出现。2011年剑桥科技园拥有约1500家高科技企业会聚了许多以研究和开发为主的高技术公司,主要包括计算机软硬件、高精度仪器和一些其他尖端高技术行业方面公司。同时,像诺基亚、甲骨文、微软等一大批大型跨国公司的研究院和研究基地都在该产业园内。剑桥工业园区,是模仿美国硅谷模式建立起来的,但在发展过程中也体现出自身的特色。

(1) 宽松的政策环境

在针对性的政策及制度支持下,剑桥工业园涌现一批创新型的中小企业,形成了以中小企业为支点的创新网络,在高科技技术领域满足了国防工业信息化和商业信息化的需求。

[①] 黄天柱、李颖:《国外高科技园区发展的经验借鉴》,载《现代经济信息》,2014年第2期,第18—22页。

[②] 王冲:《国内外大学科技园孵化器的比较研究》,载《企业导报》,2014年第22期,第84—85页。

(2) 依靠大学和科研机构

对剑桥工业园的发展产生决定性作用的是剑桥大学的支撑。由于像物理学、计算机和生物科学等专业领域，剑桥大学在世界范围内都具有明显的优势，园区内的许多员工都来自剑桥大学，超过半数的高科技公司与剑桥大学保持联系。

(3) 积极推进成果转化

剑桥大学在注重教育、科研与产业界的合作和密切联系的同时，还注重对科研成果的商品化转化。一般对通过申请专利、创办衍生的产业公司或者是建设科技园来进行成果转化。剑桥工业园区的建立就为剑桥大学的科研成果提供了一个实际操作应用平台。

(4) 重视中小企业的发展

剑桥工业园区哺育了一大批富有活力的小型科技企业，从生物科技到设备制造，从网络软件到打印系统，活跃在前沿科技领域。这些小企业的主营业务特别明确，不是多元化广域进行业务，而是侧重于企业自身擅长的领域。在园区内的企业都很小，员工数超过百人的更少，但是这些人数不多的小企业能够充分利用资源，侧重于大批量生产受市场欢迎的产品。

（三）欧盟航天航空产业集群

航空航天产业的特征是投资大、研发成本高以及高风险，欧盟各国的航空航天产业与美国和苏联一样，其最初主要是应用于军事领域，在两次世界大战时期，其军用飞机产业发展迅速，而且在战后，和平的使用大大促进了法国和德国等欧盟主要成员国商用飞机行业的发展。为抵御波音公司的全球化战略，欧盟各国联合组建了"空中客车"公司，空客公司的16个研发中心和空中客车的主要制造厂和研发中心在法国和德国，因此顺理成章地形成了以汉堡和图卢兹为中心的两大航空制造产业集聚地，集群内有近千家民机制造。航空产品制造公司分布在研发中心周围，而且产业特别集中，同时，空客与其他制造公司保持着密切的联系。它们之间相互协作，根据空客提出的要求，及时作出调整，最后，这些配套公司能充分利用自身的制造优势，为空客生产相应零部件提供配套的零部件。正是这种航空制造产业集群,使航空制造本身能够大幅降低生产成本,实现资源共享,以及提升空客在飞机制造领域的竞争优势。

欧洲航天工业的快速发展不仅取决于全球航空航天市场的繁荣,更取决于其军民融合战略,其发展中有很多值得推崇的经验。

(1) 不断完善政策保障体系

假如没有政府的支持,也就不可能形成航空制造业产业集群。为了引导航空制造业的发展,促进产业集群形成,一些航空制造业发达的国家制定了多项产业政策,如法国、德国等,航空科技研发政策以立法形式确定,强调产学研一体化,加速科研成果的产业化和商品化,有效减免税收,同时采取优惠税率政策,为航空高科技发展提供市场融资条件。

(2) 重视基础研究和技术创新

法、德等主要欧盟成员国十分重视基础研究和技术创新,国防科研机构派出专职员工到空客,了解和确定具有民用应用价值的军事技术,如航空技术。同时它们非常重视民间科研的作用,工业界和学术界承担着1/3的军外研究工作,从而国防科技研究院的60%研究经费也进入到与之合作的研究机构和工业产业。

(3) 充分调动集群内各种组织的力量

在这些航空制造业集群的形成和发展的过程中,以航空制造业为核心,让大学、政府、协会、中介和培训机构等都要与航空制造业积极协调并产生协同效应,让产学研机构与产业链上的企业之间密切交流合作、不断创新,最终获得竞争优势。

(四) 日本九州半导体产业集群

半导体产业是日本九州最具代表性的产业集群。在九州聚集了100多个企业进行专业化协作,形成了竞争性很强的产业集群。九州的半导体工厂建设最初是在1967年,三菱电机开始在九州熊本县建立半导体生产线。随着九州硅谷的诞生和IC生产的开始,东芝和九州日本电气等公司相继在九州开设了半导体工厂。① 日本九州半导体产业集群的发展呈现出以下一些特点。

(1) 地域相对集中

九州半导体制造企业主要集中在三个城市②，如在福冈市的主营IC的设计的索尼微型设计公司、日立超系统九州开发中心以及富士通网络通信技术公司等，还有位于北九州市的东芝微电子公司等。此外，九州地区还有200多家半导体设备制造及设备零部件制造的企业和80多家IC测试企业。

(2) 产业链的关联与集聚是企业间在专业化和经济分工的基础上进行的

半导体制造主要有设计、前工程、后工程、设备制造和原材料五个程序或者产业链，九州内的半导体企业都处于这五条产业链上，各个产业链或程序上的分工也更加精细。③

(3) 知名大企业领导并拥有世界一流的尖端技术

世界知名企业如东芝、索尼、三菱等都在九州建设了半导体生产基地，④其传感器、曝光等都是世界上顶尖的技术。

(4) 企业云集，中小企业占据了绝大部分

在九州有650余家从事半导体制造的公司。其中70%属中小型企业。⑤

（五）印度班加罗尔软件科技园

印度在计算机软件开发等领域拥有强大的实力，班加罗尔被称为"印度的硅谷"的原因就是在美国硅谷的所有从事计算机软件开发的员工中有20%的员工都来自印度。

---

① 那声润：《日本九州产业集群发展之经验及启示》，载《中国高新技术企业》，2011年第11期，第12—13页。

② 那声润：《日本九州产业集群发展之经验及启示》，载《中国高新技术企业》，2011年第11期，第12—13页。

③ 那声润：《日本九州产业集群发展之经验及启示》，载《中国高新技术企业》，2011年第11期，第12—13页。

④ 那声润：《日本九州产业集群发展之经验及启示》，载《中国高新技术企业》，2011年第11期，第12—13页。

⑤ 那声润：《日本九州产业集群发展之经验及启示》，载《中国高新技术企业》，2011年第11期，第12—13页。

班加罗尔软件科技园由硬件园和软件园两部分组成。园区内软件产业占园区总产值的80%以上，占全印度总产值的50%左右。班加罗尔科技园主要为美国、中国、欧洲以及日本的企业提供芯片设计、计算机维护、编写程序等服务，其拥有11万以上外包员工。

此外，印度三个软件企业Infosys、Wipro和Tata咨询公司也在园区内有企业，国际商用机器公司、微软公司、索尼公司、西门子公司等世界知名跨国公司也在园区内有公司。其中，园区前十强企业占整个班加罗尔出口总额的50%。同样作为信息技术类产业集群，其在技术应用方面显示出军民融合发展的典型特征，在发展上具有明显的特点。

（1）园区独特的运营模式使园区走向国际化

为了获得更多的国际订单，印度政府采取两种运营模式，现场开发模式和离岸开发模式。一方面，为推进园区内软件企业的国际化进程，印度积极吸引国外跨国公司与国内公司合作，同时在本国建设高水平的软件开发配套环境；另一方面，印度政府鼓励本国企业积极在海外设立分支机构，主张把研发人员送到客户身边提供及时和全方位的服务，政府特别鼓励企业在硅谷和班加罗尔科技园区之间建立网络或桥梁，使硅谷和园区保持密切的交流与合作，并通过卫星使印度和美国两地的员工24小时持续协同工作。

（2）园区技术创新体系的完善提高了整个园区软件产业的创新能力

经过十多年的发展，以企业为中心的科技研发系统更加完善了。大量软件公司聚集在园区，产生了集群效应。在集群效应下，人才、科研成果等进行更加合理的资源配置，提高了整个园区的创新能力。截至2011年，得州仪器、思科和IBM总共获得了225项专利，其中得州仪器获得了150项专利。印度国家科学院、拉曼研究所、尼赫鲁科研中心、天体物理研究所等一些大型科研机构也会聚在园区，同时还有一些知名大学和一些大专院校、高等职业学校也会聚在园区，并且和园区建立了密切的联系。

（3）科技人员数量大是软件产业发展的有力支撑

班加罗尔地区的高校每年可为社会输送3万名计算机和软件工程人才，这些人才1/3是信息技术人才。为了软件技术的发展进步，印度政府派遣大量高素质人员到美国等发达国家留学,利用国外先进的资源和技术来培养人才。此外,印度很多资金和高尖端的技术都是"海归"人员带来的。印度与硅谷之间的人员联系和企业合作非常密切。

(4) 中介组织对园区软件产业发展的贡献是非常巨大的

知名中介组织如印度全国软件和服务协会等中介组织为园区软件技术的发展作出了卓越的贡献。该协会是印度IT业内的领军组织,协助其成员企业进行商业决策和充足的资金支持,同时该协会还及时提供政府政策变更的信息、深度分析国内外市场等各个可以促进产业进步方面的准确信息。此外,该协会还积极收集市场上有关软件的信息并深入分析和研究这些信息,同时也及时向政府和企业反馈市场信息,帮助其成员企业开拓国内外市场。

(六) 国外军民融合产业集群发展经验分析

上述国外军民融合产业集群有很多相似的特点。但是,由于其在背景、机制、环境等方面有很大不同,所以在区域竞争力和表现形式上存在一定的差异。

(1) 不同的产业集群的发展过程中,政府的作用也是不相同的

在硅谷的发展过程中,政府的影响作用就是相对较弱的,但是在印度班加罗尔等产业集群发展中,其中央政府和地方政府的作用十分关键。同时,政府出台的具有针对性的产业发展优惠政策形成了强大的外生推动力。

(2) 区域内企业之间的网络关系存在差异

在剑桥工业园区,大规模技术企业寥寥无几,园区内生产商、供应商和中小型企业的地位是平等的。然而美国硅谷、日本九州半导体等产业集群因为一些大型跨国公司的高度专业化,大多数中小型公司为大公司提供零部件或新技术,也就是说中小型公司成为大型公司的分包商,这些产业集群治理结构包含模块化、关系型和控制型三种组织模式,其中控制型治理结构是提高或保持产业集群国际竞争力的重要因素。

(3) 各个产业集群不同,其发展过程中所遇到的瓶颈也是不同的

全世界最有竞争力和最成熟的是美国硅谷高技术产业集群,但是其发展后

劲正在逐渐减弱，交通和环境问题也越来越多。欧洲最有创新能力的科技园是剑桥工业园区，但是其专业化程度很低，技术成果转化率低于美国硅谷产业园区。欧盟经济体下的航天航空产业集群近年来正面临严峻的资金短缺，跨国合作模式还存在较多利益冲突点。日本九州半导体在当前半导体行业发展环境愈加复杂的情况下，既有的优势的市场影响力正在逐渐降低。亚洲最发达的软件产业集群是印度的班加罗尔工业园区，但是由于该园区成立历史比较短，集群企业仍需不断增强技术创新能力和发展领域的国际竞争力。

总之，从上述几个具有军民两用技术特征的产业集群的发展比较可以看出，集群式发展依然是国防工业在推进军民融合过程中的最佳选择。为了应对世界经济趋紧和区域发展形势的变化，各国产业集群的发展也必须积极创新，促进产业升级。

第五节　国外国防工业与区域经济的产业融合效应分析

一、国外国防工业产业融合的路径及演进方式

（一）产业融合的路径

进入 21 世纪以来，随着以电子信息技术为代表的新兴产业的迅速崛起，传统产业结构大幅提升并不断加速发展。而这种结构调整的新态势是通过产业融合方式来实现的。[①]

国外发达国家的经济发展过程和实践表明，国家的产业结构升级与国家经济增长方式之间，是相互作用、相辅相成的关系。简而言之，所谓的产业结构，不难看出其实质就是产业结构合理化和高级化的一种发展变化或者发展状态。从各国的经济发展历程和产业结构的调整变化来看，由于技术条件和生产

---

① 吴福象、马健、程志宏：《产业融合对产业结构升级的效应研究：以上海市为例》，载《华东经济管理》，2009 年第 10 期，第 1—5 页。

方式、贸易方式的不同,完成转换所需要的时间往往存在着非常大的差异。众所周知,相关产业协调发展、经济增长方式的转变等都是产业结构调整的一种表现方式,其最终目的都是为了实现当地国民经济持续快速发展。根据产业结构理论,在工业化发展的中后期阶段和城市化发展的中后期阶段[①],"去边界化"的趋势在产业结构的升级和转型过程中出现了,而这种趋势实质上就是产业整合趋势。

根据新经济地理学的基本理论,可以通过两个基本途径来对一个地区的产业进行融合。第一种是整个国际生产体系中,一些要素在能够自由流动的情况下,这样一些优质的要素就会积极向大城市聚集;与此相反,一些比较普通的要素则会主动选择向中小城市集聚,从而提高了大城市要素集聚的外部经济效益和研发创新的效率,最终促进产业的融合。第二种是政府运用"蒂博特选择"机制的功能,让传统产业充分接入信息技术,同时加大技术改造的力度和比例,从而使技术改造和产业结构升级的循环积累效应加强。[②] 产业融合的发生大多对应于第二种路径。

在一定意义上说,技术进步、管理创新和放松管制驱动产业融合。在信息技术的推动下,产业融合不但体现了产业边界与技术融合的发生,还体现了融合如何导致产业间业务和产品与市场之间的融合。[③] 美、俄等国家国防工业军民融合进程的逐步深入,集群式发展模式的不断完善,进一步促进了国防军工产业间边界的模糊性。

国外国防工业发展水平较高的国家促进产业融合,驱动产业结构升级,主要体现在以下三个方面。一是通过技术变革带来的技术创新来实现。20世纪末,伴随着以美国为首的发达国家通讯和数字技术的进一步发展以及个人计算机的普及,特别是互联网技术的普及与发展,进一步推动了生产、金融等产业

---

① 吴福象、马健、程志宏:《产业融合对产业结构升级的效应研究:以上海市为例》,载《华东经济管理》,2009年第10期,第1—5页。

② 吴福象、马健、程志宏:《产业融合对产业结构升级的效应研究:以上海市为例》,载《华东经济管理》,2009年第10期,第1—5页。

③ 吴福象、马健、程志宏:《产业融合对产业结构升级的效应研究:以上海市为例》,载《华东经济管理》,2009年第10期,第1—5页。

与国防工业之间的融合。① 产业结构也随着信息、金融等行业的高度融合而不断升级与完善。二是企业通过行业内的竞争压力和变更自身业务发展目标来实现。企业只有通过产品创新和技术融合来改变其成本结构才能产生一定的规模经济和发挥其低成本优势。通过这样的融合，不但可以引导消费者消费模式，还可以对市场结构的调整产生一定的影响，最终推动了相关产业的整合和结构的升级。例如，日本九州半导体产业集群内的半导体制造业与相应配套设备制造业的融合。② 美国、欧盟的航天航空产业制造技术、电子技术及信息技术的融合，都是典型的产业融合现象。三是通过外在因素的传导来实现，如全球化和政策管制放松等外部因素等。跨国公司已经是当前国际生产体系下全球化的主要驱动力和经济活动的主要承载体。同时，跨国公司全球化战略使资源配置全球化成为可能。尽管各种产业之间有各自的边界、不同类型产业之间存在一定的进入障碍③，但随着各国放款贸易政策和法规，资源已经允许自由流动，产业的融合壁垒也在慢慢消失。例如，以美国波音公司、雷神公司，欧洲空中客车，日本丰田公司，德国奔驰公司等为代表的国际大型军工集团，均在充分利用国际资源，开拓国际市场，构建全球生产网络体系，进而实现了不同产业间的融合发展。

上述变化不仅加速了地方国防工业内部信息化进程和产业的融合，而且进一步提高了资源利用效率和经济增长水平，最终促进了国防工业产业结构的不断完善和升级。

（二）产业融合的演进方式

产业领域不同其产业融合的方式也不同，最后将促进整个产业结构更加合理、更加有高度，并形成一个新的融合型产业的新体系。技能和技术创新、产

---

① 吴福象、马健、程志宏：《产业融合对产业结构升级的效应研究：以上海市为例》，载《华东经济管理》，2009年第10期，第1—5页。
② 吴福象、马健、程志宏：《产业融合对产业结构升级的效应研究：以上海市为例》，载《华东经济管理》，2009年第10期，第1—5页。
③ 吴福象、马健、程志宏：《产业融合对产业结构升级的效应研究：以上海市为例》，载《华东经济管理》，2009年第10期，第1—5页。

品和流程创新以及市场和管理创新等阶段都是产业创新的过程。[①] 国防工业领域产业融合从国外实际发展成果来看，其融合的演进方式主要有以下两种。

（1）高新技术的渗透融合

所谓高新技术渗透融合即高新技术通过对工业领域的渗透和融合形成的一种新产业。计算机、通讯和媒体的融合（如生物芯片产业、纳米技术产业等）；信息技术和生物对传统工业的渗透（如机械仿生、光机电一体化、机械电子）；通过将生物技术和信息融入传统工业，产生一些如航空电子、机械电子等新型产业；将高新技术向汽车制造业融入产生了光机电一体化等新产业。高新技术不断渗透到国防工业领域，极大地加速了国防工业相关传统产业的高技术化。高新技术不断地向传统产业渗透，促进了传统产业产品附加值提升以及装备现代化。分析显示，美国近年来IT产业对其经济的贡献已经超过35%，信息技术正在渗透到制造业的各个方面中去，并且其渗透的深度和广度前所未有，这种渗透为制造业的产品、生产和管理方式带来了革命性的变化。[②]

（2）产业内部的重组融合

重组融合是指最初独立的产品或服务在相同的集合下完全重组的过程，这种重组主要发生在同一类行业或者联系非常密切的产业之间。[③] 重组融合后的服务或者产品与原本服务或产品往往不同。当今社会信息技术高度发展，这种融合方式往往表现为位于产业链上的上下游产业的重组融合和以信息技术为纽带的重组融合。其融合后产生的新产品或者服务通常具有数字化、智能化和网络化的特点。这种产业内的重组融合延伸至国防工业领域，则出现了无人机、无人作战系统等新型的国防装备。而其与国防工业制造产业的融合，则出现了以工业4.0为代表的现代智能制造，以及高度自动化的装备生产线。

[①] 陈柳钦：《产业融合的发展动因、演进方式及其效应分析》，载《西华大学学报》，2007年第4期，第69—73页。

[②] 陈柳钦：《产业融合的发展动因、演进方式及其效应分析》，载《西华大学学报》，2007年第4期，第69—73页。

[③] 陈柳钦：《产业融合的发展动因、演进方式及其效应分析》，载《西华大学学报》，2007年第4期，第69—73页。

二、产业融合对国外国防工业与区域经济协同发展的影响效应分析

产业融合在国防工业领域的发展，有效驱动了武器装备、航天航空、电子通信、汽车制造等产业的调整和升级，而国防工业内部产业及外部相关产业融合的过程中会产生创新性、竞争性、组织性效应，进而促进国防工业与区域经济的协同发展。

（一）区域效应

区域效应即产业融合有助于推动区域经济一体化，而区域经济一体化是指不同空间经济主体为获取生产、消费、贸易等收益而进行整合的过程，包括产品和生产要素市场和经济政策统一，是过程与状态和手段与目的的统一。相关产业在国防工业中的融合已成为各国促进区域经济一体化的重要途径。[1] 国防工业产业融合打破了传统军工行业的技术、市场、业务以及运作界限，军民融合式的产业集群发展打破了区域界限，在区域经济一体化的过程中发挥了重要的作用。

首先，军民融合使产业结构更加复杂和多样。其次，产业融合提高了国防工业整体的竞争和贸易效应，加速了区域间资源的流动和重组。最后，产业融合促进了企业网络的发展，加强了区域间的联动。产业融合推动了企业网络组织的发展，同时产业融合也将成为区域联系的主体。产业融合有助于打破地区间的界限，加强区域间的联系。国防工业领域在产业融合后，加强了集群区域中心的扩散效应，同时也加强了计划效应，对改善区域之间的空间二元结构起到积极作用。[2]

（二）组织性结构效应

组织性结构效应的产业融合不仅导致企业组织内部结构的变革，还导致了

---

[1] 陈柳钦：《产业融合的发展动因、演进方式及其效应分析》，载《西华大学学报》，2007年第4期，第69—73页。

[2] 陈柳钦：《产业融合的发展动因、演进方式及其效应分析》，载《西华大学学报》，2007年第4期，第69—73页。

组织之间产权结构发生重大变化。产业融合不仅调整了组织的产权结构，还导致了组织内部结构的优化和创新。[1] 产业融合影响公司组织的调整策略，企业并购从纵向并购向横向或混合并购演变。同时，在交易成本的协同作用下，其结构也由纵向一体化向横向、混合以及虚拟一体化转变。当然，这种转变在以大型军工企业为支撑的美国、德国、日本、俄罗斯等国比较明显，在美国《防务新闻》周刊网站《2015世界最大100家防务公司》的排名中，美国的十大军工均位于前列，雷神公司、洛克希德·马丁的业务范围非常广，武器装备、通信设备、雷达装备等政府采购和商业销售产品种类繁多，公司多元化发展非常突出。

在产业融合的情况下，出于强化市场竞争优势或业务创新的迫切需要，大型军工企业将以最快的速度进入相关或不相干的业务市场。为了实现快速反应，它们通常通过企业间的横向联合来抓住瞬息万变的市场机遇。而且，技术融合使不同企业的不同业务可以在相同的平台开展，通过协作和互补来获得更大的效果。[2] 这也是国外诸多大型国防工业企业集团积极开展购并和战略联盟的初衷。美国、德国、日本等国大型军工集团的多种形式一体化发展，不仅打造了国际化的知名品牌，也降低了面对未来更为复杂多变的市场环境所产生的经营风险。

此外，产业融合发展还催生一种新型的企业合作形态——虚拟企业，这是一种网络式的创造共同体，主要利用互联网技术将多家公司的知识和技术相结合，实现资源的动态集成，共同创造某种服务或者产品。虚拟企业打破传统的金字塔式垂直管理模式企业，实施了扁平化横向管理。[3] 这种虚拟企业的形式，在以美国硅谷、英国剑桥产业园为代表的高科技军民融合产业集群的运营中得以充分体现，显示了信息技术、互联网平台与实体企业间的深度融合。

---

[1] 陈柳钦：《产业融合的发展动因、演进方式及其效应分析》，载《西华大学学报》，2007年第4期，第69—73页。

[2] 陈柳钦：《产业融合的发展动因、演进方式及其效应分析》，载《西华大学学报》，2007年第4期，第69—73页。

[3] 陈柳钦：《产业融合的发展动因、演进方式及其效应分析》，载《西华大学学报》，2007年第4期，第69—73页。

（三）创新性优化效应

所谓产业融合的创新性优化效应，意味着产业融合促进了传统产业的创新，从而促进了其产业的发展和结构的优化。

首先，国防工业领域的产业融合促进了其产业的创新，进一步促进了国防工业产业结构优化和发展。鉴于在高技术产业和其他产业之间更容易发生产业融合，更因在其融合的过程中可能产生新技术、新服务或新产品，因此产业融合在客观上提高了用户的需求层次，造成传统国防工业装备产品及低端技术服务政府采购及外贸市场需求的逐渐萎缩，国防工业产品和服务的不断升级换代，带动了需求结构的升级，进而带动了国防工业产业结构的升级。[1]

其次，由于国防工业的产业融合，这使得其内部和外部相关产业之间的界限模糊不清，导致多个产业间形成了共同的市场基础和技术基础，这让某个或某些产业改变了原本的结构，从容地从原本产业过渡到另一个产业，最终产业得到发展和创新。[2] 特别是与国防工业密切关联的高科技产业（如生物工程产业、电子信息技术产业、新材料产业等），与国防工业融合后，通常会加快产业创新进程，进而对国家的产业结构产生积极的影响，推动国家产业结构的转换和升级。美、俄、德、日等国家军事装备的不断升级便是产业融合创新效应的集中体现，尤其在航空领域，发动机性能的提升是现代制造技术与新材料的应用有效结合的结果。

此外，国防工业发展使得国家信息化水平不断提高，进一步推动国防工业的一些传统产业部门由原本的劳动密集与资本型产业向技术、知识和信息密集型产业转变。[3] 而信息业与服务业的融合也形成一系列新兴的信息服务行业。以印度为例，其软件外包业务已成为美、日、英等国家军民融合产业信息外包服务的第一选择，以硅谷为代表的高科技产业集群，更是将信息服务推向产业

---

[1] 陈柳钦：《产业融合的发展动因、演进方式及其效应分析》，载《西华大学学报》，2007年第4期，第69—73页。

[2] 陈柳钦：《产业融合的发展动因、演进方式及其效应分析》，载《西华大学学报》，2007年第4期，第69—73页。

[3] 陈柳钦：《产业融合的发展动因、演进方式及其效应分析》，载《西华大学学报》，2007年第4期，第69—73页。

的更高层次。

(四) 竞争性结构效应

所谓产业融合竞争性结构效应就是指，由于产业融合导致市场结构在企业的合作与竞争的关系变化过程中不断趋于合理。市场结构在企业竞争和合作过程中不断趋于合理化是产业融合引起的。市场结构理论认为，有限的市场容量和企业追求规模经济的趋势相结合将导致生产集中和企业数量减少，而这种趋势也正是美、俄等国国防工业强国正在推进的产业结构调整方向。[①]

产业融合会使市场结构发生更复杂的变化，通过建立产业与企业之间的新的联系来扩大竞争范围，才能促进更大规模的竞争。同一类型的企业在产业融合之前存在明显的竞争关系。然而，在产业融合的过程中，由于原本具有固定的市场和业务边界的部门之间相互渗透，产业之间的竞争加剧。[②] 在这个过程中，来自其他行业的大量新成员进一步加剧了竞争水平，导致了企业倒闭和破产、兼并和垄断等。另一方面，在产业融合的过程中，也提升了企业的规模、业务范围以及技术水平等，推动了企业的发展。同时，由于行业新成员融入和新市场的开辟，提升了新市场结构的竞争力和可塑造性，有利于促进就业人数增加、人员技能提升和对资源的合理配置等。纵观美、俄等国家的国防工业发展状况可以发现，在推进军民融合发展后，军工企业的竞争范围扩大了。尤其是在形成以大型军工企业为核心的产业集群后，产品或服务的市场在边界上大幅扩展。以欧盟航天航空产业集群为例，作为欧洲空中客车的核心生产基地，其由单一公司时的军民用飞机市场开拓扩大到飞机零部件及维修保养等上下游价值链市场的扩张，竞争的范围几乎覆盖了整个产业。

(五) 竞争性能力效应

竞争性能力效应是指通过产业融合使相互分立的价值链实现部分或全部融

---

① 陈柳钦：《产业融合的发展动因、演进方式及其效应分析》，载《西华大学学报》，2007年第4期，第69—73页。
② 陈柳钦：《产业融合的发展动因、演进方式及其效应分析》，载《西华大学学报》，2007年第4期，第69—73页。

第六章　国外国防工业与区域经济的产业融合问题研究

合，进而满足消费者新需求，通过获得更多的开发资源，以提高行业的竞争力。行业之间的竞争最终将集中在产业价值链各个方面的竞争上。[1] 国防工业产品的复杂性程度通常都比较高，价值链各环节包含的内容也比较多，因此，即使是国防工业竞争力最强的美国也不可能在各个环节都有竞争优势，然而一些具有高附加值、发展前景好的产业的国家，会拥有竞争优势，并且在行业未来发展中更具有长期竞争优势。产业融合整合了原本离散产业的价值链，融合而成的新的价值链拥有两个或两个以上产业的总价值。与原产业相比，新的融合型的产业有更高的附加值和利润空间，进而促进了产业竞争力的提升，使军工企业集群获得了更多的市场份额，为产业的技术研发提供了更佳的物质和市场条件，持续改进产业技术研发能力，将积极推动技术融合，最终为产业融合提供内在动力。[2]

总的来说，产业的竞争力与产业融合的发展过程中具有内在的动态一致性。技术融合为产业融合提供了一定可能性。一般情况下，企业将融合过程推向了各个相应层面，最终将融合变为现实。不同行业内企业间的横向一体化加快了产业融合的速度，提高了企业和产业的竞争力。同时产业融合也对企业整合战略提出了一个新的挑战。在产业融合过程中，企业竞争关系发生了变化，企业数量不断增加，企业与企业之间的竞争加剧。在这次技术革命和产业转型中，一些没有创新能力或创新能力弱的企业将会被快速淘汰。[3] 这使得当前全球国防工业市场大部分份额被美、俄、英、法、德等国家所分割，明显的结构性障碍将许多国防工业相对较弱的国家阻隔在外，在国防建设上处于相对劣势地位，需要向美俄等国家采购武器装备和大型民用设备，导致国防工业的发展受制于人。

---

[1] 陈柳钦：《产业融合的发展动因、演进方式及其效应分析》，载《西华大学学报》，2007年第4期，第69—73页。
[2] 陈柳钦：《产业融合的发展动因、演进方式及其效应分析》，载《西华大学学报》，2007年第4期，第69—73页。
[3] 陈柳钦：《产业融合的发展动因、演进方式及其效应分析》，载《西华大学学报》，2007年第4期，第69—73页。

第七章 国外国防工业与区域经济的资本融合问题研究

第一节 国外国防工业与区域经济资本融合方式

国防工业是一国研制、生产军事装备的部门的总称,是一国综合国力的重要标志。所谓区域经济就是在一定地理空间内由经济中心和经济腹地组成,同时还通过经济网络连接,区别于周边产业发展和布局的经济有机体。资本市场是军工产业市场化的唯一途径,是军民两个领域中产品、技术、市场、品牌及文化五个层次融合的根本推动力。通过资本市场可实现军民两大领域的合作共赢、协调发展。

一、美国国防工业与区域经济资本融合方式

(一)军民两用技术的研发与转化

军事技术研发有周期长、成本高和风险高的特点,但如果军品订单不足,会推动企业发展民品生产,由此产生巨大的民品市场,使得公司对军民两用技术的研究有更高的积极性。因此,在美国有很多企业既有民品生产又有军品生产。一些大型军工集团都采用了军民结合的发展模式,将军品与民品融合在一

第七章 国外国防工业与区域经济的资本融合问题研究

起并充分挖掘军工产业的潜力,在发挥军品技术优势的同时,开发出附有高技术的民品。这样,不仅可以发展和保持公司的核心技术,内部调整和消化公司的设施和技术人员。同时又可以分散企业的风险,实现企业效益的互补。最典型的例子是发生在冷战期间的美苏军备竞赛,竞赛极大地推动了美国科技的发展,一旦有新的技术成果,就会通过军民融合式的生产方式将其转移到美国的工业体系中去,美国这种军民融合的生产体系是国防工业发展和经济发展的主要优势。①

根据2002年美国科技政策研究所的报告可以看出,美国国防部几乎所有的武器研发都是由公司通过合同进行的。这表明,在先进技术领域上,美国早就开始并实际应用了军民共享式的技术研发体系。例如,硅谷的迅速崛起,是美国国防部向斯坦福大学、惠普和Fairchild半导体公司提供了一份巨大的研发协议。商业信息技术如计算机工作站、数据库和网络等不断渗透也导致了"数字战"的出现。近年来美国在中东战争中使用的高科技军事装备,如通信设备和卫星照片分析技术软件等也几乎都来自硅谷。600多家硅谷内企业与国防部签署了产品和服务合同,它们总共收到价值约250亿美元的合同订单,这也意味着民用产业全面为军用产业服务。与此同时,美国军用技术、产品在美国民用也非常普遍。例如,波音公司研制的B-52轰炸机在通过一定的改造后,变为现在的民用707式飞机;最初用于军事领域的人造卫星现在在民用领域发挥重要作用(导航、通讯、气象等),也带来了非常可观的效益;许多用途有限的新材料和研发成本高的军事技术在民用市场也找到了应用空间。

(二) 资本市场上的并购与重组

国防工业是一个特殊产业,除了国家划拨的财政资助外,也需要吸引资本市场的发展资金,引入合理的公司治理结构和现代化的管理制度来发展壮大。② 进军资本市场的军工企业有利于其进行深化改革和加快资产重组步伐,

---

① 胡栋梁:《我国军民融合产业融资问题研究》,东北财经大学2015年硕士学位论文。
② 黄卫中:《国防工业发展与资本市场》,载《金融时报》,2002年第10期。

同时还可以转变经营机制,增强企业的整体实力。

20世纪90年代初,在美国政府的安排下,美国军工集团进行了大规模的调整和改革。调整与改革采取的主要做法是兼并和合并,美国军工集团的扩张规模和改革频率震撼了各国军工界。通过并购,美国两大军工巨头诞生了,控制着全球约40%的战斗机市场和几乎所有的美国军事卫星生产和发射操作的洛克希德·马丁公司,以及世界上最大的军用飞机、宇宙飞船和导弹的产品制造商之一的波音公司。① 它们不仅垄断了美国国内市场,还占领了国际军火市场的部分份额。

军工企业通过资本市场的并购重组活动可以实现产业链的扩张,将民用产业纳入军工企业的整个价值链体系,可以使军工产业和民用产业实现融合和协调。② 例如,美国军工产业的领军企业波音公司在收购麦道公司后,又兼并了十多家公司,完善了自己的产业链,兼并后不仅涉及原有的军工产业,还涉入设计工程、物流等一些非军工行业业务。可以看出,资本市场这个平台是军工产业进行军民融合活动的沃土。③

(三)构建军工企业大型融资平台

美国拥有发达的资本市场、健全的市场经济体系和专注于证券市场的企业融资模式。金融中介机构在融资中发挥着重要作用,属于证券市场化融资模式。④

第一,军工企业与金融机构、共同基金形成利益共同体。近年来,洛克希德·马丁公司、波音公司和雷神三家上市公司在美国军民融合企业中拥有重要的地位,通过三家公司的股权结构和资本运作来看,军民融合式的发展模式是美国军工企业发展的主要驱动力。⑤

---

① 黄卫中:《国防工业发展与资本市场》,载《金融时报》,2002年第10期。
② 孟涛:《军工企业如何利用资本运作实现军民融合产业发展》,载《经济论坛》,2012年第1期,第113—117页。
③ 孟涛:《军工企业如何利用资本运作实现军民融合产业发展》,载《经济论坛》,2012年第1期,第113—117页。
④ 胡栋梁:《我国军民融合产业融资问题研究》,东北财经大学2015年硕士学位论文。
⑤ 胡栋梁:《我国军民融合产业融资问题研究》,东北财经大学2015年硕士学位论文。

第七章 国外国防工业与区域经济的资本融合问题研究

表9 三家企业资本结构统计（2015.08.01）

资本结构	洛马公司	波音公司	雷神
主要机构与基金持股总数（亿股）	1.49	3.54	1.16
主要机构与基金持股总数/总股本（%）	47.59	52.06	38.16
股价（美元）	207.10	144.17	109.09
每股收益（美元）	11.26	7.35	6.97
市盈率	18.72	19.60	15.66
股利（美元）/股利率	5.83/2.8	3.46/2.4	2.55/2.4

注：基金持股数为所持公司股数最多的前15位基金总额

数据来源：根据 http://finance.sina.com.cn/stock/统计

表9中列出了三家上市公司的部分数据。可以看出，三家公司的金融机构和基金持股比例占公司总股份的30%以上。例如波音公司，Capital World Investors、Evercore Trust公司和T. Rowe Price公司是波音的前三名股东。这些金融机构与企业形成利益共同体，通过提供资产管理，为投资者提供投资分析、构造产业框架、潜在市场的开拓等资本运作工作。当企业获取大量的国内外订单和高科技投入时，金融投资者可以取得丰厚的回报。同时，机构投资者通过全球资产管理优势和成熟的资金运作经验，可以增强企业的竞争力，最终形成良性循环。①

第二，高度开放的入股形式，形成多元化的股东结构。军民融合产业的股权结构中，除了机构投资者跟共同基金外，也包括了公司管理层、公司员工、社会公众的持股。虽然所持股份比例有限，但对于企业发展有着重要的内外激励作用。美国军工企业代表了国家技术发展的前沿，拥有技术优势和市场优势，随着规模和销量的扩大，给投资者带来稳定经济收益。美国实行员工持股激励计划，鼓励公司员工持股，使员工股权收益与企业利润保持一致。另一方面，员工持股计划及稳定的股权回报，又能给社会公众投资者信心，使大量公众资金涌入军工企业，进一步促进企业发展。②

第三，发达的基础资产证券化市场。资产证券化是发行可交易证券的一种

---

① 胡栋梁：《我国军民融合产业融资问题研究》，东北财经大学2015年硕士学位论文。
② 胡栋梁：《我国军民融合产业融资问题研究》，东北财经大学2015年硕士学位论文。

形式，由特定的资产组合或特定的现金流资产。资产证券化对于公司振兴股票资产，提高资产质量，改善资产负债表和扩大融资渠道至关重要。从2014年底美国公布的数据来看，2014年美国共发行 Asset-backed Securities（ABS）式证券共2387.2亿美元，同比2013年增长26.34%。①

美国实行资产证券化和发行 ABS 对军民融合企业的发展有重大影响。基本资产证券化是一种表外融资方式，因为它不改变公司股权比例，可以有效降低企业资金压力。通过与投资者分享利益，实现快速转型和扩张。② 美国的许多大型军工公司都有资产证券化的经验。例如，雷神公司2006年向 SPE 提供了价值73亿美元的资产，从而获得了13亿美元的融资。

高度的证券化极大地促进了美国军事资产的重新部署和优化。美国大部分军工企业都是通过发行和交易股票等资本运作来完成企业兼并和重组。经过一系列的兼并重组使美国军工业高度集中，实现了企业"大的更强，小的更精"的目标。例如，美国军事行业的五大顶级军事承包商洛克希德·马丁、波音、雷神、通用动力公司和诺斯罗普·格鲁曼公司一直都是全球十大世界军事公司之一，而 L-3 通信公司、普惠公司和其他中小型企业走"专业化，精细化"的方向发展，也达到了相关领域的顶级水平。

二、俄罗斯国防工业与区域经济资本融合方式

苏联解体后，俄罗斯继承了苏联遗留下来的庞大的国防工业体系，进行产业结构优化，过剩军事生产能力化解，从而改变俄罗斯军事经济的畸形发展模式。在新的市场经济条件下形成军、民品市场的良好对接机制，保持国防工业科技创新和产业发展能力，股权私有化与军民两用技术的实施更是促进了俄罗斯政府军转民计划的实施。

（一）军民两用技术的发展与融合，推进两用技术成果的产业化

俄罗斯的国防工业有着坚实的基础和巨大的潜力。尽管20世纪90年代经

---

① 胡栋梁：《我国军民融合产业融资问题研究》，东北财经大学2015年硕士学位论文。
② 胡栋梁：《我国军民融合产业融资问题研究》，东北财经大学2015年硕士学位论文。

济不景气，但俄罗斯的国防工业体系仍然汇集了该国高科技潜力的70%~80%。近年来，俄罗斯在其航空航天、核能、电子产品等领域传统优势的基础上，非常重视军民两用技术的研究开发工作，同时推进军民两用技术民用。这些措施的实施使军民生产结构明显改善，并提高了国防工业产业的竞争力，也使国防工业企业的军民品生产结构较改革前明显改善。[①] 例如，在航天领域优先发展"格洛纳斯"全球导航卫星、对地观测系统等军民两用技术和产品，将一系列战略弹道导弹、军事通信卫星等军用产品改装成运载火箭、民用卫星等民用产品。此外，许多航天企业还利用先进的材料和技术开展多元化经营，开发生产了多种非航天领域产品。如生产液体洲际弹道导弹的总承包商马克耶夫国家导弹中心拥有专门的民用产品设计部门，其业务涉及消防、运输、建筑、石油加工、采矿、能源、医疗设备等行业领域，著名的"联盟"号、"进步"号宇宙飞船和国家空间站舱段总承包商能源火箭航天集团也生产假肢、家用电器、电动车等民用产品。到2011年，俄罗斯航天工业中军品与民品的生产比例约为55：45，未来计划进一步将该比例调整至50：50。

将民品的技术用于军品是发展军民两用技术的途径之一，只有国家民间机构研究出大量军民两个领域共同应用的技术，才能使民技军用成为可能。只有将民用技术应用于军工领域，才能开发出各种蕴含高科技的武器和装备。

军转民的最有效方式是发展双向军民技术，这样的发展方式有诸多的优势。首先，是降低了军事科研的成本。由于技术是双向的，这样就不仅能够满足国防的需要，还可以把科研成果流向市场，从市场中获益，进而减轻国家的科研经费负担。其次，许多技术在民用领域发展速度更为迅速，而这些先进的技术有很多也是国防需要的，就像信息技术在民间发展速度非常快，而且明显领先于国防产业技术，所以发展军民两用技术对提升国防技术水平起着重要的作用。最后，发展军民两用技术有利于国防科研管理模式的转变。国防工业的研究成果最终要在市场上与民用科研成果共同参与竞争，所以必须改变国防科研不计成本和决策独断、缺乏科学依据的做法，其国防工业的管理模式也必须

---

① 黄海涛：《俄罗斯国防工业改革的经验教训及对中国的启示》，载《俄罗斯中亚东欧市场》，2009年第3期，第17—24页。

向市场经济转型。

技术、人才、资源的共享与交流促进了军民两方经济实力与技术实力的增长，俄政府在不断拓展国际市场的同时也为民营企业带来大批订单，军民两用技术的发展在提升国际竞争力的同时拉动经济的发展，由此形成的正反馈机制引领国家进入良性循环，利于军民双方的发展。

（二）军工企业的私有化及大型金融集团的建立

（1）建立国营和私营合伙原则下的控股公司

俄罗斯政府在2005年提出国营和私营合伙原则，并以此原则作为俄罗斯进行改革的法律基础。俄罗斯希望在改革的过程中充分发挥该原则的作用，通过结合国家控制和国内投资机会、国家投资和商业市场来重振国家工业和国防工业的能力。俄罗斯政府试图吸引个人资金和外资来振兴国防工业，创建了一批军民两用控股企业和合资控股企业。

俄罗斯政府还试图简化国防和安全领域的私人或外资投入的审批立法，而无须提交给总统批示。这些改革极大地促进了外国资本的进入。俄罗斯国家杜马2008年上半年通过了"允许外国资本进入对俄罗斯安全具有重要意义的战略行业部门"的法律。俄联邦政府2008年下半年出台了"组建监督外国在俄进行投资的政府委员会"的N510决议以保证俄罗斯国防工业技术安全。

（2）建立大型金融集团，推进证券私有化

建立一个不但能够实现其武器开发计划和蕴含高科技生产的军品业集团，还可以在国内外市场鼓励其进行军民两用技术产品的竞争，加快科学技术成果产业化，以及最终实现军民产品互利共赢的军民联盟[①]，这是俄罗斯促进国防工业军民融合的一个重要举措。为此，1998年，俄罗斯政府实施了对组织机构、生产和管理等领域的改革，把科研机构、设计机构、试验机构、生产机构、销售机构和融资机构等整合为金融工业集团。该集团将自行筹集所需资

[①] 康悦：《发达国家军民融合的经验做法与启示》，载《国防》，2016年第9期，第36—38页。

金、自我管理、自主经营，进行专业化生产和独立核算。该集团具有很强的创新和生产能力，可以进行军民两个领域的商品生产。该集团巧妙地融合了集团内部的金融资本和工业资本，不但加强了银行与军工企业的联系，还降低了交易成本，是具有俄罗斯特色的新兴经济组织。通过改革，俄罗斯将一些国企的股票或资产转让给公民、企业，完成了一系列产业的私有化。为了确保证券私有化，俄罗斯大力发展金融基础设施，同时，为保证银行业务活动的透明，清理银行系统内没有活力的机构，真正发挥证券市场筹集资金的作用，并把资金投入最有发展潜力的部门。与其他国家不同，俄罗斯证券市场是伴随证券私有化而生的，这具有很大的俄罗斯特色。苏联的股票交易和证券投资在20世纪30年代就被禁止了。伴随着基金改革的实施，作为市场经济重要组成部分的证券被着重培育，股票市场也随着国债的大量发行而迅速扩大。

三、欧洲国防工业与区域经济资本融合方式

（一）军民两用技术的发展与转化

大力推进军民两用技术发展和转化是军民融合的重要内容和手段，英、法、德三国在推动军民融合过程中十分重视军民两用技术的发展及相互转化。

（1）英国

英国在军民两用技术转让方面高度重视。对军工科学研究成果进行调整后，英国定期通过国防研究信息中心向社会公示、并与贸易和工业部门签署转让协议等促进军民两用技术的转让。为加强军民技术转化的领导力，英国还成立了管理从事国防项目的民用研究机构合同资金的国防技术转化局，同时利用竞争机制调动民用机构研发军事科研的积极性。

为促使更多的民用科研机构承担国防科学研究，英国政府提供各种技术援助和设备，同时，国防部还将1/5的预研工作转包给相关企业或科研组织。为了调动科研机构的积极性，还制订了"联合资助计划"。为了加强国防部与民间企业和科研机构的合作，实行成本分担和风险分担的原则，开展了一系列与军民双向技术相关的计划。

（2）法国

法国国防部鼓励中小型企业参与武器装备采购，特别是在子系统和设备层面，以便最大限度地让民间资源发挥作用。此外，国防部还与中小企业建立了及时的联动机制，以便企业向国防部汇报军工方面的发展计划。同时，还给予中小企业参与采办计划的机会，为确保与之合作的中小企业获得军工方面的科研项目，给其留存了10%的采办计划。此外，法国政府出台了"国防科研税收减免制度"，该政策规定企业研发支出和创新投入，可以获得减免企业部分企业税或者所得税，试图减少企业的负担以鼓励中小企业加大科研投入和技术创新。

法国认为，两用技术的开发应用可以大量节省科研生产经费，为此，法国政府特别关心军民两用技术的发展、相互转化及使用，这同时也是国防工业界十分重视的问题。自20世纪80年代开始，法国政府颁布了多项政策推动军民共同研发高新技术，促进了军民两用技术的开发。法国政府1994年颁布的《国防白皮书》中明确指出，国防工业产业的一部分应该向军民两用方向转型，军民两用技术是通过航天计划、航空计划和通信计划等多种国家大型技术计划来实现的，这些计划都可以直接或间接辐射或运用在军民两个不同的领域。

（3）德国

德国政府和军工企业主张大力发展军民两用技术并给予充分的资金支持，非常重视其互相转化和使用。德国政府认为，节省科研成本的一个重要途径就是进行军民两用技术研发。其最终目的是发展植根于国民经济和建立在科研基础之上的武器装备的研发。同时，为了减少武器装备的研发周期和促进国防工业的发展，要充分调动社会各界的积极主动性和创造能力，充分展示整个社会的科技与生产的力量和优势来加速新技术在军工方面的研发和生产。

（二）军工企业的证券化

与美国的军工企业相比，第二次世界大战之前欧洲军工企业基本是国有资本结构，军工企业由政府管理。第二次世界大战之后，由于运作效率低、军事开支压力大等原因，欧洲的英、法等国家的军工企业开始民营化和整合与重组等。欧洲完成军工市场的资产证券化主要包括以下几个方面：

一是通过出售股份完成军工企业股份制改革。英国和德国20世纪80年代率先进行了军工企业股份制改革，政府出售了大部分军工企业，放弃了对军工企业的直接管理和控制的权利，并渐渐撤出国有资本，但英国政府在重点军工企业还保留了象征性的1股。随后，意大利和法国也开始进行对本国军工企业的改革。但是，与英国和德国不同的，法国和意大利没有直接放弃对军工企业的管理和控制权，由于国内因素的制约，他们没有完全出售军工企业的股份，政府还间接持有一部分股份。20世纪末，欧洲的主要军工企业的股份制改造基本完成，同时已经通过其资本市场的优势完成了资产证券化，间接持有部分股份的形式形成相对控股。截至20世纪末，欧洲主要国有军工企业的股份制改造基本完成，并借助发达的资本市场实现了资产证券化。①

二是以股份制改造方式推动军工企业重组整合。股份制改革为整个欧洲先进企业的重组和整合提供了坚实的基础。例如，1999年，通用电气公司的防务业务部马可尼电子系统公司被英国宇航公司收购，从而组建了BAE系统公司，使其成为英国最大的防务系统承包商；2007年阿尔卡特的航空航天业务被泰雷兹集团收购，并更名为泰雷兹阿莱尼航空公司。② 通过一系列结构调整和整合，欧洲形成了一些超大型军工集团，如空客集团、BAE系统公司等，还形成了多家在欧洲乃至世界航空和防务领域具有一定竞争力的专业技术型公司，如泰雷兹阿莱尼航空公司和欧洲导弹公司等企业。

三是制定军工企业特殊制度。在推动欧洲军工企业资产证券化的过程中，大部分国有股权正在从绝对控股转变为相对控股或不控股。为了确保国家在不控股时还能继续发挥作用，欧洲国家也运用法律和经济手段来建立起完善的监督管理体系。但由于西方国家国情和发展的差异，为实现对军工企业的监管，欧洲国家通过法律，赋予国家持有黄金股特权。不同国家的黄金股持有方式也

---

① 刘明亮、黄锦亮、周波：《欧美军工企业资产证券化对我国的启示》，载《航天工业管理》，2016第2期，第34—38页。

② 刘明亮、黄锦亮、周波：《欧美军工企业资产证券化对我国的启示》，载《航天工业管理》，2016第2期，第34—38页。

存在细微差别。例如,英国政府对军工公司只保持 1 英镑价值的金股,而法国的军工公司股份除了会被国企持有一部分外,其政府也会直接持股 1% 以内,这部分股票具有和金股一样的作用。不同国家金股的权利虽然也略有差异[①],但是其共同目的是企业在进行股权变更、人力资源等重大的决策时,可以保证政府的绝对地位,以维护国家的安全和利益不受损失。

四、日本国防工业与区域经济资本融合方式

(一)官学民一体,促进军民两用技术的发展

日本的工业化教育形成了"军事—工业—大学"的联合系统,培养了大量的军民两用船舶技术工程师,为日本军民两用船舶工业技术的发展奠定了基础。

20 世纪 80 年代,日本政府就提出了"科技兴国"的指导战略,加强了政府宏观科技管理,主张政府与企业的合作,为积极发展高新技术大力培养和储备技术人才。经过不懈努力,现在日本的生物、微电子、人工智能等领域已经遥遥领先于其他国家。由于现代高科技的应用界限具有模糊的特点,这也让日本当今的国防生产能力飙升。日本视国防科技为推动经济发展的动力和国家安全的基础。日本认为,军民两用技术可以降低武器装备成本和提升军工企业的发展。所以,多年来日本为发展国防科技而奋斗并取得了很大的成就。

2006 年发布的《中期防卫力量发展计划(2006—2009 年)》提出,积极吸收产学官三方面的现成技术,发展和利用民用产品和民用技术;加强军民两方科技开发交流合作,促进科研成果相互转化。2014 年,《国家安全保障战略》《2014 年度以后的防卫计划大纲》提出,重点发展海空装备、太空、网络等新型作战域装备,开展前沿军事技术研究,制定装备中长期研发规划,与产业界和学界合作,促进先进军用技术转民用,以及军民两用技术的研发。

日本虽然向国防部门投入了大量的资金,但是在技术方面表现出主导地位的却是日本的民用部门。日本防卫省(厅)积极与产业省合作并将一些军事

---

① 刘明亮、黄锦亮、周波:《欧美军工企业资产证券化对我国的启示》,载《航天工业管理》2016 第 2 期,第 34—38 页。

技术免费转让给民用企业,以此来保持日本民用企业的竞争力和军工生产的潜力。同时,日本还不断鼓励军工企业扩大民品生产,加强军民两用技术与产品的融合。日本防卫厅1989年向民间企业订购的飞机和弹药两项军工产品订单金额就达到了160亿美元。例如,日本民用部门研发的复合材料制的旋翼系统和高性能红外传感器被日本防卫省应用于新的小型观测直升机上。

此外,日本在1998年出台了《大学等技术转移促进法》,这个法律的出台是为了推动大学范围内的技术研究成果向民用企业转移,以这部法律的颁布为背景日本建立了大学专利技术转移组织(TLO)。TLO本质是一个专业从事技术转移的机构,通过大学的科研平台和民间企业的积极合作,实现了大学与企业之间的技术转移。通过TLO组织,"产学合作"这种跨界合作的科研形式被社会普遍认可。自1998年以来,《大学等技术转移促进法》的颁布使原本只有4家机构到现在遍布全日本。日本的大学科研平台更加重视和中小企业合作,因为其意识到中小企业对于"产学合作"以及技术投入的实际应用的重要性。同时,中小企业也认识到大学和其他研究机构在提高其技术水平和产品方面有很大的作用。通过允许民营高科技企业参与国防建设,可以降低军用科研的研究风险,采取分摊成本的方式可以将政府的角色发生转变,由原来的国防科研的风险承担者和购买者转变为风险共担、利益共享的合作者,可以有效地减少国防科研生产资金投入,降低国防科研风险,同时还促进战时民用资源快速调动参与军品生产。允许和鼓励民营企业公司参与军事生产,有利于培育和挖掘这些企业参与军事生产任务的能力和潜力,积累相关经验,促进民营高科技的快速高效参与军事生产,确保战时需要。

(二)日本军工企业与金融机构的结合

在日本,日本财团是产融结合的主要发起者。通常日本财团主要是指日本的一些金融机构。日本财团将主办银行、综合商社和制造业企业通过三位一体的方式结合在一起,寻求出"产融结合"的新模式。日本式的"产融结合"在产业和金融之间又多了一个综合商社,因此,其更像是一种产商融合。企业的金融服务是银行和综合商社共同提供的,同时银行和综合商社还可以动员其成员公司进行一些项目投资,三方互相促进,相互支持,共同发展。

以三菱重工为例,三菱重工是日本最大的军工集团,为世界五百强企业,三菱重工在 2014 年营收超过 334.35 亿美元。三菱重工是三菱财团旗下的企业,三菱财团是日本四大财团之首,拥有包括三菱汽车、三菱原子、三菱东京 UFJ 银行、三菱重工等 29 家主要成员企业,三菱联合金融控股集团是三菱财团旗下的产业,是日本最大的金融机构。

日本军工企业通过银行集聚发展所需的资金,为此国家颁布了许多政策。

第一,财政补贴。为了鼓励技术创新和研发,日本政府向诸如公司和学校等研究机构提供大量研究经费和补贴。日本政府已经为企业提供了大量补贴,以鼓励军工企业的研究和生产,例如研发新能源技术、民用运输机械、计算机软件开发等方面的补贴。军工产值超过 10% 的企业公司将获得大额财政支持和科研经费投入,同时,通过保证军品订购数量来促进企业发展。[1]

第二,金融优惠政策。日本政府制定了各种金融财政政策来支持军工产业的成长。金融机构给予军工企业长期和较低利息的贷款以支持其发展。由于日本的海岸线非常广阔,为了国家国防安全必须拥有一定的海上国防力量,日本给予高科技造船企业提供低利息的贷款政策用以支持海上国防的发展,船舶制造企业可以按每年 4% 的利率来申请造船计划总额的 20% 的贷款。日本政府明确支持新能源、新材料、机器人工程、国内企业生物工程等高新技术产业的发展,为产业发展指明了方向。[2] 为了鼓励新技术产业的发展,企业实行免收中小企业研发和试验费用 6% 的优惠税收制度以及对购买用于基础技术开发的资产免征 7% 税收的制度。

第三,政策性金融机构。为了促进日本政策性产业和大型社会建设项目的发展,日本成立了以政府为主导的政策性金融机构,以满足社会政策的需要。为了鼓励那些在民间资金来源渠道狭窄的高新技术企业发展军民两用产业,日本设立了专门为军工企业服务的政策性金融机构,以引导民间的资金向这些企业流动。政策性金融机构对实现军民融合具有特别重要的意义,同时具有高度的专一性。[3]

第四,国际合作。由于日本国土面积小且资源稀缺和军工市场规模小,为

---

[1] 胡栋梁:《我国军民融合产业融资问题研究》,东北财经大学 2015 年硕士学位论文。
[2] 胡栋梁:《我国军民融合产业融资问题研究》,东北财经大学 2015 年硕士学位论文。
[3] 胡栋梁:《我国军民融合产业融资问题研究》,东北财经大学 2015 年硕士学位论文。

了更加高效开拓新市场,日本引进国际投资者,将美国、西欧定为日本的主要军工贸易国家,其次是东南亚国家。例如日本和美国计划合作开发导弹拦截系统,在这次合作中日本就负责生产传感器(PAC2)。石川重工与美国 TD 公司签署了共同研发军民两用技术的协议,同时加强在复合材料领域的合作。国际资本的引入,提高了日本军民两用产业的竞争力。[①]

第二节 国外军工企业兼并重组及股份制改造问题研究

整合军工企业,一方面不但可以保持军工企业的核心力量,还可以合理利用技术能力,充分发挥规模经济的优势;另一方面可以使军工企业有足够的规模和实力参与国际竞争。国防工业的发展需要巨额的资金投入,仅依靠政府的资金支持远远不能满足发展需求,因此对国防工业进行股份制改造,通过机构投资者和民众持有国家股权的方式,获得外源资金的支持,从而缓解国家军费压力,国防工业也得到了较快发展。

一、国外军工企业兼并重组的方式研究

(一)美国以国防大企业兼并中小企业、科技公司等进行兼并重组

(1)以防务产品生产为主营业务的公司收购大中型公司中比较小的相关防务部门,而以防务为基础的大公司收购其次级防务服务[②]

例如,1992 年福特公司的空间部、IBM 的联邦系统部和优利系统公司的防务系统被洛拉尔公司收购。通用动力公司战术飞机业务和空间系统分别被洛克希德公司和马丁·马丽埃塔公司购入。[③] 休斯公司的电子防务系统和得州设备防务部门被雷声公司全资收购。位于得克萨斯州的通用动力公司的军用飞机制造部被

---

① 胡栋梁:《我国军民融合产业融资问题研究》,东北财经大学 2015 年硕士学位论文。
② 温海涛:《国防采办改革的制度经济分析》,吉林大学 2007 年博士学位论文。
③ 温海涛:《国防采办改革的制度经济分析》,吉林大学 2007 年博士学位论文。

洛克希德公司收购。波音公司兼并了罗克韦尔自动化公司的航空航天部门。

美国国防工业在经历初期收缩和退出二级防务产品调制之后，一些实力相仿并各自有特殊优势的大型承包商出现了。在政府的大力支持鼓励之下，国防工业产业开始协同合作。随着波音公司和麦道公司的合并，在2000年的时候年销售总额达到589亿美元，成为航空工业的巨头。1995年洛克希德·马丁公司成立，同时于第二年收购洛拉尔的电子防务业务，开展强强联合。

零部件供应商也纷纷效仿并进一步扩大规模。近年来，美国国防部的防务产品供应领域有很多子市场，市场规模在2000万至7500万美元之间，但是最多只能容纳两个竞争者。美国国防部也支持收购小型防务供应商。同时，大型承包商迫使许多供应商相应地进行改变。[①] 联信和霍尼韦尔于1999年12月组成了新霍尼韦尔公司，这是在大型国防产业主要承包商合并之后，供应商企业也效仿进行纯供应商之间的合并。

表10 美国国防工业合同承包商合并情况

合同承包商 武器制造商	1990年合同承包商项目	1998年合同承包商项目	2000年合同承包商项目
战略导弹	3	2	2
战术导弹	13	4	3
鱼雷	3	2	2
水面舰只	8	5	3
旋转翼飞机	4	3	3
固定翼飞机	8	3	3
履带战斗车辆	3	2	2
军用卫星	8	5	—
战斗轮式车辆	6	4	3

资料来源：

（1）Derrick J. Neal & Trevor Taylor, "Globalization in the Defence Industry: An Exploration of the Paradigm for US and European Defence Firms and the Implications for Being Global Players," *Defence and Peace Economics*, Vol. 12, No. 4., 2001, p. 342.

（2）斯德哥尔摩和平研究所：《SIPRI 年鉴2003：军备、裁军和国际安全》，中国军控与裁军协会译，世界知识出版社2004年版，第487页。

---

① 温海涛：《国防采办改革的制度经济分析》，吉林大学2007年博士学位论文。

(2) 大型防务公司与技术公司合并，武器装备生产商变成"系统集成商"

国防工业的并购热潮带来了美国国防工业产业结构的蜕变，这些大型国防产业公司已经成为基于武器制造商的系统集成商，其主要为战场生产高科技武器装备系统。

现代战争依赖高度统一的军队来执行作战任务的方式，已经改变了军事技术研发中的单一、纵向的思维。使用新技术不再是评判技术是否创新的唯一标准，而是将现有技术整合到现有武器装备中去并成为一种新的武器系统。这就被称为"横向技术一体化"也被称为"横向一体化"。"横向一体化"主要是从横向上运用信息技术等高新技术手段对武器系统进行现代化改进，使其具有通用性、联动性，使传感器到射手、各作战单位以及武器系统之间的信息流动更加便捷[1]，大大提高了整体作战能力。横向一体化被誉为装备建设史上的一次伟大革命。

根据数据显示，与开发具有相同水平的新武器相比，运用信息技术改进现有武器装备能节省 1/3 到 1/2 的资金和一半的武器研发时间。美国正是利用高新技术，尤其是信息技术，对不同军火生产商进行技术整合与改进，使之成为系统的一个节点，并最大限度地发挥现有武器的潜力，大大提高武器装备的整体效能。[2] 第二次世界大战期间一艘美国老式战舰通过新技术改进后，在海湾战争中展示了其改进后的不凡。

（二）俄罗斯推进企业一体化重组，增强企业实力与活力

2001 年初，俄罗斯提出了联邦政府长期社会经济发展的基本指导方针，该方针着重强调国防工业新战略思想的发展。该方针明确提出，为落实军队建设计划以及武器装备更新的需要，必须要完善国防工业体系；提高国防工业科技含量和国防工业效率，建立大型综合性企业集团；必须加大国防科研经费投入[3]，利用国防工业优势带动民间经济发展。根据这一指导方针，俄罗斯国防

---

[1] 温海涛：《国防采办改革的制度经济分析》，吉林大学 2007 年博士学位论文。
[2] 温海涛：《国防采办改革的制度经济分析》，吉林大学 2007 年博士学位论文。
[3] 黄海涛：《俄罗斯国防工业改革的经验教训及对中国的启示》，载《俄罗斯中亚东欧市场》2009 年第 3 期，第 17—24 页。

工业进行了深化改革，主要涉及改制和推进一体化的改革。在国家经济发展趋势和制定国防战略的基础上，根据行业的特点和技术的特点，促进企业的关闭、企业的暂停、企业的兼并以及企业的转型等工作，拒绝浪费宝贵的资源，将资源集中起来创造具有市场竞争力的产品。虽然转型过程中存在诸多困难，但航空航天等企业的成功，为其他公司的转型提供了一个示范。面对不断下行的经济压力，俄罗斯政府从战略层面，开始对军工企业进行调控，并严格落实，由此，军工企业不断调整企业策略和定位，以促进军品产值增长。

2006年12月，在俄罗斯政府的组织和资助下，军工企业建立了联合飞机制造公司，受到了政府和社会的广泛重视，并与一些飞机设计公司和航空公司实现了战略、研发、生产等层面的合作，从而扩充组织边界，成为技术能力、整体实力较强的大型航空企业集团，成立伊始的目标是要在2015年实现80亿美元业务量、显著提升经济效益和创新能力，2012年8月公司总裁米哈伊·波戈相明确表示，2011年联合飞机制造公司实现了销售收入的1900亿卢布大关，与2010年相比经济效益显著提升达40%之多，公司将不断努力争取取得更大的进步与提升。

在飞机制造公司成立后三年的时间里，俄罗斯政府将目光投向海洋产业，于2009年4月在政府牵头作用下，成立了联合造船公司，该公司共计包括33个分船厂，主要负责船舶设计和建造工作，与总公司密切合作，并在政府要求和促进下与法国的船舶建造企业合作，成功地组建了四个控股公司。

俄罗斯作为军事强国，军工力量巨大，根据近年的国内外形势，以及其发展报告，俄罗斯国防工业接下来的发展将不断整合军工资源和军工力量，据有关部门于2015年的报道，俄罗斯已成功建立了世界上为数不多的大型科研生产联合体，联合体的建立意味着俄罗斯的军事强国地位得到了进一步的巩固。在俄罗斯的军事史上还曾建立俄罗斯技术公司，在当时主要是为了扩大武器出口，由于俄罗斯的军工企业技术水平较高、国内外市场较稳定，很大程度上其出口价格要明显低于以英、法为代表的西方国家。然而这种价格优势并没有长时间的稳定住，随着西方国家军工技术水平不断提升、经济发展逐渐趋好，双方差距不断拉大，直至价格优势完全丧失。面对这种情况，俄罗斯政府从战略层面上，要求国内市场、金融机构等经济主体全力配合军工企业，建立一个具有强竞争实力的国际化大型军工集团，凭借着该军工集团，俄罗斯希望可以重新在国际军事市场上占有一席之地，既为了确立自身的军事强国地位，同时也希望能够扩大军事出口，拉动经济。

（三）英国通过不断推动国防产业联合重组，增强军工企业实力

英国在进行国防产业联合重组的时候，对现有的企业进行了有效的整合。例如，淘汰了一些盈利较少、所需支持较多，但利润却较少的产业，又在此基础上对一些收益较好的企业进行了有效的合并和重组，使得各个企业能够获得利润最大化和实力提升。1998年，面对国内外经济形势的新变化，包括维克斯公司在内的三家生产坦克装甲车的公司在互利共赢的基础上进行了重组和整合，重组后实力得到了显著的提升；同时在造船行业内部，实力较强的维克斯公司对本公司的部门间进行了精简，并入了新组建的公司；英国的航空航天公司与皇家军械公司在业务层次方面进行了合并，增加了轻武器制造等其他业务，面对自身实力的不断提升，后又收购了德国HK公司，出口业务实力不断增强，综合竞争实力不断提升。近年来，英国的航空航天公司为了进一步扩大其产业链条，将其导弹业务和武器制造业务分别与马特拉防务公司、德国制导武器制造商LFK公司合并。英国航空航天公司这一系列举措，大大地提升了自身实力和国际市场的竞争力，很多国家的大型公司都抛出"橄榄枝"，希望能够与该公司取得战略上的合作或者业务上的往来。其中，最为著名的合作莫过于与美国的通用动力公司的约定，双方在互利共赢的基础上达成共识，希望可以在产品业务上长期合作。

（四）法国以私有企业控股的方式进行兼并重组

根据法国的企业兼并重组过程，可根据企业的经营效应进行具体划分，主要包括以下三个方面。一是对于效益较好的国有企业，其兼并重组过程主要是先进行私有化。在私有化的过程中，对内部的部门和机构进行精简。在此基础上，与其他企业进行资产重组。利用这种方式兼并重组后取得较大成功的是国有航天公司与德绍特航空公司兼并案，二者兼并后，成为了欧洲最大的航天公司，此次兼并的成功案例，也为法国的国有企业带来了新的希望和有力的促

进。二是效益较差的国有企业,由于其效益不佳的现实,其无法进行私有化,所以只能在双方资产优化组合的基础上,寻找生机和出路。其中最为典型的案例是国有吉特工业公司与皇约范博特军火商业公司,双方在独立经营期间,各自亏损20亿法郎和110亿法郎,已经无力支撑公司的经营,在兼并后获得了新的发展。三是国内企业与国外公司的联动合作,主要重组过程是在资产方面,其中最为成功的案例是2014年法国的装备制造巨头Nai Baxter系统公司和德国Klaus Murphy-Wegman公司,二者有效联合,组建起了欧洲最大的陆军装备企业,双方各控股50%。

相比其他国家来看,由法国政府在战略层面主导的国防工业重组力度更大,法国政府不仅鼓励小型企业重组,同时更加重视对强强联合的大型军工企业在资金和制度等方面予以支持,并且鼓励这些公司扩大自己的资本运营,改组上市。比较典型的案例是1997年的汤姆逊 – CSF公司、阿尔卡特·邓可尔斯通公司与达索电子公司的联合改组方案,三个公司基于利益共享原则进行合并重组,新公司实力凸显,在欧洲跃居军事通讯领域的龙头公司,根据1997年世界排名,该公司位列该领域的首位。第二年,法国的航空领域也迎来了法国国有航空航天公司和拉格尔公司的子公司,即马特拉高高科技公司合并案,这一举措也取得了显著的成功。2000年开始,法国的军工企业兼并重组已不仅仅局限于国内企业之间,而是将此举措扩展到整个欧洲、甚至是国际层面,如2000年的法国宇航马特拉高公司与德国、西班牙相关公司合并,组建了欧洲宇航防务集团,以及后续2006年的泰勒斯公司收购案、2012年的欧洲宇航防务集团与BAE公司合并案等。①

(五)德国以跨国合作和大型军工企业对中小型军工企业合并的方式进行兼并重组

与美、俄、日的强大军工企业基础不同的是德国的军工企业,由于受"二战"影响,德国的军工企业长时间以来规模较小、经济实力有限,无

---

① 安家康:《军工企业资本运营的现状、特征及对策研究》,载《军民两用技术与产品》,2013年第3期,第53—55页。

论在企业规模还是资金基础方面都难以同这些大国的军工企业相抗衡。因此，德国的军工企业长期都处于全球价值链的低端位置，得不到可观的收益和利润。德国政府针对这一现象，从20世纪80年代末期起开始在政府层面制定战略规划以促进和推动军工企业内部精简部门、改革重组，军工企业之间积极兼并和重新规划，并鼓励不同的军工企业形成产业集聚态势，以增强国际竞争实力。

1995年以来，全球范围内最为重要的投资方式就是跨国并购，大公司强强联合可以增强自身竞争实力，小公司也可以在并购中得到一席生存之地。由于德国的军工企业普遍来看，呈现规模较小、资金较少的特点，在此情况下，一旦资金链断裂，外部资金需求得不到有效的供给，势必将面临破产，同时，德国银行在国内外的经济形势下都开始减少企业信贷。基于以上原因，德国日益成为了全球范围内的企业并购场所。据相关统计数据显示，2002年德国的并购市场规模全球排名第三，2003排名第二，当年在德国市场上交易成功的并购案共计1089宗，交易总额更是高达820亿美元。[①] 其中，涉及德国企业的跨国并购案629宗，并购总额为540亿美元，由此可见规模之大。

德国汽车零部件和军事装备制造商莱茵金属公司于2013年宣布与德国工业服务商富乐斯多成立合资公司。莱茵金属国际工程股份有限公司旗下的莱茵金属公司是德国著名汽车零部件和防务装备制造商，其与全球工厂建设和工程服务商富乐斯多共同出资建立合资企业，并兼并富勒斯多的油气业务。

德国克劳斯·玛菲-韦格曼公司和法国奈克斯特公司构成的合资公司KNDS是2015年百强榜上升幅度最大的公司，从2014年70位跃升至2015年34位，同样得益于两家公司国防资源的整合。KNDS将克劳斯·玛菲-韦格曼公司所有国防收入纳入其中，不过奈克斯特公司单独报告部分国防收入。

（六）日本国防工业以调整合同商战略和业务重组为主要兼并形式

日本国防工业从先民后军到先军后民发展的过程中始终着眼于以民为主的

---

① 朱伟革：《宽中有严的制约——德国外资并购法规与基本流程》，载《国际贸易》，2004年第5期，第49—52页。

思想。军品的生产基于强大的民品生产能力和民用技术。在朝鲜战争中，日本获得了大量来自美国的"特需"收入，在先军后民的思想下，来自美国的特需大大刺激了日本国民经济的复苏，带动了国内的消费。日本的寓军于民发展模式非常注重产业结构的转型。20世纪80年代，日本发展"轻薄短少"型产业为其经济复苏奠定了基础。1999年日本正处于"后工业"社会，其三类产业结构比例为2∶36∶62，如此的经济产业结构为日本民转军提供了基础。先进技术是打造强大工业基础的重要因素，为实现民向军的转型提供了技术支持。日本庞大的经济总量为民向军转型提供了重要的物质基础。

不同于美国和其他国家，由于日本国防工业规模十分有限，国防合同商主要精力和业务不在军品生产方面，而在民品生产上，军民合同额只占其合同总额的一小部分。例如2014年三菱重工的军品收入为39.2亿美元，只占三菱公司公司年度总收入的10.4%。

日本主要防务承包商采取结构转型与业务转型等手段不断扩大产业基础以实现可持续发展，提升综合竞争力。石川岛造船与万国造船公司2013年1月正式签订合同，合并为日本联合造船公司（JMU）；为加速三菱重工在全球业务的扩张，2014年三菱重工将8个事业部整合为4个。为了应对加速进入国际市场和国防部增加的预算，一些主要的防务承包商已经开始作出了调整，三菱重工的航天与防务业务部门吸收了其他三个事业部之中的军用舰船、特种车辆和军用飞机部门；川崎重工提出要扩大军品方面的业务，并将在三年内完成相关设施的组建，大规模生产P-1型飞机和C-2型运输机及统一平台下的衍生机型，并将生产军品作为三年内公司业务发展重点。

二、国外军工企业股份制改造的比较研究

（一）美国"分散持股"股权结构及国防工业私有制结构改革

（1）美国军工企业的股权结构

区别于我国的军工企业由国家控股，美国上市公司的股权半数以上为个人持股，结构分散，仅次于个人股的是法人股，总体占比约为30%，其余的股

份主要由政府机构和社会团体持有。根据相关数据显示，1990 年美国全国的上市公司中，个人持股和家庭持股占比超过半数，机构投资为 30.4%，非金融机构持股的占比 14.1%，其余不到 10% 的为国外投资者持股；1996 年开始，美国取消了非金融机构持股，个人和家庭持股占比基本持平，机构投资者持股比例显著上升，达到 47%。

根据美国军工企业公司年报披露，洛克希德·马丁公司内部由单个股东的持股比例最高，投资者 Capital World Inventors 的持股比例高达 12.26%，另外联合技术公司内部最高的个人持股比例为 12.21%。

（2）美国军工企业的融资结构

作为世界经济强国，美国资本市场的完善度水平位于世界前列，金融产品种类较多①，经济市场发展水平较高，这些都为美国军工企业的发展奠定了坚实的基础，从以往美国军工企业的融资方式来看，最为常用的方式是债券融资，其次是股权融资。在美国军工企业中实力最强的是洛克希德·马丁公司，根据该公司的财务报表披露的外源融资结构中可以发现，其中 92% 的外部资金来自债券融资，5% 的外部资金来自股票融资，另外 3% 的外部资金来自短期借款；排名第二的波音公司则是更倾向于选择债券融资的方式，根据该公司的年度财务报表披露，可以发现，该公司的全部外源资金都来自于债券融资方式；另外雷神公司和诺斯罗普格鲁曼公司分别位列美国军工企业的第三和第四名，其融资结构为债券融资和股票融资为主，辅以短期借款的方式。根据具有代表性的四个企业可以看出，美国军工企业的融资选择顺序为债券融资、股票融资和银行借款。

（二）俄罗斯政府与私人股份并存的产权多元联合股份制

1990 年之后，为了保证国防工业在国际市场上的地位稳固、军用产品的出口订单量增长以及国内国防订单量可以保质保量地完成，俄罗斯政府对国内的军工企业进行了改革和重组。首先，俄罗斯政府将军工企业的所有制形式进行了变更，将原来的国有性质按照企业的重要性程度，具体地划分为三类企

---

① 李心蕊：《军民融合背景下军工企业融资影响因素及方式研究》，哈尔滨工业大学 2015 年硕士学位论文。

业,包括国家所有制、国有制与股份制相结合、股份制。在此过程中,俄罗斯政府在战略层面对此项变更活动作出了明确规定,凡是由国家有关部门拟定出必须要国家参股的军工企业,不得私自实行私有化管理,同时必须根据订单任务的具体要求与政府签订保证完成任务的合同。

1. 调整军工企业所有制结构

1990年以前俄罗斯的军工企业一直都是完全由国家控股的国家所有制企业,不允许军工企业进行私有化改革,也不允许其他企业以参股的方式参与到国防产品的生产中来。1990年以后,为了应对国际局势变化和争夺国际国防产品订单量,俄罗斯对军工企业的所有制结构进行了一定程度的调整。苏联时期的军工企业实行单一的国家所有制,俄罗斯独立后对军工企业的所有制结构进行了根本性的调整。[①] 经过10年的调整,直至2001年,俄罗斯的军工企业中很大一部分完成了所有制结构的调整,国有企业的占有量在市场上已少于半数。另外,国家参股和不参股的股份公司各占28%和29%。

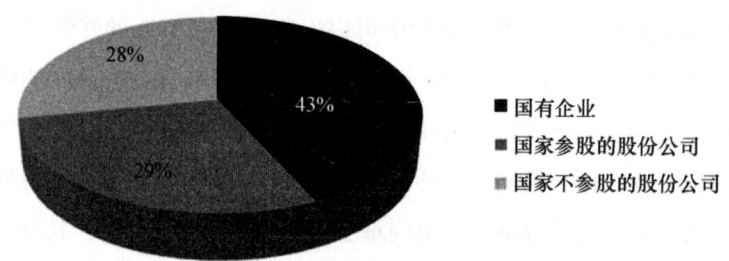

图6 2001年俄罗斯各种所有制企业所占比重

资料来源:[俄]《2001年的俄罗斯军事工业综合体》

随着俄罗斯军工企业改革的持续进行,根据相关数据显示,直至2003年,国有控股的军工企业在全国市场上的占比已经下降至39%,其余的超过60%的军工企业已完成股份制改革。同时,从行业分布来看,国有企业与股份企业在国防工业市场上的占比也有所差异,具体表现为,在国防工业的九大行业中,兵器行业的股份制企业占半数,航空行业的股份制企业略微超过国有企业

---

① 党建伟:《冷战后俄罗斯国防科技体制转型研究》,国防科学技术大学2007年硕士学位论文。

第七章 国外国防工业与区域经济的资本融合问题研究

占比,航天企业、弹药与特种化学行业中仍以国有企业为主,造船行业中的所有军工企业已全部完成股份制改造,无线电行业的股份制企业的占比较高为80%,[①] 通信行业和电子行业内部股份制占比为60%左右,特殊用途工业由于与国家的很多战略息息相关,因此全部为国有企业。总体来看,整个联邦区中,军工企业的股份制改革收效显著,直至2003年,国有企业和股份制企业基本占比均衡。具体如表11所示:

表11　2003年西伯利亚联邦区国防企业的所有制结构(%)

国防工业行业	占该领域企业数量的比重		占全部国有和股份制企业的比重	
	国有企业	股份制企业	国有企业	股份制企业
航空	41.2	58.8	12.7	18.5
航天	75.0	25.0	10.9	3.7
兵器	50.0	50.0	9.1	9.3
弹药与特种化学	78.3	21.7	32.7	9.3
造船	—	100	—	7.4
无线电	20.0	80.0	5.5	22.2
通信	42.9	57.1	10.9	14.8
电子	38.5	61.5	9.1	14.8
特殊用途工业	100	—	9.1	—
整个联邦区	50.5	49.5	100	100

资料来源:[俄]《西伯利亚国防工业改革:何去何从?》,《经济与工业生产组织》

在俄罗斯军工企业的改革过程中,并不是全部由市场自发进行,而是对军工企业的不同行业实行不同的策略,如对于高端武器装备制造业,政府规定决不允许私有化经营,必须由国家全权控股。

2. 组建大型军工集团

随着国际军工市场的蓬勃发展,各国都在大力发展本国的军工企业,以争夺更多的市场份额,俄罗斯为了确保本国在国际军工市场的强国地位,开始采取企业改组合并以组建大型军工企业集团的战术策略。由于俄罗斯的军工企业

---

① 张国凤:《俄罗斯国防工业发展的现状与问题》,载《俄罗斯中亚东欧市场》,2005年第7期,第1—5页。

数量较多、规模较大、且企业间的差异性较大，俄罗斯政府为推进军工企业的改革重组工作，开展了大规模的政府驱动型的企业合并活动，通过大型军工集团的建设，推动国防产品的价格降低、质量提升、性价比增高、在市场上的竞争力显著增强。

军工综合体的发展不仅是为了承担国家的经济任务，同时，更为重要的是保障国家的安全。因此军工企业的发展具有双重动力源，既要满足国家的安全需要，又要能够促进国家经济的蓬勃发展。随着市场经济体制的确立，俄罗斯政府对于军工企业的控制逐渐减少，逐步开始转向由军工企业根据国内外经济发展形势和实际情况，对企业进行重新定位和改革，自主发展。2007年，俄罗斯的军工综合体数量为1389个，其中近50%的企业为公有制企业，而到2011年时，军工综合体的数量为1369个，其中国家控股的企业已经减少至30%以下，取而代之的是多数的股份制企业。由此可见，俄罗斯的军工企业改革卓有成效。

在普京总统的带领下，直至2014年，俄罗斯军工综合体企业的数量急剧减少，而整体实力却显著增强，据相关统计显示，市场上的1339个军工综合体的生产量占到整个工业总量的5%~6%，占到国家GDP的3%~4%。至此，俄罗斯的军工企业改革取得了极大的成功和卓越的成效，成功地完成了俄罗斯军工企业的"瘦身"运动①，为国内经济市场成功地释放了百万劳动力。同时，更为重要的是，经过"瘦身"的军工综合体不仅没有因为规模缩小而出现萎靡不振的状况，反而表现出了更多的创新活力，整体的企业氛围更加活跃和健康。

（三）英国军工企业的"国有私营"模式

最早开始对军工企业实施私有化改革的国家是英国，其所取得的成就也是最为突出的。英国对国有军工企业开展股份制改革是从1979年开始的。起初，英国实行公开发行股票的方式推动股份制改造进程，很多私有化公司纷纷投资

---

① 李心蕊：《军民融合背景下军工企业融资影响因素及方式研究》，哈尔滨工业大学2015年硕士学位论文。

第七章 国外国防工业与区域经济的资本融合问题研究

购买军工企业股票以参与到国防生产中来,而国有资本则逐步退出国防产品市场。随着资本退出,政府对军工企业的管制和控制也开始减少,由其自主发展。但对于高尖端仪器装备等行业,政府虽然不再持有多数股份,却并未完全退出,而是至少保留一股股份,也就是通常所说的"金股",为了防止此类产业偏离正常轨道发展,英国政府以法律形式对"金股"进行赋权,例如此股不允许买卖,明确此股在公司经营中的实际权力等内容,均由法律形式予以规定,进而实行必要的监控和管理。在2000年前,英国政府对境外投资本国军工企业设定了一系列的规定[1],如规定上限、规定投资人国籍等。随着英国军工企业的私有化改革进程的不断推进,这一规定也在逐步地放宽,对于境外投资本国军工企业的比例则由1981年的15%放宽至49.5%后,在2002年则完全取消了外资投资的限制。这意味着境外投资的历史性发展,但是为了防止国防产业的垄断性行为,仍然保留了单个境外投资人(或一致行动人)持股上限为15%的规定。

以专业化的军工集团BAE系统公司为例,该公司是英国国内实力较强的军工企业集团,其竞争实力在国际市场上具有重要地位。该公司的前身是英国宇航公司,对于航空航天行业的涉足较多,其公司经营主要是为国防产业服务,超过90%以上的业务都为军品。1999年,在俄罗斯政府大力倡导军工集团建设的时候,英国宇航公司对美国通用电气公司的子公司,即马可尼电子系统公司进行了收购。收购完成后,英国宇航公司的实力大大增强,不仅规模增大,业务增多,资本也更加雄厚,从而成为英国最大、世界第三大的防务承包商。据相关数据统计可知,2014年,该公司实现销售收入164.63亿英镑,其中,净利润高达13亿英镑。[2]

截至2014年12月31日,BAE系统公司共发行35.876亿股,其中英国政府只象征性地持有1股(价值1)。持股累计超过3%的投资人(含其控制的投资人),主要为法人,共有7家(详见表12)。其中,持股最高为9.97%。

---

[1] 童熊辉、刘洋:《西欧主要国家国有军工上市企业监管及案例研究》,载《航天政策与管理》,2016年第3期,第24—28页。

[2] 童熊辉、刘洋:《西欧主要国家国有军工上市企业监管及案例研究》,载《航天政策与管理》,2016年第3期,第24—28页。

满足英国政府"金股"规定单个境外投资人及其一致行动人持股不得超过15%的限制。①

表12 2014年BAE系统公司持股比例超过3%的投资人列表

序号	投资人	持股比例（%）
1	法国安盛保险集团及其一致行动人	5.00
2	英国巴克莱银行（Barclays PLC）	3.98
3	美国贝莱德集团	5.00
4	美国资本集团公司	6.13
5	美国景顺投资有限公司	9.97
6	美国富兰克林资源公司和分支结构	4.92
7	英国锡尔切斯国际投资者有限合伙企业	3.01

数据来源：童熊辉，刘洋：《西欧主要国家国有军工上市企业监管及案例研究》，载《航天政策与管理》，2016年第3期。

（四）法国军工企业股份制改造措施

与英国政府对军工企业实行管控的做法不同，法国对于国防工业的发展没有太多的限制，一直奉行独立自主发展原则。因此，法国的国防工业中产品种类齐全，市场经营井然有序、体系完备且成熟。同时，法国政府意识到需要对国有企业进行股份制改造的时间也比其他国家要早。法国第一次提出要对军工企业进行私有化改造是在1986年，但由于长期以来国防工业的自主发展，此次改造进程遭到了很多民众的抵制。因此，股份制改造的进程一拖再拖，推进速度很缓慢，一直没有取得显著的成效。直到冷战结束后，以美国为首的军事强国都开始对国内的军工企业进行兼并重组，部分国家还将兼并活动扩展到海外，欧洲防务一体化建设也已提上日程，面对国内外的国防产业发展形势，法国政府重新规划国防工业的改革活动，并加速推进军工企业的私有化进程。直至1990年，法国政府的私有化改革活动初见成效，其中，较为典型的案例是1998年的汤姆逊-CSF公司全部股权通过发行方式获得股资，1999年法国宇

---

① 童熊辉、刘洋：《西欧主要国家国有军工上市企业监管及案例研究》，载《航天政策与管理》，2016年第3期，第24—28页。

航-马特拉公司也随即将所有国有股份进行了私有化改造。与英国的军工企业私有化改革中呈现出不同的是，法国政府并未将重要的军工企业进行全盘私有化，而是以直接或间接的方式占据军工企业的相对控股地位。

法国政府在对军工企业进行股份制改造的过程中，会首先下设武器装备采办局来对军工企业作全方位的了解和管理，然后再开始私有化改造的具体进程。改造完成后的军工企业，政府鼓励其积极上市经营，当然，上市后的军工企业将会拥有自己的独立经营权，在国防市场上自由经营，不会再受武器装备采办局的管理和控制。此时，该企业与武器装备采办局的关系将由上下级的控制和被控制关系，改变为甲方与乙方的合同关系，双方地位产生了实质性的转变。与此同时，法国政府在军工企业的私有化改革过程中，并没有完全放弃股份所有。一般来看，法国政府会保留军工市场的25%左右的股份。与英国相类似，对于这类股份，一般称之为"金股"，为了使得法国的军工企业能够在市场经济体制下自由发展的同时，可以不损害到国家的正常权益和国防安全事业。法国政府会通过对"金股"的管控来对完成私有化并已经上市经营的军工企业进行直接或间接的管理和控制。

与此同时，法国的上市军工企业由于国防市场的规模有限，且自身的实力不足以支撑更多的投资，普遍会采取交叉持股的方式来进行经营，以扩大自己的收益，这样也在一定程度上实现了政府对军工企业管控的目的。较为典型的是泰雷兹集团，该集团在法国国内的国防市场占据着重要的地位，是近年来法国市场上规模最大、实力最强、员工最多的军工集团。泰雷兹集团能够取得这样的成就，与其前身法国汤姆逊-CSF公司的强劲实力有关。1998年，法国汤姆逊-CSF公司在法国政府的号召下，快速地进行了股份制改造，对公司的电子技术、防务电子等业务进行了兼并重组，并于2000年将改造完成后的公司正式地更名为泰雷兹集团。据该公司企业年报披露，2014年，该公司共计实现销售收入超过了120亿欧元大关，成功地稳住自己在法国第一、世界第十的地位。

截至2014年末，泰雷兹集团的股份数量已经超过2亿股，其股权结构大致为政府、国有资本持股约和达索航空公司持股各占1/4，而内部员工持股和流通股共计50%。当然，员工持股仅为不到5%的股权数，绝大部分为流通股上市流通。

（五）德国军工企业的私有化与国民化

作为军工强国，西方国家在国际国防市场都曾占有重要的地位，以美、英、法等为代表的西方国家都拥有着东方国家所无法比拟的大量的军工企业，实力雄厚。20世纪六七十年代，为了适应国际局势变化，各个国家都在想方设法地争夺仅有的军工市场，纷纷采取策略提升本国的军工企业的创新能力和综合实力。其中，开始较早的是英国和德国，它们首先意识到国家控股军工企业的弊端和缺陷，所以率先开始对国有企业进行私有化改革和民营化改造，虽然改造过程困难重重，但收效显著，改造后的军工企业不仅表现出强劲的势头还为社会释放了众多的劳动力，对于区域经济的建设也提供了一定的动力。

在西欧国家当中，工业私有化程度较高的国家并不是很多，其中该比例最高的是英、德两国。在德国，很多军工企业为了利益最大化，并不只是单纯地生产国防产品，且对于国防产品的生产也是基于获利的原则来进行的，因此，德国企业会根据市场的需求和预期，来决定国防产品的生产数量和生产批次。同时，也会根据市场形势的变化来改变产品生产周期，并适当地对产品进行改良和创新。但在东西德统一后，形势发生了根本性的改变，德国政府专门新设了托管部门来对军工企业进行改造和管理。

（六）日本"法人持股"股权结构及"国有与私营合作"生产形式

日本军工企业大多是以股份公司的形式为依托，主要是法人持股形式。据统计，1990年，日本的军工企业中超过半数以上都是法人持股的形式，且其中很大一部分的普遍做法是法人相互持股。由此，日本的军工企业之间就形成了一种网状的股权结构形式，法人与法人之间互相联系，即"法人资本主义"形式。同时，其外部资金来源主要还是银行提供，金融机构和中介结构的参与方式主要是购买股票来进行参股。

日本国有企业不足以完全满足国防工业的产品需求，很多私营企业参与其中，二者基于互利共享的战略，采用合作形式来共同生产国防产品，在一些参与生产的大型企业中，会在单纯的订单生产基础上参与军品研发，典型的大型企业包括三菱重工、三菱电机、富士重工等。与国有企业不同的是，私营企业生产的国防产品往往具有专一性，一家企业一般只生产一种产品，例如日本国内市面上买卖的喷气式战机和武器装备使用过的喷气式战机全部都是由三菱重工独家生产的，装备仪器上使用的大型机身则全部来自于川崎重工公司所生产，对于某些无法由单一企业生产和制造的高端设备及精密仪器则往往会由军工企业和民用企业采取合作的方式来完成，这造成了一定程度的垄断性合作。

第三节　民营企业进入军工企业的现状分析

一、国外民营企业进入军工企业的现状分析

（一）美国民企参与军工生产的现状及鼓励措施

1. 美国民企参与军工生产的现状

美国为了稳固自己世界第一的军事强国地位，每年投入大量的资金和科研人员到高尖端武器的研发和生产中，且生产规模较大，不仅能够充分满足国内市场需求，同时对于国防产品的国际市场也是强有力的支持和供给。美国长时间以来，坚持与他国所不同的国防产业路径，政府充分授权市场来经营国防产业的发展，同时，其雄厚的军工融合工业基础也为美国的国防工业体系建设提供了基础保障。

美国的国防市场上，共有三种类型的军工企业，分别是政府控股、经营的国有国营企业，政府控股民企经营的国有民营企业，以及私人所有私人经营的私有民营企业。这三种类型的企业彼此间公平竞争，共同在不同的细分市场上获利。其中，国营企业由于有政府的支持，所以要起到国家安全保障的作用，主要生产专用性强的产品，如弹药武器装备等。民营企业主要以利润最大化为原则，生产一些类似电子产品等盈利状况较高的产品。

美国国防工业体系的健全不仅体现在市场经营上，在供应商的结构上也有所体现，按照产品种类可以将国防工业的供给结构分为两种，一是负责武器装

备研发，协调各部门及各生产单元的活动，以及最终将不同零部件以最为合理的方式组装和安排的方式完成生产，这类供应商协调能力强、行业内部威望高、企业综合实力雄厚、总体获利情况较好，称为系统主承包商；二是负责各个分系统的承包商，他们主要负责的是各种如电池等零部件，或者是铁、钢等原材料，由于分系统的承包商，并不需要像系统主承包商具有强大的协调能力和企业实力，所以分系统的承包商，一般而言，并不具备特别大的企业规模，而是一些中小型企业。

2. 美国政府鼓励民营企业进入国防市场的措施

美国军工企业和民用企业的协调发展，使得美国的国防工业体系逐步建立并完善。同时，军民一体化的发展模式得到了市场经济发展的证实，是一种十分有效的经营方式，也给国家的国防安全建设奠定了坚实的基础，同时给美国的国民经济发展带来了巨大的进步。在此发展过程中，美国政府起到了很大的促进作用。

（1）制定相关法律法规

美国政府对于构建军民一体化体系的构想是十分支持的，不仅鼓励民营企业可以对国防市场多多了解，并鼓励其真正参与到国防产品的生产当中来，同时，为了增加支持力度，还出台了一系列关于税收、制度等法律条文来给予民营企业进入国防市场的动力和信心。其中，比较典型的是1992年，美国颁布了《国防转轨战略》，该战略明确提出美国力争建立国际一流的国防工业体系的战略目标；[①] 随后，1993年，美国政府又颁布了《国防授权法》，在该法令中，首次明确提出了军民一体化的思想，这在一定程度上是对国防工业和军工企业发展的又一契机。在此之后，2000年出台了《国防科学技术战略》，2003年发布了《国防采办系统》等。通过这些法律法规的制定，美国的国防工业实力大大增强。

（2）统一军品民品生产标准

与民品产品在国际市场运营过程中，具有统一、一致的标准要求不同，每

---

① 贺蕊：《促进民营企业进入国防市场的对策分析》，吉林大学2012年硕士学位论文。

个国家的军品生产都是自主进行的,并没有一个统一的军品标准来规定市场运营过程的进行。美国是国际上较早开始制定军品生产、运营标准的国家之一,据相关统计,美国曾制定过的军品标准高达 2 万余条,当然,其中有很大一部分被市场检验,是不符合经济运营的,逐渐被废止。由于军品的标准要较民品标准高,依据军品标准生产的产品普遍要比市场价格高出 25% 左右,这对于很多军工产业是非常不利的,也使得美国的国防工业体系建设受阻。且随着各国的国防产业发展,国际上的军工产品竞争越来越烈。因此,美国为了提高本国的国防产业总体实力,于 1994 年开始统一军品生产标准,鼓励依据商业惯例来对承包商进行管控,也就是说,承包商可以在不违反民品生产的规范制度下,自主地决定质量标准。这一举措对于国防工业体系建设具有重要意义,很多民营企业纷纷参与到军品生产中来,促进了国防产品的规模化经营,提高了国防工业的整体竞争实力。

(3) 鼓励中小民营企业参与军品生产

由于军品生产的要求较高,很多参与到国防产品生产中来的民用企业都具备雄厚的经济实力和规模优势,而中小民营企业却只能望而却步,这在一定程度上对于国防工业体系的建设起到了阻碍作用。因此,美国政府积极扶持中小民营企业,从税收等方面对其参与军品开发进行支持。[①] 2003 年颁布的《国防工业转型路线图》中明确提出,为了形成更加健康的可持续性新型国防市场,必须要打破主承包商对于国防市场的垄断。因此,有必要积极引导中小民营企业参与到军工产品的生产和经营中来。美国通过政府顶层设计,各级政府密切配合来落实条文法令,使得很多具有创新潜力的高科技企业开始关注并积极投身于国防市场。在取得了一定成绩之后,美国的国防工业体系得到了一定程度的发展,政府又开始以招标的方式来引导中小民营企业的参与。

(二) 俄罗斯民企参与军工生产的现状及鼓励措施

1. 俄罗斯民企参与军工生产的现状

苏联解体后,俄罗斯对国内的经济市场进行了大规模的重组,对于国防工

---

① 贺蕊:《促进民营企业进入国防市场的对策分析》,吉林大学 2012 年硕士学位论文。

业也进行了很大程度上的调整。由于苏联解体之前,俄罗斯强大的军事基础,使得在和平时期,即时维持原来的规模都需要巨额的资金投入。所以,为了平衡国内的经济发展,俄罗斯的国防工业开始实行"军转民"的策略。具体而言,是促进军用技术、民用技术以及军民两用技术的互通和转移,促进军工行业、高校、科研院所的产学研结合,从高校、科研院所吸收研究成果,再从其中挑选有价值的转为民用,促进民企更多地参与到军工生产当中。

2. 俄罗斯政府鼓励民营企业进入国防市场的措施

(1) 高度重视军民融合发展,从国家层面指导军民融合推进

根据国内的国防市场、经济市场的具体情况,国家从顶层设计国防工业体系的具体建设方案,在军民融合发展的大政方针指导下,对经济运行的各个环节进行设计和指导,并颁布了一系列的法令来协助实施。如2009年发布的《俄联邦2020年前国家安全战略》中,明确提出了为了保障国防安全,要举全国之力来统一协调各个方面的经济活动。2010年,《俄联邦军事学说》指出,"基于国内外近年来的发展形势,有必要在国民经济发展的某一方面或者某几方面实行军民共建发展,以此来促进军民融合战略的推动,并保证国防安全和利益"。

以俄罗斯总统普京为代表的政府十分注重军民融合的发展工作。2012年,在普京继任总统时,就以总统令的形式来明确提出了该如何具体推进军民融合工作的进行,在科研攻关阶段,不能够都把重心放在基础研究上,要做到每个领域都有研究在推进,如果在科研研究上有问题发生,可以最大限度地借助科研院所和高校来参与其中;与此同时,应该建立一个完整、齐备的军民融合数据库,无论是在技术方面,还是科研设计方面,都应将相关工作记录纳入其中。

(2) 组建军民协调机构,为军民融合提供组织保障

从2012年起,俄罗斯政府建立和完善了很多军民协调部门,以保证俄罗斯军民融合进程的顺利推进,实现政府、军事、工业以及科技之间的无障碍沟通。

首先,建立最高军民融合协调机构。为了充分协调俄罗斯经济发展和国防

建设，俄罗斯政府建立了以总统任主席，总理任副主席的联邦安全委员会；其次，充分授予委员会协调军民两大领域的权力。2013年，俄罗斯政府修订并颁布了《俄罗斯联邦军事委员会条例》，该条例的主要内容是，充分授权委员会协调和仲裁职能；最后，由俄罗斯工业部和贸易部联合成立跨部门军民两用技术转换和创新中心，主要负责收集、保存和共享相关高新技术的信息，同时对科研成果进行评估，以提高军民技术转换与创新的效率。

（3）搭建信息交流和服务平台，实现信息的深度融合

俄罗斯政府运用门户网站等信息平台发布相关信息，为军民双方合作提供了方便。为了发布军工方面的信息，建立了多种类型的信息发布平台。2012年5月发布的总统令明确规定，为了让企业获取军用方面的需求信息和了解军备采办的制度和要求，国防部官网和红星报官网必须对相关企业开放数据，使企业可以在网站上了解相关的需求、法规等章程。2013年6月，《国防部活动计划（2013—2020）》在国防部官网上首次公开发布，该计划详细地描述了2020年之前国防部的建设目标和俄罗斯军备和科技的发展重心，从该计划发布开始，在官网上以年为单位详细公布项目进展情况，接受公众监督，并同时建立数据库，该数据库主要搜集科研和设计工作方面的信息。2013年4月俄罗斯颁布了建立该数据库的政府令。2013年11月，为了将国家的反恐、信息、纳米材料等优先发展的领域和军事、生物等领域的关键技术融入科研和设计数据库，制定了由俄罗斯科学与教育部颁布的《科研和设计工作纳入国家统一信息系统的管理办法》。该数据库的建立，极大地促进俄罗斯国防与经济建设各个领域的信息融合，全面提高俄罗斯军民领域的高技术科研成果的实际应用与成果转化能力。

（三）英国民企参与军工生产的现状及鼓励措施

1. 英国民企参与军工生产的现状

英国政府对军事科研设施的管理方式进行了改革，同时鼓励民用部门使用军事科研设施进行技术开发。在促进合作研究方面，向国防部所属的科研机构引入一种新的"租赁"机制，以便国内私营企业可以租用研究活动和开发活

动的地点。1992年,英国政府为了加强与非军事研究团队的技术信息交流,实施了"探索者计划"。具体办法是,每年举办一次由国防鉴定与研究局发起的探索者情况通报会议,会议上传达国防部对军事需求的意见,并为新兴科学技术和武器系统计划提供研究机会。为了促进学术界和工业界与国防鉴定与研究局之间的相互联系以及合作,英国国防部在1996年实施了"灯塔计划"。

伴随着一系列的政策措施实施之后,英国无论是在军事领域还是民用经济方面,都取得快速的发展。英国政府意识到,借鉴并利用民营企业或者科研院所形成的技术创新成果为国防市场服务,是迅速提高国防实力以及综合能力的重要措施。所以,英国政府在此基础上,根据战略规划的具体要求,采取各种方法,来鼓励民营企业参与到军工生产当中。

2. 英国政府鼓励民营企业进入国防市场的措施

英国政府制定相关战略,促进军民融合式发展。1993年英国颁布的白皮书中,明确强调了军民融合的重要性以及必要性,提出军用技术与民用技术的整合和调整,不仅可以促进国防市场发展,更是促进科技战略规划成功的重要法宝。2001年英国又提出了《面向21世纪的国防科技和创新战略》,该战略对英国近年的国内经济实力进行了全面的剖析与合理的规划,提出为了国防科技的进一步发展,国防事业部必须加大民营企业的参与力度,加快国防市场的技术水平以及科技能力,这不应该仅仅局限于国内市场,还应该将目光拓展至国际市场上,寻求与其他国家的深层次战略合作。

英国政府不仅在税收、金融等方面对民参军进行支持,更进一步地,还尽可能地为其提供科技支持和保障,以促进更多的民营企业选择并加入军事领域,同时,也与其他科研院所或者高校等机构开展科研合作,共同研发军民两用的技术和发展计划。

(四)法国民企参与军工生产的现状及鼓励措施

1. 法国民企参与军工生产的现状

法国不仅经济实力雄厚,在国防产业方面,也拥有着强大的资金基础和生产能力,远远超过德国、意大利等欧洲国家。法国国内的军工企业分布广泛,数量较多，而且政府对军事领域的管控较严，在众多的军工企业中，绝大多数都是由法国政府控股的国有私营企业。其生产能力强大，科研能力较强，无论是导弹、航空，或是光电等方面，都拥有着世界先进的技术水平和生产能力，所生产的产品不仅能够在短时间内满足国内需求，更能在此基础上，对外出口。

纵观法国国防产业的发展过程，可以发现，其国防产业具有两大基本特征，一是基本的军工企业中，差距较为明显，其中约有十家军工企业的实力较强，综合实力远远领先于其他企业，其营业额占到了总营业额的半数以上，具有较强的垄断特征。同时，对于一些大型的高尖端武器装备的经营方面，还存在一家独大的情况。虽然垄断在一定程度上，不利于经济的整体发展，但是其集结了全国乃至世界上该领域的尖端科技和领军人才，而且更为重要的是，容易得到国家的支持和保障。所以在这些领域中保持世界领先地位并不难。第二个特征是法国政府对于军工企业的管控较严，政府曾先后多次对国内的军工市场进行调整和改革，以加强控制。

2. 法国政府鼓励民营企业进入国防市场的措施

（1）注重宏观调控

国防产业不仅是国家的国防安全保障，同时也能够对国家的经济建设提供支持和保障。因此，法国政府一直将其视为国家的主导和支柱产业，并在大力发展国防产业的战略规划引领下，根据不同阶段的国内外经济状况，及时调整国防战略，来更加针对性地发展国防产业。在冷战结束之后，法国政府立足于国内的国防产业实力和国际上的国防市场竞争不断加强的现实情况，提出要建立完善国防产业体系，并坚持由政府进行顶层设计和集中管控。根据这一战略规划的现实需求，法国政府发布了"国防白皮书"，明确提出要对现有的国防发展之路进行改革和重新调整，不再"关起国门搞发展"，而是要在国内外与其他机构开展合作，在国内主要与高校、科研院所开展产学研合作，在国际市场上主要与其他国家的先进企业开展生产合作。

（2）扩大军品出口

由于法国国内先进的生产能力和技术能力，国防产品出口量较大，长期在世界上保持着第二位的优势。同时，法国政府对于这一发展也是极为赞同和支持的，不仅在税收和财政等方面鼓励出口，更是以国策的形式，将国防产品出口提上国家战略规划议程。当然，在军事贸易中，其主体单位是企业，所以，其生产经营中主要基于"利益最大化"的原则来进行。针对国防产品出口这一巨额市场，法国政府为此成立了专门的管理监督部门，即国防部武器装备部国际事务局，该部门主要负责对于武器出口的总量管控、税收征免、金融支持等各项事宜。① 与此同时，法国政府制定了一整套完整齐备的法律法规来规范国防产品出口，这样可以保证国内的企业公平竞争，合理生产，避免引起不必要的争端。

（3）加强国际合作

由于国防产品多是技术要求高、资金投入大的先进产品，从事一项产品的开发，其科研费用都远远超过民品的需求，随着国际市场的竞争越来越激烈，对于科研水平的要求也越来越高，法国政府逐渐意识到，这项支出如果单靠政府来投入的话，是绝对不够的。因此，为了国防产业的进一步发展，必须开展国际化合作。②

（五）德国民企参与军工生产的现状及鼓励措施

1. 德国民企参与军工生产的现状

德国是欧洲国家除英、法外的第三大军事强国。德国军事体系完备，国防工业全部实现现代化。此外，德国可以独立开发各类军备，其军工产品在国际市场上也拥有很强的市场竞争力和地位。但是，除了历史原因外，德国不涉及军用方面的核工业和航天工业。德国涉及的军工类数量共有五类，即军工电子、军工兵器、军工导弹、军工航空、和军工舰船。德国现在军品生产企业1000多家，这些企业按照企业的规模可以分为超大型、大型、中大型、中小型和小型军工企业五类。例如德国最重要超大型军工领头企业戴姆勒奔驰公司，同样处于重要地位的大型军工企业西门子公司，以赛尔公司为代表的外企

---

① 贺蕊：《促进民营企业进入国防市场的对策分析》，吉林大学2012年硕士学位论文。
② 贺蕊：《促进民营企业进入国防市场的对策分析》，吉林大学2012年硕士学位论文。

中大型军工企业,针对于军工某个领域生产特别专业的中小企业如韦克曼公司,以及专门从事生产加工军备零件的小企业,德国这五类军工企业的生产能力在世界上也具有非常强的竞争力。虽然德国的军工电子产业与美国等一些发达国家还有很大的差距,但是,德国的通信、射击系统等一些领域在世界上已经处于世界领先水平。

2. 德国政府鼓励民营企业进入国防市场的措施

(1) 提供优惠政策

虽然德国政府一直专注于国防工业的发展,但政府本身并没有军工。德国政府一直都是通过给予一些民营企业税收、贷款等方面的优惠政策,对这些民营企业实施合同管理,让民营企业承担军品生产。具体操作流程即首先由国防部制定相应的发展目标和军品生产计划,然后由开发局对该目标和项目进行可行性分析,通过对企业生产质量的测试结果选择生产承包商,最后,国防采购局主要负责材料采购工作和监督工作。

(2) 寓军于民

德国政府从来不主张建立直属政府的军工企业;相反,倡导在市场体系中融入军品科研和生产体系。德国政府认为,这样做不但可以减轻政府的工作负担,使政府集中精力于战略规划的制定和发展方向的确定,更能使民营企业充分利用资源,同时进行军民两用产品的生产,真正地实现军民融合,在促进经济发展的同时,加强国防工业的基础建设。德国政府给予企业提供资金方面的大力支持,也强调两用技术发展及其转化。德国政府认为发展两用技术可以在很大程度上减少国防经费和科研经费的支出,同时可以立足国民经济,充分合理利用行业多元化的资源,加速技术创新和大量较少新式武器的开发周期。

(3) 扩大军贸出口

德国的军品出口业是德国国防支柱产业。为了增强本国的国际地位,政府明令军工企业在满足内需的前提下,大力发展军品的出口工作,用所获取的利润来改变国防科研经费短缺的现状,减轻政府的经费负担,扩大本国国防工业的规模。近些年来,伴随着国际军火大环境竞争的日趋激烈,德国政府还采取了一系列措施,表明政府发展国防工业的决心,明确表示政府支持武器装备的出口。这些具体措施包括以下几个方面。首先，德国政府的态度表明，在一些国与国之间的买卖，政府在必要的情况下可以参与协商，进而促成交易。其次，政府要求军队积极配合军品出口工作，如对人员的军品使用培训和装备性能表演等。最后，在企业进行出口时，如果企业在经济上不足，可以获得来自金融机构的资金支持。军品出口活动给德国带来了巨大的好处，不但增加了国家的外汇储备，节省了政府大量的经费支出，加速了军工产业的发展进程，而且还有效地促进了国民经济的发展，使本国的就业率提高，大大地减轻了政府的负担。

(4) 促进企业合并，加强国际合作

由于历史和政府的原因，与英、美等国家相比，德国军工业的规模较小，很难和其他军事强国展开竞争。所以，为了扩大军工产业的规模和实力，1980年开始，德国就主张进行企业融合工作，硬性地提高其军工产业在国际上的竞争力和地位。我们所熟知的德国最大的戴姆勒奔驰公司就是通过合并的手段形成的。在企业融合的过程中，不但保留了各自企业市场、资源和技术等优势，同时发挥了规模经济的优势，使企业拥有足够的实力来进军国际市场。此外，德国还致力于在国防工业方面的国际间的交流与合作，与其他国家进行资源、技术等方面交流，提高本国国防工业科技水平，运用这种方法，德国大大地提高了本国国际竞争力、经济发展水平和社会发展水平。

(六) 日本民企参与军工生产的现状及鼓励措施

1. 日本民企参与军工生产的现状

(1) 寓军于民

由于日本的战败国身份，其军工生产严重受限，以致在日本国内没有专门的武器生产工厂。为了巩固本国国防实力和发展国家经济，日本采取"寓军于民"的策略，由民营企业来生产军品，这样，既发展了国防产业，同时又对于区域经济发展有利。日本防卫厅制定的《国防产业发展方针》中，明确提出要充分发挥民营企业的作用，以促进国防产品市场的发展。其"寓军于民"策略的具体实施方式为，防卫厅、国会及民营企业的三方合作形式，任务分别为制订计划、财政支持、订单生产。为了扩大利润收入，很多民营企业在生产军品的同时,还会承担民品生产的订单要求,来增加收入。虽然民营企业并不归日本防卫厅负责管控,但承担过军品订单的企业都要服从防卫厅的两种管理,一是各个企业内部除正常运营的销售部、研发部、采购部等职能部门之外,还必须另设军工生产部门,该部门的主要职能是负责与防卫厅就订单问题进行协调。二是在公司内部要成立军工产业团体,团体的形式为矩阵制组织结构,当有国防订单的时候,这些团体将及时组建,保证按时按量地完成订单生产;当没有国防订单时,这些团体则在其原有的工作岗位上工作。[①]

(2)生产集中,分工明确

由于日本国内并没有专门的武器装备研发部门,所以武器装备方面从研发到生产再到销售都需要由民营企业来完成。为了争取更多的政府订单,很多民营企业会预先设计和研发新产品,或者对已有产品提出新的改进理念,这对于民营企业的资质具有很高的要求。一般来说,中小型民营企业不具备研发理念和技术创新能力。所以,在日本的国防市场上,存在着一定的垄断情况。同时,国防产品的生产是一个完整的价值链,大型企业凭借先进的技术水平和雄厚的资金支持来获得国防订单,然后会把一部分获利较少的中低端产品进行外包,一方面可以集中科研人员分散其研发压力,另一方面也能够在此过程中,获得更为低廉的成本优势,并巩固自己的垄断地位。

(3)军工生产规模小,国防潜力大

由于和平时期,对于武器装备的需求量较小,且日本受到很多方面的限制,所以国内的国防市场需求量更小,很多企业基于获利最大化的原则,会在承担军品的同时,或者是没有军品订单的时候,从事民品的生产和销售。据斯德哥尔摩对日本的国防市场分析统计显示,日本具有潜力巨大的国防市场规模,近年来,日本从事坦克、F-15战斗机、爱国者导弹等其他武器生产的企业都已经远远超过1000家。

2. 日本政府鼓励民营企业进入国防市场的措施

(1)制定优惠政策扶持民营企业发展国防产业

除了资金支持以外,日本政府对国防产业予以支持,还在税收减免、政策

[①] 贺蕊:《促进民营企业进入国防市场的对策分析》,吉林大学2012年硕士学位论文。

制定等方面扶持民营企业，以使其更多地参与到国防市场的经营中来，这在很大程度上对国防工业体系的建立起到了推动作用。具体而言，一是政策方面，政府提出明确的标准来对军工企业进行划分，那些军品产值占到企业总产值10%及其以上的，被列入重点军工企业之列，政府在对这些企业的支持力度上更大；二是税收方面，对于军品企业，将不同于只生产民品的民营企业，不仅能实行税额扣除，还会享受很多的倾斜减税的政策制度，这对于民营企业来说，减少了巨额的开支和压力；三是金融方面，将对这些企业提供比正常银行贷款更低的贷款和补贴。通过以上三方面的优惠政策，大大地扶持了民营企业。

（2）增加国防高科技研发投入

当今时代，只有科技创新才能获得真正的实力，才能在经济发展中获得领先地位。同时，军事发展也是如此，特别是在如今的军工市场竞争越发激烈的情况下，更是要求军工企业提高自身的科技创新能力。但是，对于单个的企业，尤其是对于中小型企业而言，本企业创新面临着诸多的限制，一方面没有过多的科研资金投入，另一方面没有优秀的科研人员参与。所以，近年来，日本政府为了支持国内军工企业的发展，不断提高科研经费投入，不论是国内整体的GDP发展如何，对军工企业的支持一直没有停止。根据相关数据统计显示，日本在军费方面投入已远远超过其他国家，基本与美国持平，而且，其经费投入也取得显著的成效，日本的军事国防能力逐渐提高。①

（3）利用国际合作发展本国国防产业

日本的岛国地形所限，国土面积、国内市场狭小，无法开展大规模的国防市场经营，为了扩大本国的国防市场，发展本国的国防产业，日本将其目光聚焦于国际市场，希望可以通过与美国、俄罗斯等军事强国以合作的方式，来共同致力于研发、生产、经营等。在开展国际合作的同时，日本政府又对本国的国防市场、政策制度等方面重新审视。日本废止了"武器出口三原则"，这一原则曾严重阻碍了日本的军工企业发展，与此同时，还积极地与英国联合研发

---

① 贺蕊：《促进民营企业进入国防市场的对策分析》，吉林大学2012年硕士学位论文。

武器装备,并向印度等国出口军工产品。

二、国外民企参与军工企业的模式

(1) 美国民营企业进入国防工业的模式

美国在1980年进入新技术革命,通过对以往的研究和总结,美国政府发现军民两个产业分离的成本太高,想要进行有效成本控制,催生了军民一体化发展模式的出台。这种模式具体是通过对军工类相关产业和部门的改革与调整,使军工相关企业能够和民营企业合作,使军工企业和民营企业之间技术和资源相互交流和沟通,提高企业技术水平,有效控制成本,使国民经济合理良性发展。

第一,为了推动军民技术在企业之间的相互转移,美国政府成立了专门的技术转移办公部门,该部门直属美国国防研究署,其主要职责是推动美国军民一体化进程;第二,为了使美国政府能更容易、便捷地购买相关商业方面的技术、服务和产品,美国改变了之前的采购政策,重新制订了新的联邦政府采购方案;第三,建立了军民一体化的科学技术产业链,以促使科研高校积极参与。

(2) 英国民营企业进入国防工业的模式

英国是世界上的军事大国,其国防产业的规模、种类、体系是比较合理的,其武器装备的现代化也处于世界领先水平。

冷战结束后,由于国际形势的变化,英国加快了武器装备建设步伐,大力支持本国国防工业的发展。英国始终坚持把国防产业领域的基础研究放在首位,为此不断加大国防科研投入,为国防产业提供技术支持。在保持研发技术领先的基础上,英国政府高度强调军民融合,并积极开发军民两用技术。英国认为发展军民两用技术不但可以维护国防科技的根本,还可以促进国民经济的稳步发展。在具体的国防产业调整过程中,充分发挥了军民两用的指导方针,促进了军民相关产业的发展。英国政府主张市场竞争,这种主张不但适用于民间,同时也适用于军方,如英国军队在采购和分配方面也要求参与竞争,也必须在市场上进行采购和分配。

(3) 法国民营企业进入国防工业的模式

法国政府高度强调民营企业参与国防工业的研究。法国国防科研的基础由科研高校、军工科研机构和国家国防部科研部门共同组成。其中，科研高校主要负责基础方面的研究工作，军工科研机构主要负责武器装备的设计和生产可行性研究工作，国防部研究机构的主要工作则是承担军事应用研究、主要技术开发以及少量的科研高校研究之外的基础研究。

法国政府高度重视合同管理和成本控制，重视对与军工企业签订合同的审查监督，管理武器装备的质量和成本，加强对军工企业的科研经费等方面的监督。对于一些被外界承包的科研合同，政府建立了非常严格的科研成果审查机制，对每种武器的承包商进行严格的资格评审，实行优胜劣汰，以确保政府选择的承包商是最优质、最适合的。

冷战结束后，伴随着国防经费的削减，为了弥补国家在国防成本投入方面的不足，法国开始了军民融合，其主要是在满足国内国防需求的前提下，将多余的生产力投入到市场上。自 20 世纪 90 年代开始，法国政府主张大力进行军民融合，优先发展军民两用技术和产品，支持私营企业进入国防领域，同时，将军用技术广泛地应用于民用，极大地提高了民营企业的市场竞争力，同时也提高了法国民营企业在世界上的竞争力。

(4) 德国民营企业进入国防工业的模式

众所周知，德国的工业在世界上都处于领先地位，其国内民营企业的生产制造能力和高竞争能力为其他国家所叹服，德国工业的这种成就与其国家的政策是莫不可分的。

国防工业需要高技术、高质量等产品，但是德国并没有直属政府的军工企业，其国防建设所需都由民营企业和科研高校承担。这表明，德国没有国有和民营的分别，为了保证国防安全，就要求企业的各方面严格要求自身，在政府种种政策的支持下，企业飞速发展，从而获得了媲美甚至超出其他国家的企业。在通常情况下，德国的国防需要由国防采办部门出面，与民营企业签订合同，与国防部签订合同的企业称之为总承包商，最后由承包商将各个分系统和零件的生产转包给其他民营公司。此时，总承包商主要职责对下属分包商的监督工作,以保证军品采购生产任务的顺利完成。

德国政府高度强调军民两用技术的转化和实际应用,政府通过制定种种政策,促进企业的发展进步,充分调动各行各业的积极性,最终使军备的发展立足于整个德国的国民经济发展进程中。

(5) 日本民营企业进入国防工业的模式

随着军民融合的发展趋势,日本也实施了一系列措施支持私营企业进军国防工业。首先,日本建立一个从事生产的军工产业群,该产业集群由大型企业牵头,带领小企业进行军品和民品两方面的生产,使军民结合在具体生产过程中。同时,该集群内还包括多个专门制作小零件的小型工厂,这些小型工厂的订单主要来自该产业集群组织,这种产业集群非常符合专业化分工的原则,提高了企业的效率。其次,为了规避之前企业间为了订单、经济效益而采取的种种不正当竞争手段,日本出台了各个方面的优惠政策。最后,对特定的军工企业实行政策扶持,指导企业优化协调发展,进而提高企业战时转产能力。

第四节　国外国防工业与区域经济的资本融合效应分析

对于区域经济来说,国防工业体系的建设,可以获得政府的政策、资金、技术方面的支持,政府的这些援助对区域经济会产生一定的积极影响以及一定的辐射量。对国防工业而言,民营企业也为国防工业带来投资、民用技术等,丰富了国防工业的资金来源通道和技术支持,资本融合将两者的优势充分地结合起来,带动军民两方不断向前发展。

一、军民两用技术的开发与应用

(一) 资本融合促进了国防工业与区域经济的交流与合作

资本市场是国防工业实现市场化的必由之路,资本的转移和流动能带动资金的流动性和资源的充分利用,这对军工企业和民用企业来说,是重要也是跨越性的一步。

(1) 国防工业对区域经济的辐射效应——资本转移

国家对国防工业的资金投入就是"资本聚集",而国家投入的资金中绝大部分将通过生产资料与生活资料互换和消费转移到民间经济领域,而这种"资本扩散"将增加区域经济的资本,同时加速区域内资本流动速度。其具体资本转移方法是在国防工业生产建设中,从民间购买生产资料,同时允许国防资本参与区域经济资金的流动。此外,国防工业的科研生产人员和武装人员需要从区域内民用地区采购生产生活材料,进而促进国防资本参与区域经济流动。最后,在相对和平时期,如果国防工业有剩余的生产力[1],可以将部分甚至全部军品生产力转化为民品生产力,同时将机场、码头和公路等国防工业配套设施也暂时转化为民用。这些生产力和配套设施的充分合理运用,不但可以杜绝生产力的浪费情况发生,还可以为区域经济发展减少一些固定资产的投资。

国防工业领域内拥有众多高素质科研管理人员,国防工业和民营企业的合作,会为服务于国防产业和民营企业的人员创造一个交流的环境,其已成为提高区域劳动者技术和管理素质的捷径,同时,也成为将国防工业人员的知识技能应用于民营企业的捷径。[2] 与此同时,国防与民营企业的合作需要大量的人才,需要更多的岗位,这在一定程度上缓解了该地区的就业压力。

(2) 区域经济对国防工业的金融支持——资本证券化

国防工业与区域经济的资本融合在一定程度上拓宽了国防工业的融资渠道,一方面,银行等金融机构的出现为军工企业提供了融资渠道;另一方面,军工企业股权的私有化将部分领域出售给民营企业,而自身主攻高精尖领域的发展。资本证券化已在发达国家中广泛流行,特别像欧洲国家,国家在军费方面过大支出不利于整个国家经济的发展。因此,国防工业除了实现维护国家安

---

[1] 邵帅:《国防工业对区域经济辐射力评价体系及评价模型》,载《广西经济管理干部学院学报》,2008年第4期,第18—23页。

[2] 邵帅:《国防工业对区域经济辐射力评价体系及评价模型》,载《广西经济管理干部学院学报》,2008年第4期,第18—23页。

全的职能外，还可以对区域经济产生较强的拉动作用。同样，区域经济亦可为国防工业提供有力的发展优势，资本融合让军民两方之间更好地合作，更好地为发展国防工业作出更大的努力。

（二）国防工业与区域经济的军民两用技术双向溢出效应

发达国家的军民两用技术双向溢出主要指的是民用向国防的溢出，最终的目的是军用和民用两个方面互通有无，共同开发新的同时适用于两个领域的技术，使国民经济和国防产业协同健康发展。

（1）国防技术向民用技术溢出

历史上最具代表性的时期是冷战期间，国防技术的地位远高于民用技术的地位，这是因为美、英、法等国家，特别是苏联把大量的国家经费应用于国防技术开发。由于民用技术缺少资金用于开发，此期间的私营生产部门通常应用国防技术和知识进行生产，因此发生了国防技术向民用技术的转移和溢出。由于苏联实施的是中央计划经济，所以其国防技术向民用技术的转移和溢出效果是最成功的。但是，伴随着国防技术经费的减少，这种转移和溢出的重要性也在减弱。对于俄罗斯而言，国防技术向民用技术的转移依然是主流。美国在20世纪50年代，很多国防技术直接民用，国防技术的溢出和转移得以实现。例如，半导体、计算机以及一些喷气式飞机的发动机等。

（2）民用技术向国防技术溢出

冷战时期，由于德国消耗了大量的资源，因此，为了节约国内资源消耗，在冷战结束后，德国的国家经费主要应用于民用技术研发，国防技术财政拨款相对很少。日本和德国比较相似，国家所需要的国防技术多数来自于民间和引进他国先进技术。基于这种情况，国防技术的研究开发成为了民用技术研发的附属，这是因为两国政府认为，国民经济强大是国家的立国之本，是国防技术的坚实基础。[1]

---

[1] 葛永智、侯光明：《国防与民用技术研发趋势及其双向溢出研究》，载《国防技术基础》，2008年第8期，第7—10页。

(3) 国防技术与民用技术整合

20世纪50年代，德国和瑞典就开始了国防技术和民用技术的相互合作研发和整合策略。其他国家，像南非是从60年代开始，美国是从90年代也开始实施这一策略，该策略下的军事技术研发部门主要负责提供财政支持，主要以民用技术部门为主导，其主要目的是发展高风险的行业和技术研究。伴随着国防技术提供的高额经费，大量的高科技民用技术已经转移到国防科技领域并得到应用。

(4) 军民两用技术的开发

法国的主要战略思想是侧重于把国家的主要经费应用于那些可能同时应用于军民两个方面的技术研发，这种战略思想的主要目的是研发通用技术。美、俄、日及欧洲的其他国家也逐渐开始了军民两用技术的开发，技术不止于国内，部分国家甚至展开了跨国技术合作，并颁布了许多政策鼓励支持学校、企业等积极参与到研究工作中来。

(三) 国防工业与区域经济的产业关联效应

国防工业是由一连串横向联系和纵向联系的企业构成的产业链，并由此形成横向产业链和纵向产业链，具有较强的产业关联度。传统军民分离体制下的国防工业，是一个典型的封闭型国防工业链，而现代国防工业越来越趋向于向开放的产业链转变。国防领域的资金投入会推动国防工业生产规模的扩张，这种扩张会带动相关的民用经济中的上下游产业作相应的规模扩张，从而使国防投资在国民经济中产生投资乘数效应。国防工业是由一系列横向和纵向相关的企业共同组成的一个产业链条，并在此基础上，形成了横向产业链和纵向产业链，同时产业关系非常密切。[①] 军民分离背景下的传统国防工业的链条是封闭的，而随着时代的发展，现代的国防工业链正在日益开发。国防部门的资本投资会扩大国防生产规模，同时，国防生产规模的扩大会引发民用产业规模也扩大，最终使国防投资在国民经济中产生投资乘数效应。在这

---

① 邵帅：《国防工业对区域经济辐射力评价体系及评价模型》，载《广西经济管理干部学院学报》，2008年第4期，第18—23页。

第七章 国外国防工业与区域经济的资本融合问题研究

种投资乘数效应的影响下，可以让与国防工业关联的民用部门的产业链延伸，同时可以进一步提高民用产品的市场竞争力[①]，从而提高区域社会资源的利用率，最终促进产业集群的形成，提高区域创新能力以及区域经济的快速发展。

美国硅谷毋庸置疑是世界上最强大的高科技产业集群。硅谷是从1951年开始形成的，其最开始的名字是斯坦福研究园区，是由美国斯坦福大学创建的。80年代的个人电子计算机以及90年代的互联网技术革命都是从美国硅谷发生的。硅谷园区内许多高精尖技术也都处于世界领先地位，例如，信息服务、半导体、计算机等，可以说硅谷产业园区拥有非常强大的自主创新能力和绝对的竞争优势。硅谷产业园区如此成功，其主要原因是：

首先，硅谷的专业化分工及其产业集中程度非常高，大多数只集中于2—3个高科技领域，因此许多小企业相互衍生，并且小企业之间相互竞争和提高，小企业之间的相互影响对区域经济的发展发挥了重要作用。研究结果表明，硅谷内的大小企业合作和小企业之间都存在着非常灵活的合作关系，这也进一步说明了，一个成功的高科技产业集团的基础是市场和等级之间的联系。与此同时，美国高科技产业集群与区域经济的结合度相对较高，加利福尼亚州圣何塞地区不单方面受到硅谷的辐射效应影响，同时，也为产业集群的发展环境和相应配套的建设方面作出了重要的贡献。

其次，硅谷附近的斯坦福大学、加州大学等著名科研高校为硅谷输送了大量的高精尖人才和科研机构，它们具有较强的自主创新和实践探索能力，其高新技术成果转化率也非常高。

再次，硅谷的成功也归功于风险投资人的支持。他们的投资创造了一个非常有利于科技公司生存和发展的金融环境，为科研研发提供了必要的资本基础。良好的区域环境会吸引大量的科技公司进入，这就使区域内技术水平得到提高，而技术水平的提高则会引来更多的风险投资者的关注，从而为其提供大

---

① 邵帅：《国防工业对区域经济辐射力评价体系及评价模型》，载《广西经济管理干部学院学报》2008年第4期，第18—23页。

量的资本,使集群和辐射的区域内创新能力和竞争力大幅提高,形成了一个良性循环。

最后,产业集群通常还具有完备的金融、中介、培训等社会服务基础,同时,在集群领域,人们信任度非常高,交易成本低,基础设施完备,信息沟通效率高。

二、资本融合增加了国家之间的贸易与合作

全球金融危机之后,随着新兴经济体开始新的复苏和增长,以致各国进口武器装备的需求逐渐增加,其购买能力也愈发增强。尤其是发展中国家,其军备需求量、采购量非常大,国际军备市场开始复苏,其市场竞争也愈发激烈。除美、俄两个在国际军备市场占主导地位的国家之外,日本在国际军备市场也呈现了巨大的竞争潜力。

(一)美国——抢占国际市场、以军贸养军工

当今各国主要通过以军贸来支撑其军工产业的发展,充分利用国际市场调节内需,并已经成为其国防产业发展的一个重要考虑因素。美国政府认为,军贸是发展国防工业的重要基础,也是保障其国家安全的重要因素。

近年来,世界军火贸易总额的1/3以上都是由美国垄断的,不但为美国带来了巨大的经济利益,还保持了美国的军事强国地位。在世界军贸市场中,美国的军工产业规模最大,其军工企业数以万计,军工从业人员在100万人以上,总产值达到几千亿美元,占美国国内生产总值的2%以上,而美国出口的军备都是早已成熟的产品,其研发成本早已收回,利润非常高。

美国在2010—2014年之间的军品出口量增长23%,占该期间全球总军品出口总额的31%,居世界第一。美国始终把武器出口作为一项重要的外交策略与安全手段。伴随着军费开支减少,为了确保生产水平,美国军工产业不断增加武器出口。美国军品客户分布在至少94个国家和地区,如图7、8所示。

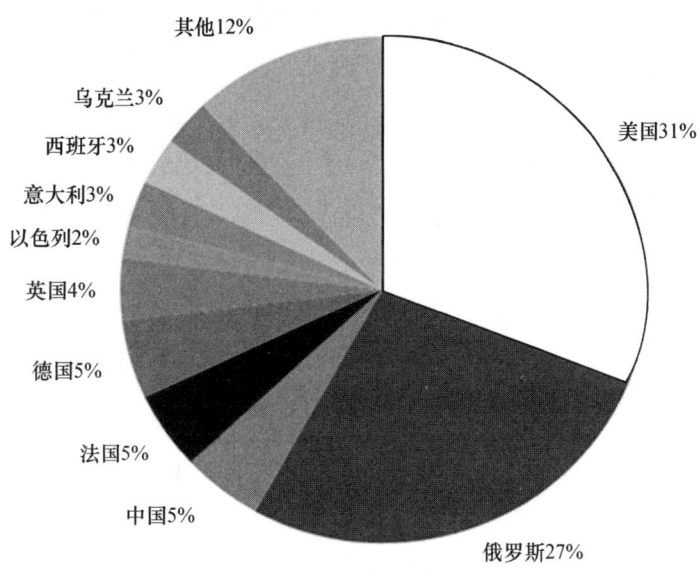

图7 主要国家武器出口所占份额（2010—2014年）

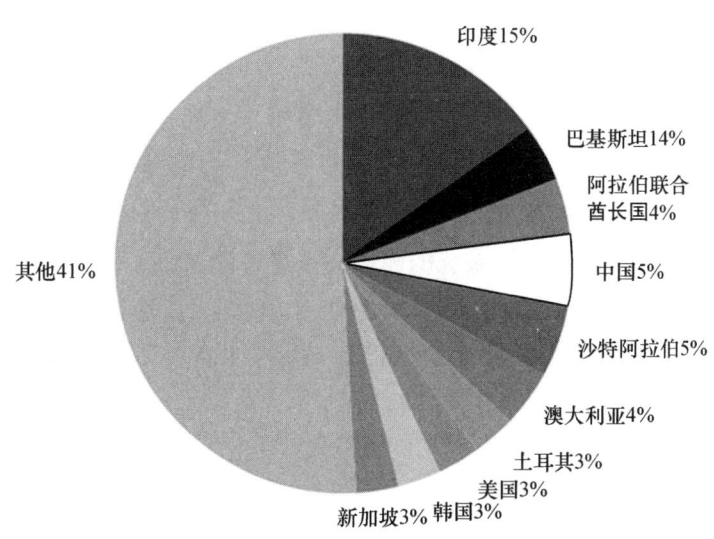

图8 主要国家武器进口所占份额（2010—2014年）

资料来源：根据各国各年武器进出口额整理

近年来，由于中东地区的国防实力相对较差，为了保障国防安全，需要大量进口武器，同时由于中东地区石油产量非常高，有较强的支付能力，因此美国军品企业不断扩展其在中东地区的出口渠道。未来五年，沙特阿拉伯的国防预算将由 2015 年的 487 亿美元增长至 2020 年的 620 亿美元，中东地区武器采购预算大幅度提升，为美国军工出口业的发展提供了更多的机会。沙特与伊朗之间的冲突愈演愈烈，迫使沙特大量购买武器以加速军队现代化的进程。未来四年，沙特也将成为美国最大的军品出口国，其次是阿联酋和卡塔尔。2015 年美国与沙特签署了一份价值 19 亿美元的合同，合同内容是沙特从 UTC 购买 10 架西科斯基直升机。早在 2014 年，沙特就已经订购了洛克希德·马丁公司和雷声公司的"爱国者 - 3"导弹系统，总价达到 17.5 亿美元。2015 年 4 月，还从雷声公司订购了价值 20 亿美元的"爱国者"防空导弹系统。沙特还希望与美国在军舰领域进行合作，以应对伊朗对波斯湾航运的威胁。

近年来，科威特也计划购买 28 架波音 F/A - 18"大黄蜂"战斗机，总价值 30 亿美元。"大黄蜂"战斗机的实力被越来越多的人所熟知，科威特也将其列入购买计划当中，同时，也计划购买美国的海上军事产品。2015 年，美国总统奥巴马为了抵御伊朗的威胁，设想建立一个区域性的弹道导弹防御系统，这一设想获得了海湾合作委员会的同意，双方就此项事宜达成共识，洛克希德·马丁公司以及波音公司等大型军工企业将参与其中。伴随着该战略的逐步落实，通过该防御系统的建设，洛克希德·马丁公司获得了大幅的发展，使得该公司在导弹防御领域的技术水平得到了进一步的提高，也具备了其他公司所不具备的更为有利的竞争优势。同时，通过该防御系统的建设，洛克希德·马丁公司在国际市场上的核心地位也得到了进一步的巩固。

根据相关数据统计显示，2001—2014 年间，美国与巴基斯坦的国防产品交易频繁，共计完成订单合同超过了 50 亿美元。其中，巴基斯坦购买的设备中，最多的是 F - 16 战斗机及其相关设备，对于其他的航空设备购买量也很高。2015 年 4 月，针对巴基斯坦的巨额购买量，美国国务院特批将向巴基斯坦提供将近 10 亿美元的国防产品。这对于美国国防市场来说，是一笔大额订单，可以显著提升国防市场的活跃度，同时，对于巴基斯坦来说，也是一个提升本国军事实力的重要机会。

2015 年初，在美国总统奥巴马出访印度期间，与其总理就美印贸易合作等问题进行了多次商讨，尤其是关于两国在国防市场上的合作关系。鉴于印度需要长期向美国进口航空、船舶等国防产品，合作协议的期限将提升至 10 年之久。同时，两国还将就具体军队情况，开展联合演习及防务。另外，印度还将在无人机和军事运输机系统方面，与美国的军事公司开展合作，联合生产。至此，美国对印度的军工出口量已经超过俄罗斯的出口量，成为印度最大的武器供应国。

（二）俄罗斯——扩大对外贸易、加强军事技术合作

根据相关统计数据显示，2013 年，全球范围内的额武器交易额突破 600 亿美元大关，创"二战"以来的历史新高。其中，进出口额最高的国家分别为美国（军品出口额 235.6 亿美元，全球出口总额占比 35.70%）、俄罗斯（军品出口总额 134 亿美元，全球出口总额占比 20.29%）、法国（军品出口总额 69.2 亿美元，全球出口总额占比 10.49%）。

俄罗斯军品贸易的主要对象是中国、印度和独联体，国内外军工企业的兼并也带动俄罗斯不断开拓欧洲市场以实现军贸养军工的目标。俄罗斯强大的军工实力在和平时期仅依靠内需是无法带动一国经济的发展，军品生产能力的过剩与经济发展的强烈需求不匹配。因此，发展对外军品贸易一方面能减少军品产能过剩的问题，将产能转化成为经济发展的驱动机；另一方面，国际贸易不仅是装备同时也是技术的交流，军事技术的合作促进国防工业的发展。

（1）向国际市场推出"拳头"武器产品，争夺军火市场

俄罗斯政府立足于国内外的军工市场状况，积极推动俄罗斯的军工产品出口，并对国内军工企业进行准确评估，将一些实力较强的、在某领域具有较强竞争力的企业推向国际市场，使其参与国际竞争，以此来提高其技术水平和生产能力，同时，还能够最大限度内取得经济效益。据统计，俄罗斯国内竞争实力较强的军工企业，其所生产的全部产品中，超过 80% 的产品都用于出口。

还有一些企业的生产性质是高尖端产品制造，该类产品成本较高、技术水平较高、是世界上较为先进的产品，使用次数有限。一般情况下，此类产品不会被使用，对于此类产品，俄罗斯政府也将其投放到国际市场中，进行销售。在所有的出口产品中，数量最多、规模最大的是空军设备的出口，该类产品是俄罗斯最有竞争力的产品类型。

（2）保证对中印的贸易，开拓新的军火市场

在俄罗斯的对外贸易中，最主要的产品销售对象是亚太市场。该地区的武器装备需求量较大，且国内市场有效供给不足，多向俄罗斯政府进行采购。其中，最主要的出口对象是中国和印度。根据历年的销售数据显示，2003—2007年俄罗斯的所有武器出口总量中，超过半数的产品是向中国和印度进行销售的。2011年，俄罗斯政府正式将亚太地区定为武器出口重点地区，同年，该地区的总体进口额突破63亿美元。

在维持现有的武器出口的基础上，俄罗斯政府还积极开拓新的军工市场，其中，拉丁美洲和非洲较为典型。2011年，南美和北美国家总体从俄罗斯的军工产品订单总量分别达到15亿美元和12亿美元，这大大增强了俄罗斯国内的军工企业实力，扩大了军工企业的销售范围。与此同时，俄罗斯也成功地超过美国，成为拉美第一的军工进口供应商。其中，购买量最大的国家是委内瑞拉，在拉美很多国家都从美国进口时，委内瑞拉就已经开始向俄罗斯进口军事产品，仅2005年一年，其购买总价就已达到40亿美元。

随着俄罗斯国防产业实力的不断提升，很多国家都向其抛出橄榄枝，同时，也鉴于国际合作的优势，俄罗斯也与美国和一些西欧国家开展了更为深层次的军事合作。此合作不仅是在销售经营方面，同时在科研生产方面有所体现。尤其是俄罗斯先进的航空事业实力，以英国和美国为代表的西方国家都乐于向俄罗斯购买先进的航天航空技术，借此来缓解本国的科研压力和经费投入。与此同时，俄罗斯的军事合作中，泰国和加拿大近年来也纳入其中。

总体来看，2000年以来，俄罗斯的武器市场已经遍布全球。根据美国一家公司的预测显示，全球范围内，从俄罗斯进口国防产品的国家远远超过100家。其中，更为重要的是，有大约90个国家甚至将从俄罗斯进口的包括飞机、

导弹等武器设备作为本国的国防基础。这足以显示出，俄罗斯在国际国防市场上的重要地位。

（三）欧洲——扩大军贸与合作

（1）军工力量整合，构建欧洲跨国集团

欧洲范围内，军事强国较多，总体国防工业实力较强，数量较多，但是由于各自为政，力量较为分散，受各国的政策不同所限，军工企业之间的合作进程开展的并不顺利。同时，很多企业无法随时参与到合作中来，所以，很多项目无法保质保量地按照计划进行，以致于各种矛盾频发。为了改变这种现状，很多大中型企业联合起来，组织成立欧洲跨国集团，针对某一领域开展合作，例如直升机制造、导弹研制等。在政府层面的推动下，由大中型企业联合推动，将此集团化进程不断向前推进，进一步将此种合作扩展至电子设备、战斗机等领域当中。

为弥补电子设备等领域的不足，欧洲各国展开了跨国合作，兼并重组以实现国防力量的大幅度提升。德国航空航天公司与法国航空航天公司都是欧洲乃至世界范围内实力较强的航空航天公司。两个公司基于利益共享的双赢原则，进行组合，成立了"欧洲直升机公司"，该公司由于同时具备两个公司的优势，快速发展成为世界领先的直升机制造商，占据了国际市场的重要地位。另外，法国航空航天公司下设的分公司——马特拉公司，也在积极地拓宽组织边界，与西班牙航空航天公司开展合作，联合成立了"欧洲航空航天防务集团"。该集团受到西班牙政府的高度重视，不断为其提供支持和保障，使得该公司在国际市场上迅速占领有利地位，并不断地扩大规模，增强实力。面对着越来越强劲的国际竞争，意大利的芬梅卡尼卡公司根据本公司的优势产业，即电子设备产业，与美国 DRS 技术公司开展国际合作，并最终于 2008 年，将其收购，此后，该公司实力得到大幅度的提升。

（2）进击的英法德跨国贸易

据英国投资贸易总署的报告数据显示，英国于 2013 年成功超越俄罗斯和法国，成为了全球第二大军工产品出口国，并保持到 2014 年。报告还指出，

2015年，全球范围内，军品出口市场规模不断扩大，出口总额不断攀升，其市场价值总额高达830亿美元，达到"二战"以来的历史最高点，其中英国所占的份额为16%，出口总额下降。其中，最大的出口订单是向印度出售的，而英国最大的出口市场则是中东地区。多年来，沙特一直与英国保持着高度的国防产业联系。沙特所需武器装备的数量较多，规模较大，所以英国在此方面为沙特国家提供了很多定制化产品服务，并实行了一系列的税收减免支持，使得其在2005—2014年10年间，进口的军品价值远远超出了1000亿美元。这为英国的国防经济注入了强大的支持。另外，英国出口份额中超过半数的出口量都是中东国家，北美国家总体进口量约为英国出口额的13%，亚太地区紧随其后，约为11%。英国在航空航天领域的实力雄厚，科技水平较高，武器设备生产较先进，所以，该领域也是英国的军事产品出口额中占比最大的部分，约为87%。同时，报告还显示，在未来很长一段时间里，英国将继续保持与中东地区国家的密切联系。因为，此地区的需求较大，仍是最有价值的地区市场。而且，英国还进一步地将目光投向南美和非洲市场。

除了英国在国际国防市场上的总量显著外，德国的军事产品交易额也获得了大幅的增长。仅2015年上半年的6个月时间里，德国政府批准的军事产品出口交易额就高达63亿欧元。而2014年一年的时间里，德国的出口交易额只是65亿欧元。可见，德国的国防产业发展速度之快，规模之大。但随着军工产品出口量的不断提高，德国在野党对此进行了批评，称德国政府在国际国防市场交易中，已经处于完全失控的程度。根据德国《明镜周刊》指出，2015年，德国的军事产品出口中，增速最快的是向阿拉伯国家和北非部分国家的出口，对这两个地区的出口总额，已经超过了5亿欧元，是2014年的二倍之多。

法国的国防产业发展迅速，规模不断扩大，出口额不断突破限度。这主要是因为，法国的产品与国际市场上通行的装备设计有很大不同。虽然，法国的国防产品在设计上不如美国的设计先进，但是价格却显著低于美国产品，性价比极高。所以，法国的国防产品获得了印度、埃及等国的信赖和订购，两国在2015年，都先后订购了大量的"阵风"战斗机，并提出了未来继续保持合作的意愿。为了推动更多的国防产品进军国际市场，并长期保持在国际市场上的战略地位，法国政府再三强调出口武器的质量，在企业承担政府订单时，政府会组织专业的国防团队来对企业的产品进行评估和测评，了解该武器是否具备出口潜力，只有质量过关、潜力具备的产品才能够获得政府的资金、税收等支持。然后，金融部门会负责为军品出口提供性价比更高的金融信贷产品，同时，政府也会在整个国防产品出口过程中，不断提供保障性措施，保证各个阶段的顺利进行。

国防工业与区域经济的资本融合是国家的优势工业带动经济发展的过程。国防工业与区域经济交换资本、人力和技术，利用与企业和研究所的技术交流巩固和完善高科技技术，而国家与民间企业的合作给企业的发展带来了很多"生意"和发展途径。针对各国逐步加强的对外贸易来讲，这打破了内需，为民营企业带来了更多的合同和订单，拉动区域经济的增长。区域经济对国防工业的一大卓越贡献就是民用技术的支持。这点在日本表现得最为明显。基于日本历史问题，这并不影响日本军工事业的发展；西欧国家跨国集团构建集中各国优势，其共同目标均是在保护国家安全的基础上，发展国防并拉动区域经济增长。

（四）日本——逐步加强国际军事技术合作

日本由于岛国的地形所限，国土面积狭小，国内的防卫需求受限，国防市场需求不足，使得日本的国防产品科研工作严重受阻。为了进一步提高本国的军事实力和产品竞争力，日本积极地与美国等先进的军事强国展开战略合作，以期可以提高本国的国防竞争实力。比较典型的是，三菱重工与美国、英国等大型军工单位开展的战斗机开发、导弹防御系统建设等合作。伴随着国际局势的紧张环境，近年来，日本又多次主动向美国提出，希望可以进一步深化日美同盟关系，在反恐等领域能够展开更为密切的合作。值得注意的是，日本不断地致力于解禁"武器出口三原则"，以增强国防工业生产能力和提升国防产业技术水平。自2011年起，日本政府就以各种方式来放宽"武器出口三原则"限制，例如出台法规来取代此原则，参与国际社会的人道主义援助，参与国际社会的武器联合研发等。

2013年之后，日本在与美国、法国等国家的军事技术合作与军工产品出口等活动中收效显著。2013年8月，日本首先针对生化防护服的研发和生产活动与英国签订了合作协议，日英两国期待在该领域能够展开深层次的战略合作。这是日本开战国防工业国际合作的第一步，也是十分重要的一步。2013年9月，日本宣布参与F-35战斗机的国际联合生产，并选择国内国防实力较强的三菱重工等军工参加。通过该次合作，日本的军工科研能力得到大幅度的提升。2014年4月，日本与美国合力计划建立以F-35战斗机为主的武器装备维修中心。日本提议将此中心建在本国，以此来保持日本在国际社会中的话语权。

第八章 国外国防工业与区域经济协同发展的典型案例分析

第一节 美国 DARPA 与区域经济协同发展分析

一、DARPA 简介

美国国防高级研究计划局（Advanced Research Project Agency of Department of Defense，DARPA），是美国政府组建的，由众多政府机构共同参与的针对重大科技攻关项目成立的部门，不仅要在项目进行过程中，负责组织、协调、管理等工作，同时，也肩负着军用高技术预研工作的技术管理工作，是美国国防事业发展过程中的重要组织部门，对于美国国防事业的发展具有重要作用。除此之外，DARPA 还要根据国内的国防工业发展具体情况，提出高新技术研发计划，并在计划执行过程中，进行有效的管控和监督工作。其研究项目的规模普遍较大、资金需求较多、涉及部门复杂、研发风险较高，更加突出体现了 DARPA 的重要作用。近年来，DARPA 已经成为美国不可或缺的重要机构，为美国积累了雄厚的科技资源储备，为美国巩固在世界范围内的军事强国地位提供了强劲的支持，同时也引领着军民高技术研发的潮流。

二、DARPA 与国防工业协同发展的特点

DARPA 与国防工业的协同发展主要体现在军民融合发展模式上，机构在

经营过程中，始终致力于提升自身的技术创新水平，增强技术创新能力，同时坚持军用技术和民用技术的整合和协同创新，即军民融合式科技创新，力争在技术创新过程中，可以同时满足军工企业的生产需求，也能够满足民用企业的发展需求，促进二者的有机结合。在此过程中，主要呈现几点特征。

一是军民融合的创新主体构成较为复杂，涉及的机构较多，且产业、高校、科研院所的力量分散，科研资源共享程度较差，所以对于高尖端技术的突破能力大打折扣。DARPA 机构的建立，可以有效地弥补这方面的弊端，进而将产学研三方的力量进行有效整合和协同，从而推动技术创新。

二是以"三化"为特征的组织结构。第一，独立化。DARPA 机构的构成主体涉及多种机构、多个部门、各个成员之间独立自主，层级平行，都直接隶属于美国国防部，且独立于各军种，避免了内部的互相牵制，进而形成了自成体系的、具有独特特征的运行机制。第二，扁平化。DARPA 内部组织机构精简，部门之间相互制约，同时又高效合作。整体来看，其管理体系的扁平化特征明显，各项目办公室层级平等，没有明显的隶属关系，相关之间只存在单纯的项目合作关系，从而避免了彼此的牵制和干扰，大大提升了整个结构体系的运行进程和管理水平。第三，专业化。DARPA 机构对于职工的聘用，有着严格的要求和标准，从而从根源上保证了组织的技术水平，采用"职业项目经理人"模式，慎重挑选合适的人选进行聘任，要求经理人拥有较强的组织才能和优秀的沟通能力，具有企业家的才能，同时必须保证对于前沿技术的敏感度和相关的技术深度，确保项目经理人都具有优秀的组织才能，善于博采众长，拥有突出的技术敏感度和相关技术深度。因此，DARPA 项目管理人才所具备的军用技术和民用技术双重能力，使得各个部门在进行项目设计时，会着重考虑项目的军民融合程度，同时，会自发地倾向于选择具有军民融合倾向的规划设计，并会注意将民用企业中或者高校、科研院所完成的前沿技术成果，应用于军事技术的创新发明。[①]

三是"开放灵活"的运行机制。第一，项目的运行过程，要保证其内外

[①] 徐小奇、钱振勤：《美国 DARPA 军民融合式科技创新发展路径探析》，载《国防科技》，2015 年第 1 期，第 65—67 页。

部环境的公平性和开发性,对内要保证各部门对项目的鼎力支持,对外要保证各个机构对项目承包的平等性,不同的组织要公平合理对待,充分考虑其方案设计,并基于项目的实际情况,选择最优方案。第二,完善信息交流过程,运用多平台渠道发布获取信息,通过机构之间的、不间断的信息交流和处理机制来促进多方交流、借鉴,增强信息共享程度,使双方在互动过程中能够达到信息对称。第三,在创新激励方式上采取"任务牵引式"创新,采用"基本任务奖励+额外奖励"的竞争激励机制,调动社会智力资源进行项目实现。第四,在技术创新过程中,要积极营造创新型的氛围,组织内部的创新氛围不仅能够促进成员改变一成不变、墨守成规的思维观念和处事原则,同时也能更大程度上鼓励员工培养发散性的思维、行业内的创新型氛围的营造,能够在最大程度上促进技术创新和进步。尤其对于军民融合的项目来说,由于该类型的项目研发风险较高、投入较大,如果不更新观念,只是一味地按照原有的模式进行,那么很难有所突破。

三、DARPA 与国防工业协同发展的路径

一是 DARPA 立足于国内外军事领域的发展实际,以本国在此领域的战略导向为依据,对技术创新的前沿能力进行准备评价和测度,并结合具体的军工企业发展现状和军事需求,制定出军事技术创新项目要求。[①]

二是将项目按照具体要求进行公平外包,引入竞争机制,吸引更多的民营企业加入到军工产品的生产制造过程中,既可以提高创新主体的参与度,同时又能够降低项目运营成本和成效。

三是进行军事实践,在项目运行过程中,对于首次研发的装备要进行试验,并对于一些重要的武器装备进行必要的实战演练,以发现其中的不足和缺陷,在投入市场前,对此进行弥补和完善。

四是军事技术创新实现主要军事价值,通过项目的实施,不仅能够释放部分军事技术的潜力,在实施过程中,找出产品的优势、劣势,并进行评价与反

---

① 徐小奇、钱振勤:《美国 DARPA 军民融合式科技创新发展路径探析》,载《国防科技》,2015年第 1 期,第 65—67 页。

馈，同时，又能够使参与生产的民营企业在此过程中提升自身的经济实力和技术创新水平，有利于其进一步的创新进步。

五是在军事技术达到军事目的后，为了提升技术的利用率，将部分技术对民用开放，并根据实际情况转为民用技术。通过军用技术的开放可以使得民用技术创新潜力得以释放，以创造更大的经济效用，同时通过对军事潜力进行有效评估，也能够充分发现民用技术的潜力所在以及其他的潜在军事价值。①

最后，那些具有军事价值的民用技术能够充分被释放，从而在进入军事领域时"反哺"军事技术创新。

以上六个部分组成了一个基本的"回路"，形成了一个完善的创新过程，军事技术创新主体和民用技术创新主体在此过程中，既是"创新供给方"，又是"创新需求方"，不断转换着彼此的角色和地位。② 为了防止双方联系阻碍、交流不畅以及信息不对称等问题出现，DARPA 组织在此过程中真正成为了军民双方有机联系的纽带。

第二节 美国 NASA 艾姆斯研究中心国防工业发展

一、NASA 艾姆斯研究中心概述

美国国家航空航天局（NASA）是美国的行政性科研机构，该机构是美国航空航天局下设的重要机构，其主要任务在于制订并实施太空科学的研究计划。NASA 自 1958 年成立以来，经过多年的发展，已成为世界上规模最大、技术最先进的民用航空航天局，承担了很多著名的计划制订工作。由于航空方面的科研工作需要投入大量的经费，NASA 在航空方面的科研工作，很大程度上得益于美国航空工业的迅速发展，为其发展提供了良好的保障。从 NASA 完

---

① 徐小奇、钱振勤：《美国 DARPA 军民融合式科技创新发展路径探析》，载《国防科技》，2015 年第 1 期，第 65—67 页。

② 徐小奇、钱振勤：《美国 DARPA 军民融合式科技创新发展路径探析》，载《国防科技》，2015 年第 1 期，第 65—67 页。

成的各项计划来看,其科研工作不仅是发展民用工业的重要保障,同时也能够显著地促进美国的军事工业发展。其原因在于,军事工业和民用工业在这些技术成果中具有很多两用型的特征。其科研成果既适用于军事工业,同时也能够对民用工业起到促进作用。类似的军民技术结合的航空计划还有很多,这都促进了美国的航空产业发展,也推动了美国国防工业体系的建立和完善。

艾姆斯研究中心是NASA下属的一个研究机构,原属国家航空咨询委员会(NACA)的3个实验室之一。根据国内的航空产业发展现状,20世纪30年代末,在美国政府的推动下,第二座航空实验室成立,该实验室的命名是根据NACA创始主席约瑟夫·埃姆斯名字,他被公认为美国航空研究的"总设计师"。"二战"时期,"埃姆斯研究中心"对于美国的国防产品贡献显著,尤其是美国军用飞机研究取得了重要的成果,都是由该研究中心来进行的。"二战"结束之后,该中心也未间断航空技术领域的研究工作。"埃姆斯研究中心"刚刚成立时,研究员根据动力学的相关理论,对飞行速度进行了一系列的研究工作,取得了重要突破和进展。伴随着研究的深入,埃姆斯又不断扩展研究领域,不断寻找前沿研究,例如天体天体生物学、机载科学等。

二、艾姆斯研究中心对国防工业发展的影响

艾姆斯研究中心对美国硅谷地区乃至美国经济有着较大的影响,对NASA的航空航天事业具有关键的作用。艾姆斯中心的风洞、高超声速和生命科学等领域的研究项目对美国航空和航天技术的发展以及国防工业的发展作出了巨大贡献。一是航空航天飞行技术的突破,包括高速飞行飞机上的后掠翼概念、钝体理论,第一个离开太阳系的"先锋"星际航天器的管理、开发,第一个到其他星球进行生命探测的"北欧海盗"试验飞行器以及实施发现月球两极有水的"月球探测"任务。二是在纳米技术、信息技术、太空基础生物学、生物技术、热防护系统和人素工程等领域开展的突破性研究,也都取得了诸多开创性成果,对美国经济的发展和国防工业的进步都起到了巨大的推动作用。

艾姆斯研究中心对国防工业发展的影响主要体现在技术支持上。

一是"国家全尺寸空气动力学综合设施"(NFAC)。NFAC是世界上最大的亚声速风洞,建造于1944年,主要用于空气动力学、结构动力学以及声学

试验研究。美国陆军涉及全尺寸旋翼机的试验基本上都在这一大型风洞实施。2004年，因利用率低、运行成本费用高，NASA将其关闭。经美国空军与NASA商讨，决定以租赁方式重新开启。2005年5月，空军阿诺德工程发展中心宣布接管并重新开启NFAC，确保美国国家气动试验的先进能力。

二是旋翼飞行器。现已装备美国三军的V-22"鱼鹰"是一种新概念旋翼机，也是世界上第一种既不依赖机场、也不受旋翼限制、能垂直起降的倾转旋翼飞机，在设计思路上的变革填补了人类航空史的空白。V-22的研制，艾姆斯研究中心大量参与。在NASA把主要精力转向航天技术的过程中，艾姆斯中心一度削减了对旋翼机的研究，但是受到了美国陆军的抨击，进而使得NASA保持了有关旋翼机的研究，并且通过向工业界招标开展了新的旋翼机研究，研究领域拓展到评估先进旋翼机技术，下一代空管系统中的旋翼机需求、诊断和健康管理，研究飞行试验、风洞试验台架以及先进构型评估。

三是开发空中交通管理技术。考虑到未来几年美国航空运输量的增加，且可能超越当前飞机安全飞行的能力，艾姆斯中心开始注重研究开发新的空中交通管理技术。2010年，与加州大学圣克鲁兹分校合作，设计高效航空电子系统，使客机在空中交通拥挤时，仍能高效地降落到目的地机场。通过开发应用"三维路径到达管理"（3D-PAM）功能，使空中交通管制更加方便、快捷和安全。

艾姆斯研究中心的当前重点研究领域是信息技术，包括计算机建模和模拟、高性能计算机、网络和存储、软件技术、灵巧传感器系统、人工智能和人的因素学。最近几年，它和Google公司又推出了"Google火星""Google宇宙"，让人们能在网络上看到高精度的火星表面照片，能看到各种各样的恒星与星系。

第三节　德国鲁尔工业区与德国空中列车的协同发展

20世纪五六十年代，美国在世界范围内的航空实力都处于强国地位。比较突出的例子是在西方航空公司所采用的干线运输机项目上，美国占据着主导地位，半数以上的供应是由美国来完成的，并取得了巨额的经济效益。西欧各

第八章 国外国防工业与区域经济协同发展的典型案例分析

国在60年代初便意识到了空运行业可观的发展前景,并希望能够在国际竞争中与美国竞争,从而争得一些利益。经过多次协商,1967年9月,英、法、德三国于英国首都签订协议,决定共同致力于发展本国的航空产业,将分别资助本国公司研制A300客机。

20世纪60年代,德国和欧盟开始推行"新工业政策",在该政策中明确提出了要对"空中客车"进行支持。伴随着欧洲各国的技术创新能力不断提升,其在国际上的高科技领域也越来越有发言权,所以欧洲同美、日在高科技领域的竞争愈演愈烈。然而,美国强大的创新基础,以及日本的迅速发展,还是在此领域上逐渐超过了欧洲,使得欧洲各国的竞争力不断下降。面对着不断减少的国际市场份额,欧洲各国意识到各个产业同时发展的期望并不现实,所以开始挑选一些有比较优势且发展前景较好的产业来扶持,从而能够在某些领域上打破美日的垄断地位。航空工业是具有代表性的高科技工业,但产业的进入门槛较高,研发强度高、各个生产环节复杂且烦琐,所以如果能够在航空产业上取得突出的成果,不仅能够显著地提升国防产业的整体竞争实力,还能够通过外溢效应带动许多相关产业的发展进程。与此同时,当时欧洲的航空产业的发展已经初具规模,只是各国之间的联系较少,力量分散。根据当时的现状,德国政府一方面加大国家支持力度,尤其是对空中客车相关企业的支持,以期能够培育"民族冠军";另一方面增加国家补贴,政府集合全国的力量来致力于航空产业的发展,包括为飞机生产提供融资担保,对本国的航空企业提供汇率波动津贴等。

在德国积极发展工业4.0背景下,鲁尔工业区借助国家发展战略深入推进国防工业与区域经济的协同发展。一是将科学技术与国防产业的发展进行了深度结合和协同,既保持了德国装备制造业在国际市场上的领先地位,又显著提升了科学技术进步;二是注重对价值网络的横向集成,国防产业的生产和运行过程是一个完备的价值网络,从项目的最初设计方案,到供应商的原材料提供,到选择企业进行生产制造,再到最后的市场销售,产品的生命周期都是在高度动态的横向商业网络中进行的。由于国防工业的特殊性,其发展对于系统集成和大、中小企业间的协作十分依赖,因而十分重视政府、经济界与科学教育界长期协商和合作。一方面,在研发阶段,科研机构和高校分别承担着不同的任务，处于不同的角色地位，分工明确；另一方面，产学研在技术转化阶段以及"二元制"职业培训体系方面达成了高效的合作进度。该体制的形成对于高端技术的扩散以及高素质人才的培养具有十分重要的促进作用，有利于持续、渐进性创新以及集成创新。在这一过程中，国防工业与区域经济的协同通过企业间协作、产学研结合、集成创新以及制度创新得以实现。

第四节 欧洲宇航防务集团（EADS）带动国防工业与区域经济协同发展

一、欧洲宇航防务集团（EADS）概况

2000年，欧洲宇航防务集团（EADS）在欧洲各国的全力支持下，正式成立。该集团是由法宇航、德国 Dornier 等公司联合组成的，在整合之后，重新进行了机构重组，对业务模块进行分解，整合完成后，发展趋势一路向好，渐渐地从一个装备制造平台过渡到能够满足全力政府需求的全球供应商，占据着重要地位，也是世界排名领先的集航空、航天和等军工业务于一体的集成性、综合性的防务公司。

欧洲宇航防务集团主要活跃在民用和军用飞机、空间、防务系统和服务等领域，近年来在航空航天军工业务等核心业务方面具备了较好的比较竞争优势。

二、协同发展的类型

（一）军民业务融合

欧洲宇航防务集团构成较复杂，涉及多个经济主体，是一个典型的多元化工业，主要包括大型民用飞机、发动机设备等业务单元。伴随着各国不断缩减的国防预算费用，很多民用航空公司发展受阻，但欧洲宇航防务集团凭借着雄厚的基础实力，以及民用航空业市场需求的不断攀升，欧洲宇航防务集团在国

际市场上，占据着越来越重要的地位，且收入也愈发丰厚，在欧洲宇航防务集团的经济收益中，民品收入逐渐超过军品收入，所占比例越来越大，尤其是空中客车业务的快速发展，使得公司在国际市场长期处于领先地位，在民品业务上占据领先地位。但在军品方面，由于世界范围内的高新技术发展速度越来越快，新军事变革也成为时代强音，各国的武器装备市场不断变革更新，使得军品业务量大额缩减。直至2009年，欧洲宇航防务集团开始实行军民融合的发展战略，对比较优势明显的空中客车业务与空客子公司进行战略合作，以期借此来缓解压力。事实证明，这是一项非常成功的军民融合尝试，一方面，促进了工业生产和工程设计之间的资源共享和信息互通，使得欧洲宇航防务集团得以成功渡过了军用运输机项目的瓶颈期。另一方面，对于A400M项目所遇到的挑战，也得到了一定的缓解，从而确保了空中客车公司在军用运输机方面的领先优势，并得到了进一步的发展。

（二）军民技术融合

21世纪以来，世界各国都开始意识到信息技术时代的来临，积极发展以信息技术为核心的高新技术，并在电子信息和通信技术方面投入了大量的资金、人力，实现了很多新的突破，进而促使了民品领域研发的高速发展，欧洲宇航防务集团利用这一发展契机，积极拓展民品业务的发展边界，取得了显著成效。但是不可避免，民用领域的新技术为民品业务不单单是带来了机遇，同时也带来了冲击和挑战。由于信息技术和通信技术对于武器装备系统等军品发展是非常关键且重要的技术，为了使军民业务更好地实现均衡发展，在信息技术和通信技术两个关键领域间开展军民技术融合则成为了必要的途径。因此，在此新形势下，欧洲宇航防务集团不断审时度势地调整在军民领域的研发人力、资金投入结构，以更加科学的发展路径来应对来自国际市场的调整，不断发挥其在民品业务上的技术研发优势，引导更多的民用技术在更大程度上进入军品领域。在此过程中，欧洲宇航防务集团还不断地缩减特殊的军事技术标准，使得民用产品能够更加容易地适用于武器系统和其他军工产品。这一军民技术融合发展路径，使得欧洲宇航防务集团得到了快速的发展，领先地位得到了进一步的巩固。

三、协同发展的主要策略

(一) 高度重视国际化经营风险

欧洲宇航防务集团的经济收入很大程度上是长时间依赖于空中客机业务的,但由于国际业务对于美元汇率的敏感性较大,具有很强的不稳定性,尤其是对于商用飞机这种资本密集度较高的业务。为了推动本集团更加稳定的发展,欧洲宇航防务集团一直希望能够在增加业务单元,以减轻商用飞机的业务比重,目标是希望能够达到在总体的业务收入中,一半由商用飞机来创造,另一半可以利用其他业务来达到,并一直致力于开发更高价值的服务和更低成本的业务。由于欧洲宇航防务集团拥有着强大的客户基础,并且其发展系统先进,平台完善,很多业务都得到了迅速的发展,尤其是一些反周期性业务。而且欧洲宇航防务集团能够及时意识到国际化经营风险,并及时应对,所以,欧洲宇航防务集团取得很好的发展。鉴于此,我国的军工企业在发展过程中,也应该注意到国际化发展中所面临的风险因素,根据实际情况,制定具有针对性的、可行的风险管控体系。

(二) 提高技术创新能力,不断加强发实力

欧洲宇航防务集团在技术研发能力方面长时间的领先地位,一直保持所拥有的不可比拟的研发基础。所以,欧洲宇航防务集团对于高技术创新一直保持着积极的态度,不断推陈出新、敢于冒险的精神鼓舞着欧洲宇航防务集团的每一个员工,创新型的企业氛围在集团内部得到了较好的实效。据相关统计,欧洲宇航防务集团每年在产品研发和技术创新方面的投入就达到营业收入的7%左右,并积极地引入高级科研人才,对产品进行更新和改良,保证产品在国际市场上的领先地位。产品的技术水平很大程度上决定了该产品在市场中的竞争力和比较优势,只有坚持不懈地致力于提高产品技术水平,不断地将先进的技术设备引入到产品生产过程中,才能确保在国际市场竞争中处于不败之地。鉴于此,我国军工企业发展过程中,也应该积极地实现技术创新突破,不断提高产品的技术含量,使其具有更强的不可替代性,所以,要不断地对研发活动进

行投入，并建立完善技术创新体系，实现跨越式发展。

（三）强化资源整合，实现业务转型和军民领域均衡发展

伴随着经济发展的步伐不断加快，全球民用航空市场也得到了空前的发展，市场需求不断攀升。这对于欧洲宇航防务集团来说，是一个巨大的发展契机，凭借着自身在航空市场上的基础优势，欧洲宇航防务集团在国际市场上，长期占据着领先的地位，并呈现出强劲的发展势头。相对于民用领域的快速发展，欧洲宇航防务集团在军用领域受到了很多阻碍，例如研发成本不断激增、技术能力不断更新等。2009年，面对国际经济形势的新变化，欧洲宇航防务集团决定将军用运输机部划入其空客子公司，希望通过此次合并可以减少研发费用投资，双方可以在研发方面实现共享，实现军民领域的技术、生产等资源的集中化。通过这一业务融合，欧洲宇航防务集团不但降低了军用领域的风险，同时也保证了其在军民领域的均衡发展。可谓是一项成功的融合。

第九章 国外国防工业与区域经济协同发展的启示

参照世界主要军事强国在国家国防工业与区域经济协同发展过程中的特点和经验，从梳理提炼其中的最新趋势和共性规律可以看出，国防工业与区域经济协同发展并非自发和无条件的，国防工业与区域经济双方在技术、管理、信息、文化等多方面都存在着一定的相互作用，这也促使双方的要素转移更为畅通，更具备资源再分配的条件。国防工业作为重大的战略性产业和经济增长点，具有丰富的科技资源、人力资源和产业资源，对区域经济具有很强的辐射力，在促进我国区域经济协调发展的历史进程中扮演了极其重要的角色。推动国防工业与区域经济协同发展，核心在于实现国防工业和区域经济在产业关联、技术互溢和配套对接等方面的深度融合，离不开国家顶层政策引导、先进的管理体制机制、开放的市场化环境、军民两用技术灵活转移等关键要素。

第一节 制定和实施推进协同发展的顶层设计

对比军事强国的成功经验，都需要国家做好相应的顶层设计，制定相应的规划、政策甚至强制性的指令保障国防工业的高科技成果向区域基础工业领域转移和渗透。通过适应新情况的新战略、新规划、新政策法规的制定，修订完善现有法规、制定相关规章细则等，可为推动国防工业与区域经济协同发展提供方向保障，引导政府对所掌握的各种资源进行统筹配置，使国防工业的存量及增量资源尽可能地与区域资源相结合。

一是制定和实施推进协同发展的战略规划。以有效保障国家安全为前提，在保障国防核心能力的基础上，注重顶层规划，积极推动国防发展规划与各级地方规划的有效衔接，各级政府要统筹规划国防工业和区域经济发展，发挥宏观调控职能，为协同发展把握方向，促进国防工业与国家的区域基础工业能够保持适当的同步发展。二是制定和完善保障协同发展的政策法规。以强化相关制度建设为支撑，为保障军民技术双向转移转化，加快国防工业市场化改革，进一步推动国防工业与区域经济的协同发展，应加快在金融投资、国防知识产权管理、军工企业股份制改革等重点领域出台相关政策法规，吸引更多的民营企业参与国防建设，具体的实现方式有着力搭建产学研联合开发的科技园区，减免国防工业中开发军民两用高新技术的企业的所得税，建立起军民两用技术研究基金等。

第二节 建立健全促进协同发展的管理体制机制

以俄罗斯为代表的国防工业体制改革历程说明，从顶层设计角度将国防工业和国家区域基础工业的管理部门进行适度整合，建立统一而多元化的国家工业管理体制，有助于国防工业简政放权，进一步扩大军工企业的自主权，促进其向基础工业领域和民用工业领域延伸。

一是改革管理体制。建立一个开放的、协调的国防工业管理体制，将国防科研生产纳入到区域经济发展之中，使国防工业的资源配置不断趋于优化。二是完善协同发展的工作机制。建立健全联席会议、定期协商、项目联审等制度，协调军地双方在重大问题上的原则立场和任务要求；建立情况通报机制，使有关方面及时掌握情况，有针对性地开展工作。三是完善协同发展的协调机制。国防工业与区域经济的协同发展是一个系统工程，需要多个不同的军地政府职能部门参与，密切协作，实现管理的无缝衔接，全面落实顶层规划的各项布局。针对协同发展中技术转移这一重要议题,美、俄、英、法、日、德等国都改革相应政府部门的职能,建立健全多部门协调机制,为军民两用技术转移保驾护航。针对我国国情,应利用省军区系统军地双重领导的属性优势,组织辖区军地领导进行情况交流,协调解决涉及协同发展的各种矛盾和问题。

第三节　大力推进军民两用技术灵活转移,形成开放型的技术产业链

军用技术相对发达的国家具备实现国防工业带动区域经济发展的条件,但是仅拥有军用技术优势还远远不够,必须以军民两用技术作为重要媒介,形成主导区域经济发展的高新技术产业。此外,参照日本在实现军民一体化发展过程中的经验,还需进一步提升军民两用技术的灵活转化能力,实现寓军于民、军民共济的良性循环,将国防工业潜力充分蕴藏于区域基础工业中,才能实现对国家区域经济和基础工业的带动作用。

同时,由于现行的军民分割体制的制约,部分民办高校进入军工产品研发项目还有一定壁垒。由于信息的不对称,军民两方很有可能进行重复投资,不能有效地利用资源。因此应该建立一种沟通机制,促进军工科研院所与高校和企业的结合,充分发挥军工行业技术开发能力,重点开发附加值高、技术含量高、利润率高、市场潜力大的民用产品,走高新技术产业化道路,如信息产业、航天技术、光机电产品和软件工程等,着力形成开放型、先进化的技术产业链。

第四节　以新型工业化为契机促进产业融合发展

世界主要强国的工业化具有各产业协调发展、劳动生产率高、产业聚集、要素市场发达、国内市场大等特点,这些特点对我国推进新型工业化具有重要的借鉴意义。

新型工业化就是坚持以信息化带动工业化，以工业化促进信息化，是科技含量高、经济效益好、资源消耗低、环境污染少、人力资源优势得到充分发挥的工业化。新型工业化道路发展战略的确立，为我国国防科技工业的发展明确了方向。一方面，必须依托新型工业化道路来发展国防科技工业，以便更好地实现武器装备跨越式发展；另一方面，国防科技工业必须更好地适应走新型工业化道路的要求，更好实现生产力的跨越式发展。在推动区域经济发展方面，国防科技工业应当发挥自身优势，探索一条适合当地发展特点的新型工业化道路。要充分发挥国防科技工业的科技优势，在有条件的地方发展高新技术产业。

具体而言，一是要利用信息技术优势加强信息技术基础建设，加强研究和开发，帮助民用部门进行信息化改造，努力促进区域内信息化水平；二是要通过军转民技术与产品的产业化发展和产业延伸，对地方有关产业进行技术改造和升级，降低资源消耗量、控制排污量，大力发展低能耗和低污染的高新技术产业和第三产业；三是要发挥产业集聚效应和辐射效应，通过创办或依托地方的高新园区等，使之成为吸纳和扩散科技成果的重要基地，加速新型工业化进程。

第五节　拓宽市场准入渠道，培育开放的市场化环境

国防工业能否在促进区域经济发展方面发挥更加积极主动的作用，在很大程度上取决于国防工业自身的实力和发展活力。要激发国防工业的发展活力，增强发展实力和潜力，实现与区域经济的协同发展，必须全面深化国防工业改革，巧用市场手段，为国防工业营造开放的市场化环境，使国防工业能更好地融入市场、融入区域经济。世界主要军事国家十分重视基础工业，认为强大的基础工业是发展国防工业的必要条件，多国多措并举，实践经验值得借鉴。针对我国情况，应注重以军事需求的市场化作为引导，加快放宽市场准入，充分发挥市场对军工资源和区域基础工业资源的合理配置作用，同时根据国防工业

技术创新要求，激励基础工业企业在市场化引导下实现技术创新、加快科技成果转化。

第六节 完善国防知识产权管理机制

通过美国联合研发协议（CRADAs）及其工作流程可以发现，保障知识产权，是开展具体的、高效的、可持续合作的关键基础。针对我国，应尽快完善国防知识产权权属界定以及利益分配机制，明确国防技术转移转化收入中发明人及其单位的收益，探索协议定价、中介服务机构评估等国防知识产权定价方式。本着既保证国家安全又保护知识产权所有者权利，并有利于技术转移的宗旨，进一步完善国防知识产权定密和解密机制。在符合保密规定的前提下，探索成果拥有单位自主决定对其持有的国防科技成果采取转让、许可、作价入股等方式开展转移转化活动。

第七节 依靠产业链拉动效应带动区域经济全面发展

从美国防务公司扩展纵向和横向产业链，最终形成众多关联企业以核心军工企业为中心在某一地域集聚发展的国防产业集群等案例来看，产业链的拉动效应或将使区域经济实现全面发展。国防工业具有高新技术密集、资金密集等特点，在发展高新技术产业中扮演着重要角色，国防工业的发展需要国家和区域基础工业为其提供重要的生产要素和技术基础。通过产业关联效应，在做大做强军民融合产业的同时，积极发展相关配套产业，延伸产业链条，形成上下游产业链，拓展产业发展空间，可以整合区域产业优势，带动区域内相关民用高新技术产业的发展和产业结构的优化升级。同时，在投资乘数效应的进一步拉动下，还可以促进区域经济整体水平的提高，如通过扩大就业，就可增加居民收入，拉动投资和消费需求，促进区域内企业发展和居民生活水平的提高。

参考文献

专著：

[1] 黄如安、罗革伪：《后冷战时代的世界军事工业与贸易》，北京：国防工业出版社 2004 年版。

[2] 张晓天：《军民融合式发展的探索与实践》，北京：国防大学出版社 2009 年版。

[3] 彭月兰：《促进区域经济协调发展的财政政策》，北京：中国财政经济出版社 2005 年版。

[4] [美] 迈克尔·贝尔奥菲尔：《疯狂科学家大本营——世界顶级科研机构的创新秘密》，北京：科学出版社 2013 年版。

[5] 阮汝祥：《中国特色军民融合理论与实践》，北京：中国宇航出版社 2009 年版。

[6] 周振华：《信息化与产业融合》，上海：上海人民出版社 2003 年版。

[7] 吴德进：《产业集群论》，北京：社会科学文献出版社 2005 年版。

[8] 樊春良：《全球化时代的科技政策》，北京：北京理工大学出版社 2005 年版。

[9] 潘教峰：《国际科技竞争力研究报告》，北京：科学出版社 2010 年版。

[10] 姚播：《军民融合产业基地建设研究》，北京：北京理工大学出版社 2016 年版。

[11] 冯亮：《中国信息化军民融合发展》，北京：社会科学文献出版社

2014年版。

[12] 丁德科、王双喜：《区域经济的军民融合式发展战略研究》，成都：西南交通大学出版社2014年版。

[13] 候光明：《国防科技工业军民融合发展研究》，北京：科学出版社2009年版。

[14] 李湘黔：《军民融合武器装备研发投资》，北京：国防工业出版社2013年版。

[15] 吕彬、肖振华：《军民融合式装备保障论》，北京：国防工业出版社2012年版。

期刊论文：

[1] 刘磊、万迪昉、梁玲利、闫化海：《我国国防工业的技术外溢分析》，载《科学学与科学技术管理》，2005年第1期。

[2] 王奕丹：《区域一体化视角下京津冀产业协同发展研究》，载《中小企业管理与科技（下旬刊）》，2018年第2期。

[3] 许源：《美国国防部技术转移计划研究》，载《军民两用技术与产品》，2014年第14期。

[4] 范肇臻：《俄罗斯国防工业"军转民"政策视角研究》，载《边疆经济与文化》，2012年第4期。

[5] 范肇臻：《俄罗斯国防工业"寓军于民"实践及对我国的启示》，载《东北亚论坛》，2011年第1期。

[6] 孙迁杰：《俄罗斯国防工业发展之路》，载《军事文摘》，2016年第11期。

[7] 许嵩、陈瑾：《法国军民通用重大技术计划运行管理研究》，载《军民两用技术与产品》，2012年第4期。

[8] 陈晓怡：《法国重大科技计划》，载《科技政策与发展战略》，2013年第6期。

[9] 夏迅鸽：《德国中小企业创新能力促进计划》，载《中国民营科技与经济》，2001年第8期。

［10］赖婷、李秋实、张宗法：《国内外科技军民融合经验及对广东的启示》，载《科技创新发展战略研究》，2017年第2期。

［11］倪新雨：《加强装备管理，提高装备发展的军事经济效益》，载《技术经济与管理研究》，2007年第2期。

［12］卓倬、战玉萍：《英国预见计划运行管理研究》，载《军民两用技术与产品》，2012年第4期。

［13］钟庭宽、许嵩：《浅析发达国家政府促进军民两用技术转移的机构职能及作用方式》，载《国防科技》，2012年第1期。

［14］李其飞：《以色列推进国防工业军民融合的主要做法》，载《国防》，2014年第5期。

［15］张新吉：《西方发达国家军民融合式发展的主要经验及启示》，载《军事经济研究》，2011年第7期。

［16］王宏伟：《"寓军于民"：日本军工业发展模式》，载《科学决策》，2004年第5期。

［17］赖琼玲：《论国防工业集群化与区域经济发展》，载《军事经济研究》，2007年第2期。

［18］王宝坤：《国外国防工业军民融合的主要做法》，载《国防科技工业》，2007年第12期。

［19］邵帅：《国防工业对区域经济辐射力评价体系及评价模型》，载《广西经济管理干部学院学报》，2008年第4期。

［20］王巍、刘雅轩、李爽：《美国〈国家先进制造战略规划〉》，载《中国集成电路》，2012年第8期。

［21］田涛、王兰：《俄罗斯科技创新体系发展战略研究与启示》，载《资源开发与市场》，2015年第8期。

［22］覃甫政：《俄罗斯保障国家经济安全立法研究》，载《经济法研究》，2016年第1期。

［23］翟翠霞、郑文范：《当前俄罗斯科技发展战略特点及分析——〈2007—2012年俄罗斯按照科学技术综合优先发展方向研究与开发〉联邦专项规划解读》，载《科技成果纵横》，2008年第3期。

[24] 陈强、余伟：《英国创新驱动发展的路径与特征分析》，载《中国科技论坛》，2013 年第 12 期。

[25] 吕月珍：《各国创新创业政策及发展经验速递》，载《杭州科技》，2016 年第 6 期。

[26] 张明妍：《德国科技发展轨迹及创新战略》，载《今日科苑》，2017 年第 12 期。

[27] 徐清：《后危机时代德国发展高新科技的战略及对我国的启示》，载《科技与经济》，2011 年第 2 期。

[28] 丁纯、李君扬：《德国"工业 4.0"：内容、动因与前景及其启示》，载《德国研究》，2014 年第 4 期。

[29] 魏龙：《日本科技发展战略的演变与科技发展基本计划》，载《科技促进发展》，2007 年第 7 期。

[30] 张琼：《战后日本国防科技发展战略演进分析》，载《哈尔滨工业大学学报（社会科学版）》，2000 年第 2 期。

[31] 齐晓丰：《军民用技术双向转移政策与难点分析》，载《军民两用技术与产品》，2011 年第 11 期。

[32] 仝爱莲：《国外军民两用技术产业化发展之措施》，载《军民两用技术与产品》，2009 年第 5 期。

[33] 詹伟、缐珊珊：《军民融合的发展与启示》，载《电讯技术》，2013 年第 5 期。

[34] 杜人淮：《国外推进国防工业军民融合发展的借鉴与启示》，载《南京政治学院学报》，2010 年第 5 期。

[35] 李伯亭：《发达国家推动寓军于民的主要做法》，载《国防科技工业》，2006 年第 11 期。

[36] 张代平、李宇华、谢冰峰：《日本政府加快推进国防工业调整改革》，载《国防科技工业》，2013 年第 4 期。

[37] 李伯亭：《国外推动寓军于民的主要做法》，载《中国军转民》，2006 年第 12 期。

[38] 黄继锋、宋纯武、宋纯利：《发达国家军民结合、寓军于民的经验

与启示》，载《广西经济管理干部学院学报》，2008年第4期。

［39］杜兰英、陈鑫：《发达国家军民融合的经验与启示》，载《科技进步与对策》，2011年第23期。

［40］姜浩峰：《四大导航系统绝技大比拼》，载《新民周刊》，2012年第4期。

［41］屈婷婷、刘书雷：《基础研究向国防领域转化应用机理分析》，载《科学管理研究》，2016年第3期。

［42］郭现云、姬志杰：《世界各国军民融合经验做法研究》，载《中国军转民》，2014年第11期。

［43］赵澄谋、姬鹏宏、刘洁、张慧军、王延飞：《世界典型国家推进军民融合的主要做法分析》，载《科学学与科学技术管理》，2005年第10期。

［44］寇伟：《美国构建军民技术融合系统的经验及启示》，载《创新科技》，2012年第11期。

［45］谢玉科、旷毓君：《国外军民两用技术推广转化的成功经验与启示》，载《军事经济研究》，2012年第7期。

［46］程继斌：《关于军民融合式发展的思考》，载《国防》，2013年第7期。

［47］郭萍：《军民融合式发展的国际经验与启示》，载《经济研究导刊》，2012年第7期。

［48］孔祥富：《日本的国防产业》，载《现代日本经济》，2003年第3期。

［49］刘书雷、韩琰、邓启文、沈雪石：《国家基础研究成果民转军主要做法及其对我国的启示》，载《中国科技论坛》，2012年第10期。

［50］金一南：《国外军民融合发展情况及启示》，载《中国军转民》，2014年第5期。

［51］李彦军、舒本耀：《军民融合的时代价值》，载《装备制造》，2013年第6期。

［52］王艳、楚娜：《军民融合发展的国际比较及启示》，载《科技进步与对策》，2011年第23期。

[53] 彭浩熹:《美国区域经济发展对中国的启示》,载《湘潭师范学院学报》,2009 年第 6 期。

[54] 孙志燕:《美国区域发展新战略变化趋势及其启示》,载《中国经济时报》,2014 年第 9 期。

[55] 任海平:《世界军工产业形势分析与展望——国际经济分析与展望(2016—2017)会议论文集》,2017 年。

[56] 孙迁杰:《俄罗斯国防工业发展之路》,载《军事文摘》,2016 年第 6 期。

[57] 王恩才:《战后英国北爱尔兰区域经济政策及其对中国西部地区开发的启示》,载《区域经济评论》,2013 年第 2 期。

[58] 孔祥富、李伟:《英国的国防产业》,载《中国军转民》,2003 年第 4 期。

[59] 李玉平:《法国宏观调节与区域经济发展政策》,载《世界经济与政治内参》,1987 年第 1 期。

[60] 慕阳子:《法国经济改革现状与前景》,载《国际研究参考》,2015 年第 3 期。

[61] 孙敬水、张品修:《德国经济增长方式转变的经验及借鉴》,载《世界经济与政治》,1998 年第 8 期。

[62] 方创琳:《国外区域发展规划的全新审视及对中国的借鉴》,载《地理研究》,1999 年第 1 期。

[63] 苏鑫鑫、胡冬冬:《防卫政策调整下日本国防工业的发展走向》,载《飞航导弹》,2015 年第 6 期。

[64] 杜幼康、李红梅:《印度发展的内外环境及其崛起的战略支撑》,载《印度洋经济体研究》,2016 年第 3 期。

[65] 周璞芬:《印度国防工业发展战略探析》,载《国际研究参考》,2013 年第 10 期。

[66] 郑杰光:《印度加快国防工业"本土化"进程》,《国防科技工业》,2012 年第 6 期。

[67] 郭朝蕾、马杰:《美国军工产业区域转移与经济增长》,载《军事经

济研究》，2006年第4期。

［68］郭连成、杨宏、王鑫：《全球产业结构变动与俄罗斯产业结构调整和产业发展》，载《俄罗斯中亚东欧研究》，2012年第6期。

［69］刘敏：《浅析近50年来美国"波士华"城市群区域经济变迁》，载《城市观察》，2016年第4期。

［70］黄海涛：《俄罗斯国防工业改革的经验教训及对中国的启示》，载《俄罗斯中亚东欧市场》，2009年第3期。

［71］魏博宇：《日本国防工业概貌》，载《现代军事》，2016年第6期。

［72］郑杰光：《2015年世界国防工业发展盘点（之一）全面加强高新武器跨越和关键能力提升》，载《国防科技工业》，2015年第12期。

［73］冯迪飞：《中英两国的产业集群比较分析》，载《现代经济信息》，2009年第16期。

［74］邱学林：《辽宁营口沿海经济带石化产业集群培育研究》，载《兰州石化职业技术学院学报》，2013年第2期。

［75］张可青：《企业管理中成本管理的作用分析》，载《时代金融》，2017年第11期。

［76］黄天柱、李颖：《国外高科技园区发展的经验借鉴》，载《现代经济信息》，2014年第2期。

［77］王冲：《国内外大学科技园孵化器的比较研究》，载《企业导报》，2014年第22期。

［78］那声润：《日本九州产业集群发展之经验及启示》，载《中国高新技术企业》，2011年第11期。

［79］吴福象、马健、程志宏：《产业融合对产业结构升级的效应研究：以上海市为例》，载《华东经济管理》，2009年第10期。

［80］陈柳钦：《产业融合的发展动因、演进方式及其效应分析》，载《西华大学学报》，2007年第4期。

［81］黄卫中：《国防工业发展与资本市场》，载《金融时报》，2002年第10期。

［82］孟涛：《军工企业如何利用资本运作实现军民融合产业发展》，载

《经济论坛》，2012 年第 1 期。

[83] 康悦：《发达国家军民融合的经验做法与启示》，载《国防》，2016 年第 9 期。

[84] 刘明亮、黄锦亮、周波：《欧美军工企业资产证券化对我国的启示》，载《航天工业管理》，2016 第 2 期。

[85] 安家康：《军工企业资本运营的现状、特征及对策研究》，载《军民两用技术与产品》，2013 年第 3 期。

[86] 朱伟革：《宽中有严的制约——德国外资并购法规与基本流程》，载《国际贸易》，2004 年第 5 期。

[87] 张国凤：《俄罗斯国防工业发展的现状与问题》，载《俄罗斯中亚东欧市场》，2005 年第 7 期。

[88] 童熊辉、刘洋：《西欧主要国家国有军工上市企业监管及案例研究》，载《航天政策与管理》，2016 年第 3 期。

[89] 葛永智、侯光明：《国防与民用技术研发趋势及其双向溢出研究》，载《国防技术基础》，2008 年第 8 期。

[90] 徐小奇、钱振勤：《美国 DARPA 军民融合式科技创新发展路径探析》，载《国防科技》，2015 年第 1 期。

学位论文：

[1] 徐顺鑫：《民防部门参与城市应急管理研究》，苏州大学 2014 年硕士学位论文。

[2] 宋彦：《甘肃省军民融合式发展问题研究》，兰州大学 2013 年硕士学位论文。

[3] 王承云：《日本企业的技术创新模式及在华 R&D 活动研究》，华东师范大学 2008 年博士学位论文。

[4] 黄花：《国防科技工业军民融合创新体系研究》，中南大学 2012 年硕士学位论文。

[5] 薛春志：《日本技术创新研究》，吉林大学 2011 年博士学位论文。

[6] 邱尔妮：《军民两用技术推广的战略能力形成机理与测评研究》，哈

尔滨工程大学 2015 年博士学位论文。

［7］陈明春：《军民融合创新路径选择研究》，西南交通大学 2013 年硕士学位论文。

［8］高化猛：《走军民融合之路 推动装备均衡生产》，载《军事经济研究》，2012 年第 3 期，第 46—47 页。

［9］甘仕文：《科技政策与区域技术创新效应研究——以重庆市直辖以来的发展为例》，重庆大学 2015 年硕士学位论文。

［10］杨贵彬：《国防科技工业寓军于民的目标与实现模式研究》，哈尔滨工程大学 2007 年博士学位论文。

［11］姚广宁：《国有军工企业军民融合研究》，西北大学 2008 年博士学位论文。

［12］栗孟凯：《我国国防工业的区域经济效应研究》，吉林大学 2012 年硕士学位论文。

［13］钟春洋：《经济增长方式转变的利益博弈研究》，厦门大学 2008 年博士学位论文。

［14］刘聪：《信息产业促进产业结构调整升级的机理与实证研究——以广东省为例》，广东省社会科学院 2015 年硕士学位论文。

［15］程莉：《论我国国防工业产业组织结构的调整与优化》，东北师范大学 2006 年硕士学位论文。

［16］胡栋梁：《我国军民融合产业融资问题研究》，东北财经大学 2015 年硕士学位论文。

［17］温海涛：《国防采办改革的制度经济分析》，吉林大学 2007 年博士学位论文。

［18］李心蕊：《军民融合背景下军工企业融资影响因素及方式研究》，哈尔滨工业大学 2015 年博士学位论文。

［19］党建伟：《冷战后俄罗斯国防科技体制转型研究》，国防科学技术大学 2007 年硕士学位论文。

［20］贺蕊：《促进民营企业进入国防市场的对策分析》，吉林大学 2012 年硕士学位论文。